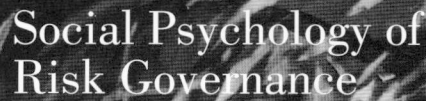

リスクガヴァナンスの社会心理学

広瀬幸雄 編著
Yukio Hirose

ナカニシヤ出版

まえがき

　この本を手にとった方は，『リスクガヴァナンスの社会心理学』という耳慣れないタイトルを見て，おや何だろうと奇異に思われたかもしれません。リスクガヴァナンスと社会心理学の組み合わせは目新しいけれど，本の中味がなかなか想像できない。ガヴァナンスという言葉は，不祥事を起こした企業には統治能力がないなどと，経営学の分野ではしばしば使われてはいるが，社会心理学とはいったいどんな関係があるのかわからないということでしょうか。

　リスクコミュニケーションという言葉は，福島第一原発事故による放射能汚染の問題でしばしば取り上げられました。今回の深刻な事故によって，日本でようやくリスクコミュニケーションの大切さを人々は実感しました。そもそもコミュニケーションとは人と人の対話ですから，社会心理学の領分だというのは容易にわかります。リスクについても，人は恐ろしいとか怖いという感情を思い浮かべるので，心理に関連があると見当がつきます。しかし，社会心理学の視点からリスクガヴァナンスについて理解を深められるのかと不思議に思われるでしょう。

　リスクガヴァナンスとは，簡単に言えば，社会に遍在する様々なリスクについて社会全体の合意にもとづいて，バランスよくコントロールすることです。地震や原発事故，さらには新しい科学技術に伴うリスクは，個人だけでは対処できません。それぞれの社会的リスクのレベルをどこまで下げるのか，どの程度のリスクであれば許容できるのかについては，必ずしもみなが同じ考えを持っている訳ではありません。すべてのリスクに対処するためには資源が必要ですが，社会が共有する資源には限りがあり，どのリスクを優先して対処するのかについても，社会の中で意見が多様です。だからこそ，社会全体としてリスクを統治するためには，そのリスクに関わる当事者のすべての合意を形成することが不可欠なのです。参加や合意形成，あるいは社会的意思決定は社会心理学の分野ですし，どのような手続きや協働が社会全体の合意形成を促すのかは，

現在この学問のホットな研究課題なのです。

　リスクコミュニケーションも，社会に遍在する様々なリスクに対処するために社会の共有資源をどのように配分するのかについての合意形成を促すことが目的です。これまでリスクコミュニケーションは，科学者など専門家がリスクを正しく分析し，行政がリスクへの対策を立案し，市民にその情報を伝達し教育することだとされてきました。しかし，福島第一原発事故の後では専門家や行政の信頼は失墜してしまいました。市民は否応なく自分自身であるいは市民全体で，リスクを統治することに関わらざるを得なくなったのです。リスクの分析や評価などすべての段階で市民の参加と合意形成が必要だということに気がつきました。リスクコミュニケーションは，専門家・行政から市民への一方向の啓蒙的な伝達ではなく，専門家，行政，市民など社会的リスクに関わるすべての当事者の間での双方向の対話なのだと理解されるようになりました。

　テキストの章のタイトルにはリスクコミュニケーションがよく出てきます。それなら，「リスクコミュニケーションの社会心理学」でいいではないかと思われるでしょう。私もそうしようかとも少し迷いました。でも，リスクコミュニケーションはリスクガヴァナンスを構成する重要だけど１つの要素だと思い直して，あえて目新しいタイトルに決めた次第です。

　このテキストの主な内容は，過去十年の間に執筆分担者と一緒に取り組んできた共同研究の成果にもとづいています。社会的リスクに関する利害や価値観が対立する公共計画の策定や実施について合意を形成するためには，広範な市民参加のもとでの熟議が必要不可欠であるとして，環境やエネルギーや交通などの公共計画策定のための市民参加型会議プロジェクトが実施されるようになってきました。私たちは，社会的リスクのガヴァナンスについての国内国外の取り組み事例を取り上げながら，リスク対処の合意形成に向けて，市民と専門家，市民と行政，あるいは市民の間でどのようなリスクコミュニケーションが行われたのか，ガヴァナンスのためのどのような協働が行われてきたのかを調査し，実験をしてきました。

　それらの研究成果を出版しようということになり，編者がテキストの内容と構成の案を固めるために，学部と大学院でのリスクコミュニケーション論の講義を行いました。それにもとづいて，共同研究者がそれぞれの得意とする章を

分担して執筆しました。
　今回の出版では，ナカニシヤ出版編集部の宍倉由高さんと山本あかねさんに大変お世話になりました。また，本の表紙には，編者の長年の友人である沖縄在住の染色作家の平井真人さんの作品を使わせてもらいました。皆様に深く感謝します。

平成 26 年 3 月末日
広瀬幸雄

目　　次

まえがき　*i*

序章　リスクガヴァナンスのためにどんなリスクコミュニケーションが必要なのか……………………………………………………1
1. リスクについてのコミュニケーション　1
2. 双方向のリスクコミュニケーション　7
3. リスクのガヴァナンスのために　11
4. テキストの目指すところ　15

1　リスク認知の社会心理学理論：人はリスクをどのように認識しているのか……………………………………………………17
1. はじめに　17
2. 私たちのリスク認知の特徴　17
3. 安心に向かうリスク判断と感情のはたらき　23
4. リスクとつきあっていくために　29

2　個人的リスクの回避態度と行動の不一致：なぜリスク行動を止められないのか？……………………………………………35
1. はじめに　35
2. 個人の意志でリスク行動が選択される場合とその限界　36
3. 個人の意志がリスク行動に及ばないとき　40
4. 個人的リスク行動の変容に向けたアプローチ　43
5. おわりに　46

3　リスク対処の意思決定と感情 ……………………………………… 49
1．リスクの不確実性と緊急時の意思決定　49
2．危機事態への対処における情動　53
3．災害への対処　60
4．おわりに　62

4　リスクコミュニケーションとしての流言 ……………………… 65
1．はじめに　65
2．流言とはどのようなものか　66
3．流言はどのようなときに発生するのか　69
4．流言はどのように伝わっていくのか　73
5．流言を抑制するために　76
6．おわりに　82

5　リスクコミュニケーションと消費者パニックへの対処 …… 85
1．はじめに　85
2．消費者パニックとは　86
3．消費者行動の心理モデル　88
4．消費者パニックの解消に向けたコミュニケーション　96
5．おわりに　101

6　リスクコミュニケーションとしての説得納得ゲーム ……… 103
1．説得納得ゲームによるリスクコミュニケーション　103
2．説得納得ゲームによるリスクコミュニケーションの具体事例　107
3．説得納得ゲームのデザインによるリスクコミュニケーション　116

7　リスク理解のための双方向リスクコミュニケーション …… 121
1．従来の一方向のリスクコミュニケーションとその問題点　121
2．遺伝子組換え農作物を考えるコンセンサス会議　124

目次 vii

  3．吉野川第十堰の可動堰化計画をめぐる市民と専門家のリスクコミュニケーション　127
  4．おわりに　136

8　NIMBY 的特徴を有する社会的リスクのガヴァナンス……139
  1．NIMBY 的特徴を持つ社会的リスク　139
  2．高レベル放射性廃棄物の地層処分に関する NIMBY 問題　140
  3．NIMBY 的特徴を有する社会的リスクのガヴァナンス形成に向けて　151

9　社会的リスクのガヴァナンスのための市民参加とエンパワーメント……155
  1．はじめに　155
  2．なぜ，社会的リスクのガヴァナンスに市民の参加が必要なのか　156
  3．参加者は社会の多様性を反映した人々といえるのか：代表性という問題　158
  4．市民の参加を促す要因としてのエンパワーメント　160
  5．エンパワーメントは計画作りへの市民参加や計画実現のための活動への参加も促すのか　163
  6．おわりに：参加を促す鍵であるエンパワーメント期待を高めるためには　171

10　リスクの社会的受容のための市民参加と信頼の醸成……175
  1．リスクガヴァナンスにおける信頼の重要さ　175
  2．市民参加と評価の物差し　178
  3．市民参加による計画策定は信頼回復につながったか：津島市における参加型廃棄物処理計画策定の事例　181
  4．多元的な市民の価値と要望を市民参加による議論でまとめていく：

　　　　レンゲリッヒにおける中心市街再開発計画づくりへの市民参加事例
　　　　　184
　　5．おわりに　　189

11　リスクガヴァナンスのための討議デモクラシー……………193
　　1．対立は乗り越えられるのか？：話し合いによる合意形成への道のり
　　　　　193
　　2．対話の失敗？――エスカレートした反対運動：シュトゥットガルトの
　　　　駅再開発事例　　197
　　3．賛否を折衷した案による解決：ノイス市中心通りのトラムの事例
　　　　　201
　　4．ハイブリッド型市民参加を経て住民投票へ：カールスルーエにおけ
　　　　るトラム地下化をめぐる事例　　208
　　5．おわりに：討議デモクラシーによるリスクガヴァナンス　　213

索　　引　　217

序章

リスクガヴァナンスのためにどんなリスクコミュニケーションが必要なのか

1. リスクについてのコミュニケーション

1.1. リスクとは何か

　リスクコミュニケーション（以下リスコミと略記する）とはリスクについて伝え合うことであるが、そもそもリスクとは何か、そのコミュニケーションとは、誰が誰に何をどのように伝えることなのか。

　リスク学によれば、リスクとは、人が遭遇する恐れのあるハザードのことであり、ハザードの重大さ×発生可能性として定義されている。ハザードの重大さとは、人の生命・健康・財産など大事なものを失う危険の大きさであり、発生可能性とは、ハザードに出会う見込みつまり発生確率である。リスクがハザードの大きさとその発生確率の掛け算ということから、たとえば南海トラフ巨大地震は起きる確率が小さくても発生したときのハザードが甚大なので、ジョギングによる筋肉痛のように起きる確率が大きくても被害は小さいことよりもリスクは大きいと、様々なリスクを比較することが可能になる。

　2011年3月の福島第一原発事故では大量の放射性物質が大気中に放出されて、放射線被曝のリスクが深刻な問題となったが、そのリスクとは、放射線被曝によって将来生じる恐れのある健康被害である。そのハザードは、一定量の放射線を一定期間被曝することによる甲状腺癌や白血病などの健康被害とりわけガンによる死亡の危険であり、ハザードの発生可能性とは放射線被曝の原因による発ガン確率である。たとえば、今回の原発事故によって生涯で通算100ミリシーベルトの放射線を新たに被曝すると発ガン確率が0.5％増加するとのリスクの情報が、ICRP（国際放射線防護委員会）の公式の考えにもとづいて

専門家から提供された。これはリスコミの典型的な例の1つといえるが，このリスクの情報は市民にどのように伝わっているのか，どう理解されたのかが問題である。

　スロヴィック (Slovic, 1987) によれば，一般の人は，リスクの専門家が考えるハザードの大きさと発生確率という2つの基準を掛け算してリスクの大きさを判断するのでなく，どれほど被害が甚大で恐ろしいかと，よくわからずいつ起きるのかがどれほど不確かかとの2つの心理的ものさしによって，様々なリスクを測っているという。とすると，放射線被曝のリスクの数値情報について，市民は2つの心理的ものさしを使ってどのように評価するのか，その判断がどれほど正確なのかはわからない。だからといって，福島第一原発事故直後に政府が事故により放出された放射能について，数値情報でなく，「ただちに人体への影響を及ぼすものではない」と断定的な表現で放射能被曝リスクを発表したが，そのリスクの伝え方が望ましかったとも考えにくい。これだけの情報では，どのような科学的根拠にもとづいて影響がないといえるのかはわからない。また，影響がないとすれば安全のために何の対処もとらなくていいのかもわからないし，将来どのような影響が及ぶのかについての明確な説明もないからである。

1.2. リスコミで伝えるべきこと

　リスコミは誰に何をどのように伝えるべきなのか。現在あるいは将来にリスクにさらされる恐れのある市民にリスクをわかりやすく正確に伝えることだとの答えが返ってきそうである。しかし，それだけでは，リスコミの受け手である市民は，どうしていいかわからずに戸惑ってしまう。リスクのあまりの大きさに恐怖を覚えてパニックに陥るかもしれない。リスクの大きさを伝えるだけでは望ましいリスコミとはいえない。

　ジャニスとマン (Janis & Mann, 1977) は，人が危機的状況で今までとは異なる行動を選択するためには，何もしなければ深刻な被害を受けると予測するだけでなく，何らかの新たな行動を選べばその危機を避けられると認識することが必要だという意思決定の葛藤理論を提案している。彼らの理論にもとづけば，大きなリスクが迫っていると思っても，リスク回避の有効な方法が見つけ

られないと，リスクはそんなに大きくないのではと希望的に判断し直したり，今までの行動に固執したりする。つまり，リスクの大きさだけを伝えることは，必ずしもリスクへの対処に役立たないばかりか，かえって対処を妨げることもある。

リスクを避けたり，軽減したりするのに必要で有効な対処の仕方を伝えることも，リスコミでの必要不可欠な要素ではないだろうか。

放射線被曝のリスコミでも，放射線による健康リスクを理解できるように伝えるだけでなく，リスクを避けるのに必要なこと，家屋から放射性物質を除染する仕方，安全な地域への避難手順，さらには放射能に汚染されてない食品の選び方など，対処の仕方を同時に伝えなければならない。

福島第一原発事故後に福島県民への行政からのリスコミとして，問い合わせ窓口や健康相談ホットラインによる電話相談が行われた。住民からの質問は初めのうちは放射線のリスクの大きさや健康への影響が最も多かったが，食べ物，生活の仕方，避難，除染などの対処の仕方についての問い合わせが徐々に増えてきた，つまり事故後の時間の経過によって住民の最も知りたいリスコミの内容が変化したという（大澤，2012）。人々は，まずは自分のリスクの大きさを知りたいと思い，次いでそのリスクについて自分ができる対処方法の情報を求めたのである。

大澤は，電話相談の事例から，放射線被曝のリスコミの課題について次のようにまとめている。放射線被曝のリスクについては，放射線の情報にはシーベルトやベクレルなど耳慣れない専門用語が含まれているので，市民に放射線リスクを理解してもらうように伝えることが難しいし，放射線の低線量被曝のリスクについては，専門家の間でも考えが異なるので，そのことも含めて情報を提供して，理解を得ることも難しい。また，相談を受ける立場として重要なことは，放射性物質が嫌で気持ち悪いという相談者である住民の気持ちに共感して，相手と相談の場のコンテキストを共有しなければならない，そうでないと住民との意思疎通はできない。また，放射線被曝のリスコミで住民が最も知りたいことは，これからの生活の仕方，家族の健康管理，家屋の除染などであるから，住民自身が対処するのに必要な知識をわかりやすく伝えることがリスコミの相談の受け手の重要な役割だと指摘している。

リスコミで大切なことは，相手が知りたい2つのこと，リスクの大きさとリスクへの適切な対処の仕方について伝えることなのである．

1.3. リスコミでの送り手と受け手の役割

コミュニケーションは，情報の送り手と受け手の間で行われるが，リスコミでは，誰が送り手となり誰が受け手となるのだろうか．

リスクについての知識を持っている専門家や行政が送り手の役割を担い，リスクにさらされる恐れがあっても，その知識を知らない住民市民が受け手の役割になりそうである．

なぜ専門家や行政がリスコミの送り手の役割を果たすのだろうか．リスクを伴う科学技術，たとえば遺伝子組み換え生物やナノテクノロジーの技術を開発した専門家やその科学技術の社会への導入を認可する立場の行政は，当然のことであるがそのリスクを分析し，社会に導入しても問題ないほどにリスクは小さいと評価しているはずである．そのうえで，科学技術のもたらすベネフィットが大きいと伝えるとともに，そのリスクが十分に小さいので許容できると市民に説得しようとするだろう．しかし，情報の受け手である市民は，送り手からのリスクについての情報を受け入れるためには，科学技術のベネフィットやリスクを自分自身で理解して納得できなければならない．リスコミの送り手の役割を果たす専門家や行政は，市民が自分自身でリスクについて判断できるのに必要な情報を伝える責任や義務があるだろう．

受け手である市民はリスコミでどのような役割を持っているのか．人々はリスクを伴う科学技術を受け入れるべきとの指示を一方的に受ける役割ではないだろう．人々は，リスクを回避・軽減するためのコストや対処の有効性に関する簡単明瞭な知識も必要としている．市民がリスクについて自分で判断する場合でも，科学技術のリスクに関連する専門知識を勉強するのに長い時間をかけられる訳ではない．それゆえそのリスクのポイントについて正確でわかりやすい説明を求めている．専門家からの簡単明瞭な知識の提供を参考にして，科学技術によって社会や自分が望むベネフィットが得られるとともに，科学技術によるリスクは社会や自分にとって許容できるか否かを判断しなければならない．つまり，受け手の役割としての市民には，リスクやその対処さらにはベネフィ

ットについて知る権利があるのは当然だが，それとともに社会の構成員として社会全体としてそのリスクを許容すべきかどうかを判断する義務もあるだろう。

リスコミでは送り手と受け手がそれぞれ自分の役割を認識するだけでなく，互いに相手の役割についても正しく理解しなければならない。

1.4. リスコミの送り手と受け手への信頼

リスコミの送り手と受け手にはそれぞれの役割があるが，お互いの役割についての信頼がなければ，コミュニケーションを通じてリスクについての共通の理解は得られないだろう。リスコミの受け手である市民は，送り手である専門家や行政への信頼，つまり，自分たちが必要としている知識を提供できる能力があり，自分たちが理解できるように誠実に伝えようとの意図を持っていると信頼できなければ，送り手からのリスコミを真摯に受けとめることはないであろう。また，送り手である専門家や行政は，受け手である市民への信頼，つまり自分たちが伝えるリスクの情報に真面目に耳に傾けようという意図への信頼とリスクの情報を熟慮して判断できる能力が市民にあると信頼できなければ，科学技術の研究とは異なる分野であるリスクの情報提供の仕事に努力を傾けようとはしないであろう。

リスクコミュニケーションの心理学的研究は，送り手である専門家や行政に対する信頼の重要性を繰り返し指摘してきた（Cvetkovich & Lofstedt, 1999）。送り手への信頼がなければ，受け手はその情報に耳をかさないのである。説得コミュニケーションによる受け手の態度変容を説明する精緻化見込モデル（Petty & Cacioppo, 1986）によれば，リスクの情報が専門的であるために自分では評価できない場合には，送り手への信頼の有無が，リスク情報を信じてそれを受け入れようとの判断を左右する。

たとえば，震災瓦礫の受け入れ処理についてのリスコミにおいて，国の定めた放射性物質の安全性基準の数値の意味やそれが導出された科学的根拠を専門家でない住民が理解するのは難しい。住民が，十分な関心と能力によって，放射能の安全性基準に関する情報を精緻に吟味評価するという中心的処理（Petty & Cacioppo, 1986）を通じて安全性を判断することは容易ではないのである。それでも，震災がれきの安全性基準を設けた政府への信頼が高ければ，

リスコミの送り手への信頼というヒューリスティックな周辺的手掛かりによって，放射能汚染のリスクは少ないと判断して安心できる。ところが，震災後の福島第一原発事故に関する政府の対策や放射能汚染の情報開示が不十分であったために市民の信頼を失っていたので，震災瓦礫の安全性についての政府のリスコミについても受け手である住民に理解されるのが難しくなっていた（広瀬，2012）。影浦（2013）は，福島第一原発事故による低線量被曝の問題については，政府だけでなく原子力技術や放射線の専門家による不正確で妥当性を欠いた多くの発言があったことを指摘している。そうであれば，市民は，政府や専門家への信頼にもとづいて，彼らが伝える放射能リスクについての評価を受け入れることはないだろう。

　リスコミの主たる送り手である政府や行政が信頼できなければ，市民はそれに代わる情報源からリスクについての情報を求めようとするだろう。福島第一原発事故に関連するリスコミにおいても，多くの人々が政府からの情報でなく，インターネットでのソーシャルメディアの情報や友人知人からのクチコミの情報を手掛かりにしていたとの報告もある（大友，2013）。危機的状況では，政府などからの情報が信頼できない，あるいは情報が不足している場合には，対処の手掛かりになる情報として流言が発生して広く伝播することが多い。公式の情報源からのリスコミがないときには，流言がかわりにリスコミの役割を果たすこともある。しかし，事実の裏づけの無い流言が伝播すると社会や市民に被害を及ぼすことがある。たとえば，1970年代のエネルギー危機のときには流言によって信用金庫からの預金引き出し騒動やトイレットペーパーなどの買い溜めパニックも発生している。リスコミとしての流言は望ましくない社会的影響を生み出す（広瀬，1985）。

　リスコミがうまく機能するためには送り手と受け手の互いの信頼が必要であるが，信頼を形成することは難しく，失うことは簡単であるといわれている。スロヴィック（Slovic, 1993）は，信頼を損なうことに関連する望ましくない出来事，たとえば企業による不祥事や事故などは非日常的で注目されやすくインパクトが大きいのに対して，望ましい出来事は日常的で当たり前であるとして注目されにくくインパクトが小さいことが，信頼を失うのが容易で築くのが困難なことの理由だと述べている。人々の行政や企業に対する信頼は，不祥事

や事故などがあると失墜するし，企業がコンプライアンス順守などの活動により熱心に取り組むとしても企業への市民や消費者の信頼は回復するのは難しい。

リスコミが適切に行われるためには，送り手と受け手はそれぞれに対する信頼が不可欠であり，信頼を維持し，醸成に努める必要がある。

2. 双方向のリスクコミュニケーション

2.1. 個人的リスクと社会的リスクのリスコミの目的

望ましいリスコミとはいつも同じものだろうか。どのようなリスクにも基本的には同じリスクの定義が当てはまるはずだが，リスコミの目的は，リスクの原因や対処の仕方によって異なることはないのか。たとえば，リスクは，個人的に対処が可能なものと，社会全体で対処しないといけないものに分けられるが，個人的リスクと社会的リスクでのリスコミの目的は同じだろうか。

個人的なリスクとは，そのリスクにさらされるかどうかを個人が選択でき，そのリスクへの対処にも個人の責任と能力が関わるものである。たとえば，自転車による転倒事故のリスクは個人的リスクに当たるだろう。

社会的リスクとは，高濃度放射性廃棄物の地層処分のようにリスクを伴う公共政策の導入が社会全体で決められるべきものや地震災害のリスクのように社会全体に被害が及ぶもので，個人が自分一人でそのリスクを選択したり拒否したりできないものである。社会的なリスクへの対処は個人の意思や能力だけではできなくて，社会全体としての対策が必要なものである。

個人的リスクと社会的リスクでの望ましいリスコミは違うのだろうか。モーガンら（Morgan et al., 2002）は，個人的なリスクと社会的なリスクではそれぞれに望ましいリスコミは異なると述べている。個人で対処可能なリスクでは，リスコミの目的は，人々のリスコミに割く時間と注意が限られていることを認めたうえで，人々がリスクについて理解できるように手助けすることだとする。また，社会的対処の必要なリスクでは，リスコミの目的は，人々の間にリスクの知識が広く普及することを確実にし，社会的な決定のための議論ができるように手助けすることだと述べている。モーガンらの議論を参考にしながら，個人的リスクと社会的リスクについての望ましいリスコミについて考えてみよう。

リスクへの個人的対処についての望ましいリスコミとは何か。個人的対処が可能な場合のリスコミの目的は，市民が自分の言葉でリスクを理解できて自分自身で自信を持って対処できるようにサポートすることである。市民は，特定のリスクについての専門家ではないので，いつもそのリスクのことばかりを考えている訳ではない。特定のリスクの専門家は，人々には時間と注意が限られていることを考慮したうえで，市民のリスクの理解を助けることが必要である。

　個人的リスクのリスコミとして，喫煙や肥満の健康リスクを避けるために望ましい行動習慣を伝達することを挙げることができる。喫煙や肥満による病気の治療には健康保険制度による国の負担が伴うので，社会的に対処すべき側面も存在するが，望ましくない行動習慣をとっている個人が直接には健康リスクにさらされており，そのリスクの予防という対処も個人の責任で行うことができる。そこで，個人がリスクを伴う望ましくない行動をとる原因である認知や態度を理解して，それらの認知や態度を変え，リスクを避ける対処をとることを促すのに効果のある説得的コミュニケーションを行うことが，リスコミの目的となるだろう。福島第一原発事故による放射能汚染リスクは社会的リスクであり，それへの対処も社会全体で行うべきことが多いのだが，個人的にも対処ができることとなると，放射性物質の内部被曝のリスクの少ない食品を選択することをサポートするのもリスコミの目的の１つとなるだろう。

　リスクへの社会的対処が必要な場合に望ましいリスコミとは何か。社会的リスクに対処するためには，市民一人ひとりがリスクの知識を深め，社会全体としてリスクを伴う科学技術や公共政策を受容すべきか否かを自身で判断できなければならない。さらに，リスクについての自分の考えを反省し，他人の考えがなぜ自分と違うのかも理解しなければならない。社会的リスクへの対処には，正確な知識にもとづいた社会的合意のための議論に市民の誰もが参加できることが必要になるからである。

　社会的リスクのリスコミの例として，津波被害リスクへの減災対策をコミュニティ全体でとるように促すことを挙げることができる。社会的リスクとは，社会全体としての対処が必要，つまり個人の対処だけでは効果的にリスクを低減回避できないものである。震災や津波被害のリスクは個人だけでは防ぎようがない。だからこそ，地震防災のためには自助とともに共助や公助が必要だと

いわれているのである。社会全体に広く流行する恐れのある鳥インフルエンザなどパンデミックも社会的な対処が必要なリスクである。また，放射能汚染地域全体の除染や震災瓦礫の広域処理の問題も当てはまる。いずれの場合の対策にどれほど費用をかけてどれほどリスクを下げるのかについての決定には社会全体での合意が必要とされる。社会的なリスクへの対処について社会の構成員である市民が議論しうるだけの情報を提供するとともに，市民間で，また市民と行政・専門家で議論して合意を目指すことを手助けすることも，リスコミの目的になるだろう。

2.2. リスク対処への合意形成に向けてのリスコミ

　個人的リスクと社会的リスクでのリスコミの目的は異なる部分があることを確認したが，それでは同じ個人的リスクあるいは社会的リスクのリスコミでも，受け手や送り手によってリスコミの内容や方法を変える必要はないのだろうか。たとえば，リスクへの脆弱性が異なる人々がいるときに，それぞれの人がリスクへ同じ対処を望むとは限らないだろう。また，リスクの重大さや発生確率の判断が専門家でも難しい，あるいは専門家の間で意見が分かれるときもある。そのときはリスコミの送り手は何を伝えればいいのだろうか。

　震災瓦礫の広域処理の事例では，がれき受け入れに反対という態度は多くの住民で同じでも，反対の理由や根拠や事情がそれぞれに違っていた（広瀬 2013）。そうであれば，異なる住民との間の行政のリスコミも違ってくるのではないだろうか。さらに，受け入れ瓦礫の放射性物質の安全性基準については政府と専門家の間で認識が異なっていた（熊本・辻，2012）。そのようなときに受け入れを検討している行政はどのようなリスコミをするのが望ましいだろうか。リスクへの社会的対処には社会全体での何らかの合意形成が必要であるが，合意は必ずしも容易ではないのである。

　様々なリスコミの状況を考慮したうえで，リスコミとは何かと考えてみれば，それは以下のようにまとめることができるだろう。すなわち，リスク対処の合意形成に向けて，市民と専門家や行政の間，市民と市民の間で相互の理解を高めるためのインタラクティブなコミュニケーション，それが，リスコミの包括的定義といえるのではないだろうか。

2.3. なぜリスコミは双方向なのか

　リスコミは双方向でインタラクティブでなければならないのは，なぜなのだろうか。次のような疑問を持つ人もいるかもしれない。リスクについての専門家や行政から市民への一方向のリスコミでも良いのではないか。はたして，市民から専門家や行政に伝えるべきリスクの知識や情報というのはあるのだろうか。さらには，専門家や行政と市民の間でリスクについて対等な立場で議論する必要があるだろうか。

　リスコミが双方向でなければならない理由の1つは，リスクの情報を専門家が伝えても，そのリスクの情報が市民に正確に伝わり，その意味が理解されているかどうかは，市民の側からの質問や疑問あるいは確認というフィードバックがないとわからないからである。これまでの一方向のリスコミでは，専門家は市民が当然わかるだろうという自分自身の思い込みによってリスクの情報が伝達されたことも多かったが，そのリスクの情報を必ずしも市民が理解していないことがわかってきた。だからこそ，最近では熟議デモクラシーとして欧米や日本で実施されるようになった市民参加型会議では，専門家と会議参加者の市民との対話が重視されているのである。たとえば，デンマークで考案されたコンセンサス会議では，科学技術の導入のリスクに関わる重要な質問を市民代表の会議参加者が議論して考え，それを複数の異なる立場の専門家に尋ねて，それぞれからの回答を聞いたうえで，専門家と市民が議論するという手続きがとられている（三上，2012）。リスコミでは，専門家と市民との間のフィードバックを含んだ対話という双方向の議論が必要だということである。

　市民から専門家に伝えるべきリスクの知識はあるのかという疑問についてはどうだろう。双方向でなければならない理由は，市民の視点からのリスクの知識がリスコミにおいて重要だからである。ローカルナレッジ，つまり，地元のことは地元で生活している住民市民にしかわからないことがあるという考え方がその背景にある。専門家は，その問題についての一般的な知識や技術は知っていても，それが適用される様々な個別の場面でどれほど効果があるのかを必ずしも知っていない。科学技術が用いられる社会的文化的状況については現場の住民に聞かなければならない。たとえば，大澤ら（2008）は，吉野川可動堰建設の是非の問題において，河川土木の専門家が知りえなかったローカルナレ

ッジが，可動堰の代替案を評価するうえで重要な情報となったと指摘している。可動堰問題についての専門家と市民の共同の取り組みの中で，地元での川釣りなどの活動を通じて，住民が歴史的な洪水の痕跡を見つけ出したことが，洪水リスクの評価につながったのである。

　双方向でなければならない3つ目の理由は，社会的なリスクへの対処を決めるのは主権者である市民だからである。様々な社会的なリスクにどれだけの共通の資源を振り向けるのかは，専門家や行政だけでは決められない。主権者である市民，あるいはその代表である議員が，様々なリスクを評価し，その対処への投資を決めなければならない。リスクの理解は科学の分野であっても，リスクのガヴァナンスは政治の領分なのである。だからこそ，市民が，専門家や行政と対等な立場で議論する必要があるのである。たとえば，ドイツのバイエルン州では，州の保健衛生政策の基本方針を決めるときに，州民から無作為に選ばれた400人の州民代表によるプランニングセルという市民参加型会議が開催された（広瀬ら，2009）。州の8つの場所で，25人が参加する会議をそれぞれ2回，合計で16もの会議を独立並行的に行った。どのような政策を優先すべきかについて，専門家からの情報を聞いたうえで，市民が議論して，政策への提言を市民報告書としてまとめた。健康リスクへの社会的対処として，どのような保健政策を優先すべきかについては，専門家や行政だけで決めることはできない。市民と市民，市民と専門家・行政との双方向的な議論が必要だからである。

3. リスクのガヴァナンスのために

3.1. リスコミでの市民参加

　リスコミは市民と専門家行政との双方向の対話が必要であると述べたが，リスコミに市民が参加することがなぜ必要なのだろうか。欧米では社会的リスクを伴う科学技術やその政策を導入するときに，コンセンサス会議やプランニングセルなど，様々な方法で，市民が参加して議論する場を設けている。日本でも，2012年に政府のエネルギー戦略について国民的議論をする一環として討論型世論調査が実施されたし，廃棄物処理などの環境計画の策定について市民

参加の試みが行われてきた。市民が社会的リスクへの対処について議論する機会を設けることにどのような意義があるのだろうか。

マッコマスら（McComas et al., 2010）は，リスコミでの市民参加には，道具的意義，規範的意義，実質的意義の3つがあると整理している。道具的意義とは，市民がリスクの伴う公共計画の決定に参加すれば，決定に正当性が与えられて，その計画が社会全体に受け入れられるのが容易になるということである。規範的意義とは，行政や政府は政策を決めるときに，主権者である市民の同意を得るべきであり，市民は政策の決定に参加する権利があるとの民主主義の理念にもとづくということである。実質的意義とは，政策を決めるうえで，科学技術の専門家の知識だけでなく，多様な市民が持っている社会的文化的な知識も同じように必要であり，多様な市民が参加することで合理的で望ましい決定が得られるということである。

市民が参加することは，リスクを伴う計画の実施に役に立つし，とるべき正しい規範であり，計画内容の実質も良くなるということであるが，それではなぜ最近になって，それが宣伝されるようになったのか。欧米で様々な市民参加型会議が作成され，リスクを伴う環境などの公共計画の策定で市民参加の手続きがとられるようになったのはなぜだろうか。それは，公共計画が市民や住民の反対によって実施できないことが多くなったこと，それとともに行政などへの市民の信頼が低下したことが背景にある。市民は，計画の策定を議会の代表に任せる間接的な民主主義だけでは満足せず，自分たちが直接決定に参加する参加デモクラシーや決定について意見を表明，議論する熟議デモクラシーを求めるようになってきたのである。リスクを伴う計画を策定する早い段階で市民に情報を開示し，市民が意見を表明する機会を設けるなどの市民参加の手続きがとられなければ，公共計画への社会的合意も得られないということである。

前に述べたことだが，社会的リスクへの対処のためには，一人ひとりがそのリスクについての自分自身の意見を持ち，他者と議論をして，社会全体で合意を形成するのに効果的な公共的な議論の方法や手続きが必要である。コンセンサス会議などの市民参加型会議は，社会的なリスクについての公共的議論の場として設定され，多くの国で実施されるようになってきた。ところが，社会的リスクの伴う公共計画についての市民参加型会議でも，市民と行政だけでなく，

市民の間でも，環境や経済などの価値観の違いから社会的合意が容易でないことがある。あるいは，放射性廃棄物の最終処分場の立地などNIMBY的特徴を持つ計画では，立地候補地の地域住民の反対によって，計画への合意形成が困難な場合がある。

そのような場合に，どのような市民参加が望ましいのだろうか。利害や意見の対立があるときにも，計画を決めるプロセスが透明で偏りがないことや，誰もが必要とする情報が開示され，意見を表明する機会が保証され，決定に関与できるという手続きが必要だという点では合意するだろう。市民が参加して議論し決めるという手続きが公正でなければ，市民参加の会議も成立しないだろう。また，手続きとして公正だと納得できれば，それによって決められたことは受け入れざるをえないとも考えるだろう。

市民の代表が参加する会議といっても，市民のほとんどは参加できないのだが，参加しない市民は市民参加の会議やその結論についてどう評価するのだろうか。市民の代表が会議に参加して議論する会議の結果は，その会議を開催した行政や政府に答申されることが多いが，社会の構成員である市民がその会議の結果について妥当なものだと受け入れなければ，実際の政策に反映されることは難しい。では，どのような会議であれば市民はその会議やその結果を受け入れるのだろうか。自分の考えと同じ人々が会議に参加したのであれば，その代表を信頼できるので，市民参加の会議を受け入れるのか。しかし，市民の間で意見が対立する事例では，会議参加者が自分とは意見が異なることもある。その場合でも，市民参加型会議を受け入れるにはどのようなことが必要だろうか。ここでも，会議が公正な手続きで行われたとわかれば，その結果を受け入れるのではないだろうか。

市民参加についての社会学の規範的研究（Renn et al., 1995）でも社会心理学の実証的研究（Hirose, 2007）でも，意見の対立が大きな事例では社会的合意は容易ではないが，それでも会議のやり方が公正だと評価できれば，会議の結果が社会的に受容されることを促すことを確かめている。どのような公共的議論の場の設定が公正だと評価されるのかを明らかにすることは，リスコミの重要な課題であるといえよう。

3.2. リスクガヴァナンスのためのリスコミ

　リスクガヴァナンスつまりリスクを統治するとは，社会に遍在するすべてのリスクを，限りある資源を活用しながら，バランスよくコントロールするために，社会全体で集合的に取り組むことである。リスクマネジメントが，単一の組織がその組織の主要なリスクに対処することをさしているのに対し，リスクガヴァナンスとは，社会の主権者である市民あるいは市民の代表である議会が，社会に存在する複数のリスクをコントロールすることである。そのためには，個人的な対処でなく社会的な対処が必要なリスクの統治について社会全体での合意形成が必要なのである。

　リスクガヴァナンスには，リスク対処に必要な資源配分の問題が深く関わっている。たとえば，政府予算のうち，様々な社会的リスクに関連する事業のどれにどれほど予算を割り振ればいいのかが問題となる。将来の震災対策と地球温暖化防止対策にどれほどの予算を割り振れば良いのか。自然エネルギー政策と高濃度放射性廃棄物の処分対策のどちらにどれほど予算を割り振れば良いのか。いずれにしても予算には限りがあるので，リスク対処のコストとリスク低減というベネフィットを考慮するのは当然であるが，それ以外にもリスクへの費用配分には無視できない評価基準がある。予算の配分にはリスクの重大性や対処の緊急性や公平性など様々な基準が関連する。どの基準をどれほど重視するのかについては必ずしも社会の合意が得られてはいない。地震防災と地球温暖化では，リスクの大きさと発生確率によって費用を割り振るのか。再生エネルギー対策と放射性廃棄物対策では，緊急性と公平性のどちらにもとづいて判断するのか。どのリスクを重視するかについての価値観が問題になるが，人々の間ではしばしば重視する価値観が対立する。環境計画では，環境保全の価値を譲れない価値として考える利害関係者が，他の社会の構成員が重視する経済性など他の価値とのトレードオフやバランスをとることを許容できないとすることもあり，その場合には社会的合意を得ることが困難である。

　リスクガヴァナンスのためのリスコミの目標とは，社会に遍在する様々なリスクに対処するために社会の共有資源をどのように配分するのかについての合意形成を促すことといえるが，どのようなリスコミが望ましいかについても，社会全体で考える必要がある。

4. テキストの目指すところ

　このテキストでは，リスクガヴァナンスのためのリスコミについての理解を深めることを目指している。そこで，はじめに，市民のリスクやその対処についての認知や行動の特徴を社会心理学から理解する。次に，人のリスクへの対処についての心理学的特徴を踏まえて，どのようなリスコミが望ましいのかを理解する。さらに，多様な社会的リスクを統治するためのリスコミについて理解する。とくに，リスクについて意見や利害が対立するときに，参加と熟議にもとづいた社会全体でのリスク対処への合意を促すためにどのようなリスコミが望ましいのかを理解する。

　次章以降では，このようなリスコミについての理解を深めるために，主に社会心理学の理論や知見を参考にしながら，様々な角度から議論される。この章で簡単に触れたリスコミの事例やリスコミの重要なキーワードについても詳しく解説されることになるだろう。

引用文献

Cvetkovich, G., & Lofstedt, R. (1999). *Social trust and the management of risk*. London: Earthscan.

広瀬幸雄 (1985). 買溜めパニックにおける消費者の意思決定モデル　社会心理学研究, 1, 45-53.

Hirose, Y. (2007). A normative and empirical research on procedural justice of citizen participation in environmental management planning: A case study of citizen participatory projects in Karlsruhe. In K. Ohbuchi (Eds.), *Social justice in Japan: Concepts, theories and paradigms* (pp. 264-290). Melbourne: Trans Pacific Press.

広瀬幸雄 (2013). 震災がれきの受け入れ是非のリスコミのゲームシミュレーションの作成　科学技術融合振興財団研究助成報告書. 12-30.

広瀬幸雄・大沼進・杉浦淳吉・前田洋枝・野波寛・大友章司 (2009). ドイツにおける公共計画への市民参加の手続的公正について　環境社会心理学研究. 9, 1-249.

Janis, I. L., & Mann, L. (1977). *Decision making: A psychological analysis of conflict, choice, and commitment*. New York: Free Press.

影浦峡 (2013). 信頼の条件：原発事故をめぐることば　岩波科学ライブラリー 207　岩

波書店
熊本一規・辻芳徳（2012）．がれき処理・除染はこれでよいのか　緑風出版
McComas, K. A., Arvai, J., & Besley, J. C. (2010). Linking public participation and decision making through risk communication. In R. L. Heath, & H. D. O'Hair (Eds.), Handbook of risk and crisis communication (pp. 364-385). New York: Routledge.
三上直之（2012）．コンセンサス会議：市民による科学技術のコントロール　篠原一（編）討議デモクラシーの挑戦　岩波書店　33-60．
Morgan, M. G., Fischhoff, B., Bostrom, A., & Atman, C. J. (2002). *Risk communication: A mental models approach*. New York: Cambridge University Press.
大澤英昭（2012）．放射能に関するコミュニケーション：福島第一原発事故後の対応を例として　日本心理学会第76回大会ワークショップ
大澤英昭・広瀬幸雄・寺本義也（2008）．吉野川河口堰を事例とした市民と専門家の協働の類型および知識活用の変化　科学技術社会論研究, 5, 93-109.
大友章司（2013）．東日本大震災後の買い溜め行動および買い控え行動の縦断的調査　科学技術融合振興財団研究助成報告書, 31-40．
Petty, R. E. & Cacioppo, J. T. (1986). The elaboration likelihood model of persuasion. In L. Berkowitz (Ed.), *Advances in experimental social psychology* (Vol. 19, pp. 123-205). New York: Academic Press.
Renn, O., Webler, T., & Wiedemann, P. (1995). *Fairness and competence in citizen participations*. Dordrecht: Kluwer Academic Publishers.
Slovic, P. (1987). Perception of risk. *Science*, 236, 280-285.
Slovic, P. (1993). Perceived risk, trust, and democracy. *Risk Analysis*, 13(6), 675-682.
Slovic, P. (1999). Trust, emotion, sex, politics and science: Surveying the risk-assessment battlefield. *Risk Analysis*, 19, 689-701.

1

リスク認知の社会心理学理論：人はリスクをどのように認識しているのか

1. はじめに

　本章では，私たちが様々なリスクについてどのような受け取り方をしているかについて述べる。2011年3月に起こった福島第一原発事故以来，原子力発電，あるいはそれにまつわる放射能に関するリスクは私たちの非常に身近な存在となっている。しかし，私たちはそのリスクに関して適切に判断し，対処しているだろうか。私たち市民のとらえるリスクと，専門家のとらえるリスク評価ははたして同じなのだろうか。本章ではこうした違いについても触れながら，人のリスク認知の特徴とそれに影響する要因について解説する。

2. 私たちのリスク認知の特徴

2.1. リスクについての2つの心理的ものさし

　あなたは飛行機事故と自動車事故，どちらがより危険だと考えるだろうか。多くの人を巻き込み，広範囲に被害を及ぼす可能性のある飛行機事故のほうが危険だろうか。一方で，身近でよく起こる自動車事故のほうが危険だろうか。それぞれの危険性をあなたがどのようにとらえたかが，大まかにいうと「リスク認知」ということができる。

　いわゆる専門家のくだす判断である，客観的なリスク評価は被害の重大性と生起確率の積であらわされる（National Research Council, 1989）。それでは，私たちのとらえるリスク認知も被害の重大性の認知と生起確率の認知の積で認識されているといえるのだろうか。一般的な市民は，様々な事故の詳細な被害

の大きさと年間発生件数としての生起確率に関するデータを入手することは困難であるし,手に入っても理解するのが難しい可能性がある。そうなると,専門家がくだす客観的なリスク評価と市民のリスク認知とは異なるとも推測される。

スロヴィックは,市民と専門家のリスク認知が異なることを明らかにしている (Slovic, 1987;表 1-1)。この研究では,リスクに関する専門家と,市民

表 1-1 30 の活動と技術に関する知覚されたリスクの順位 (Slovic, 1987)

	女性の有権者団体	大学生	ビジネスマンの団体メンバー	専門家
原子力	1	1	8	20
自動車	2	5	3	1
銃	3	2	1	4
喫煙	4	3	4	2
オートバイ	5	6	2	6
アルコール飲料	6	7	5	3
(自家用) 飛行機運転	7	15	11	12
警察による活動	8	8	7	17
農薬	9	4	15	8
外科手術	10	11	9	5
消火活動	11	10	6	18
大規模建設工事	12	14	13	13
狩猟	13	18	10	20
スプレー缶	14	13	23	26
登山	15	22	12	29
自転車	16	24	14	15
仕事で飛行機に乗ること	17	16	18	16
電力(非原子力)	18	19	19	9
水泳	19	30	17	10
避妊薬	20	9	22	11
スキー	21	25	16	30
X線	22	17	24	7
高校・大学のフットボール	23	26	21	27
鉄道	24	23	20	19
食品添加物	25	12	28	14
食品着色料	26	20	30	21
(電動/エンジンによる) 動力芝刈り機	27	28	25	28
抗生物質	28	21	26	24
家庭用電化製品	29	27	27	22
予防接種	30	29	29	25

（女性の有権者団体，ビジネスマンの団体メンバー，大学生）に対し，原子力発電や自動車運転，飲酒など 30 の科学技術や日常的な行動について，危険だと感じる順位を示すように求めた。その結果，専門家と市民での評価で大きく分かれた事象がいくつかあった。1 つは，原子力発電についての評価である。専門家が 20 位をつけているのに対し，市民は最も危険なものとして挙げている。一方で，専門家では 5 位に挙がった外科手術は，市民では 10 位以下となっていた。なお，専門家が最も危険であるとして挙げたのは，自動車運転で，これについては市民も，比較的高い危険（女性有権者団体では 2 位，ビジネスマン団体メンバーでは 5 位）であると認識していた。すなわち，自動車運転のように危険が高いと専門家，市民とも評価している事象がある一方で，原子力発電や外科手術のように評価が大きく乖離しているものもあるという訳である。専門家は先に述べた客観的なリスク評価にもとづいて順位を判断しているのに対し，市民はそれとは異なる基準による判断に従っているといってよいだろう。ちなみに，東日本大震災の後に，原子力発電に対する，原子力の専門家と，原子力が専門ではない専門家，大学生にリスク認知や個人的・社会的な便益を尋ねた研究では，原子力の専門家のほうが直感的な恐ろしさは低く，個人的メリットや社会的必要性を感じているという結果が示されている（岡部・王, 2013）。たとえ，事故の後であったとしても，専門家と一般市民の評価の差は変わらないということが指摘できる。

　それではいったい，市民のリスク認知はどのような構造になっているのだろうか。序章でも触れられているが，スロヴィックはリスク認知を 2 つの軸で切り分け，4 つの象限で表現できるとしている（Slovic, 1987）。このレビュー研究では，これまでのリスク事象に対し，「自発的にそれに関わるか」「災害発生時に，その災害規模を統制することが可能か」「次世代にまで影響を及ぼすか」「壊滅的な打撃を与える可能性があるか」「よく知られているか」などの質問を行い，因子分析を行った。その結果，第 1 因子は恐ろしさ（dread risk）であり，災害時の制御可能性や恐ろしさ，壊滅的な大惨事の可能性，自発的にそのリスクに関わるか，あるいはリスクと便益の分配の不公平性などが高く負荷した。第 2 因子は未知性（unknown risk）であり，観察されたことがあるか，リスクを正確に知っているか，被害の発現の遅延についての項目が高く負荷し

た。また，第3因子はリスクにさらされる人の数となった。この結果をもとに，リスク認知の次元を恐ろしさと未知の2つで軸を設け，4つの象限に分類した。第1象限は恐ろしくて未知のリスク，第2象限は恐ろしくなくて未知のリスク，第3象限は恐ろしくなくて既知のリスク，第4象限が恐ろしく既知のリスクということになる。第1象限に当たるのは遺伝子組換え，原子炉事故など，第2象限はカフェイン，水道塩素処理など，第3象限はスキー，たばこなど，第4象限には核兵器などが位置づけられた（図1-1）。

　以上のように，専門家はリスクを被害の重大性と生起確率の積とし，科学的に計測可能な評価に限定するのに対し，市民は，リスクの不確実性，影響の広がり，自己決定性，リスク分配の衡平性など，より広い社会的な側面を重視して評価している。市民は，リスクに対する様々な脅威と，社会にも自分にとってもリスクの発生や管理がわからないという2つの心理的ものさしを作成していると解釈できる。

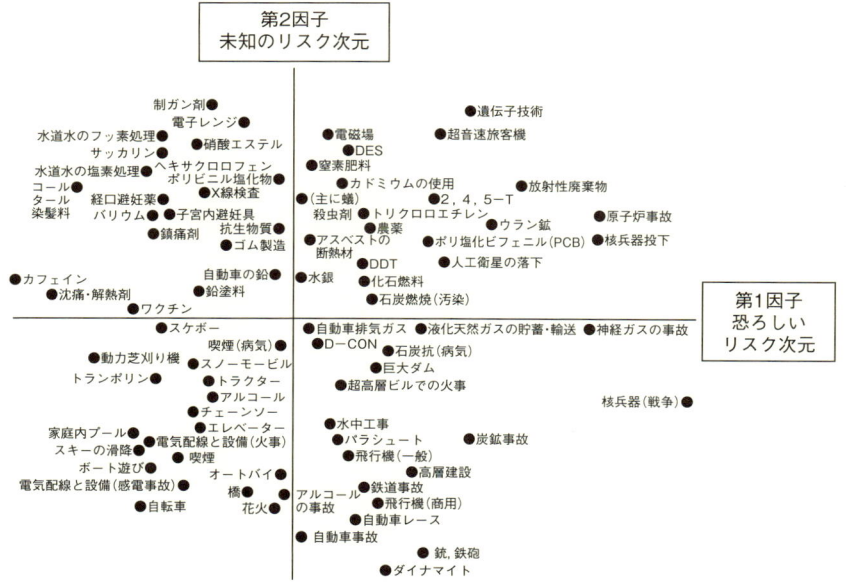

図1-1　一般市民のリスク認知をとらえる2つの次元　(Slovic, 1987)

2.2. リスク認知におけるヒューリスティックとバイアス

スロヴィックによるリスク認知の研究からは，未知，恐ろしさの両方の心的なものさしで，市民は様々な事象のリスクを考慮していることがわかった。ここでは，まず未知の部分から派生するいわば思い込みがリスクについての適切な判断を妨げてしまうことがあるという点について説明しよう。それは，心理学ではヒューリスティックやバイアスと呼ばれている。

人は知らないこと，初めてのことに出会ったとき，十分な時間や知識，注意などの資源を持っていれば，その事象を吟味し，情報を集めて判断するだろう。しかし，必ずしもそれらがあるとは限らないし，人の認知システムは注意や努力などの資源を節約する傾向があるといわれている。そこで，活用されるのがヒューリスティックである。

ヒューリスティックとは，人間の意思決定や思考の方法の1つで，必ずしも正しい答えを導ける訳ではないが，ある程度のレベルで正解に近い解を得ることができる簡便で直感的な方法のことである。アルゴリズムと対比的に用いられるが，こちらはその手順に従っていけば必ず正解に到達する方法である。ヒューリスティックには利用可能性ヒューリスティックや係留と調整のヒューリスティックなど様々なものが確認されている。

利用可能性ヒューリスティックは，私たちは過去の記憶している事例や身近な例の思い出しやすさから，事象の発生可能性の度合いを推定する方法である。たとえば，国産のにんにくと外国産のにんにくのどちらを買うかと考えたときに，朝に見た外国産の野菜の農薬値に関するニュース報道を思い出し，外国産の野菜の健康リスクの高さを直感的に判断し，その結果国産の野菜のほうを選択して購入する，というような例が当てはまるだろう。思い出しやすいものは発生可能性を過大視されやすく，そうでないものは過小視されやすい。また，思い出しやすさに影響するのは事象の客観的な生起確率よりも事象の鮮烈さであることもわかっている。まれな事例であっても鮮烈な印象を残すことにより，個別事例が一般化されやすくなる。たとえばこの国のにんにくは農薬が多いというニュースに触れると，この国の他の野菜もすべてそうだろう，という，論理的とはいいがたい結論を導いてしまうことも多いのである。

また，係留と調整のヒューリスティックは，人は曖昧な状況で確率や頻度を

推定するときに既に知っているものを基準として設定する。そこから調整を行い，未知のできごとを推定する。つまり，基準点が最終的な推定に大きく影響する訳である。このヒューリスティックの問題点は，最初に思い浮かばないことについては考えられないこと，そして少なくとも一度は起こることを過小視してしまうことにある（広田，2012）。これも例を用いると，高校生の際にこれ以上ない男前の彼氏とつきあうことになったとする。しかし，自分がこれまでに出会った人間の中で「これ以上ない男前」であったのであって，まだ出会っていない人のことは考慮されていないということである。

一方で，リスクの判断では，ヒューリスティックとは別に，認知を歪めるバイアスについても確認されている。事象の物理的，客観的な情報を知っていたとしても，リスクを正しく認識できない場合がある。たとえば，原子力発電所の近くに住んでいる人が，「原子力発電所は危険である」と思っていたとしたら，おそらくかなりのストレスであり，不快な状態となるだろう。住まいを簡単に変えることが難しい場合，一層このストレスは大きくなる。そこで，「原子力発電所は危険である」という認知を変え，ストレスを緩和している可能性がある。これは認知的不協和が解消された状態といえる。認知的不協和とは，私たちは自己を取り巻く事象の認知の間に矛盾が生じると不快，つまり不協和の状態になり，これを解消するために一方の認知を変化させるというものである（Festinger, 1957／末永監訳，1965）。これはリスクについてのバイアスの1つといえよう。

リスクの認知を歪めるバイアスにもいくつかの種類がある。たとえば，楽観視バイアスでは，「自分だけは大丈夫だろう」と考え，リスクを低く見積もってしまう（Helweg-Larsen & Shepperd, 2001）。過信によるバイアスでは，課題の正解度に対する主観的確率が高くなり，自信過剰傾向になることがわかっている（広田，2012）。専門家が技術やシステムの安全性評価において，ヒューマンエラーなどを十分に考慮していない場合などがこれに当たる。さらには，後知恵バイアスと呼ばれる，事象が起きた後に自身が予測していたことと実際に起こったことが合致していると考えてしまう場合もある（Hoffrage et al., 2000）。先に紹介したヒューリスティックも含め，これらはいずれも無意識のうちに行われてしまう。

また，恐怖などの感情も事象のリスク認知に影響を及ぼす（Slovic, 1987）。感情も一種のヒューリスティックとしての働きをするのである。感情ヒューリスティックとは，対象のイメージに付随する正や負の感情が，何らかの推論を直感的に方向づけるとされるヒューリスティックのことである。つまり，事象に対するマイナスイメージがネガティヴなリスク認知をもたらすということになる。感情ヒューリスティックは，エプスタイン（Epstein, 1994）による認知－経験に関する自己理論である二重過程モデルが背景に仮定されている。これにもとづき，スロヴィック（Slovic, 2007; Slovic et al., 2002）は経験的システムは感情的で，快－不快にもとづく判断を行うシステムであり，過去経験からの感情をもとに自動的に行動を決定する，と述べた。一方で，分析的システムでは論理的で，理性にもとづいており，事象の意識的評価により媒介され行動が決定される。経験的システムがより強く働く場合が感情ヒューリスティックの発動している状態だが，どのような効果をもたらすかについては，次節で詳しく取り上げる。

　以上のように，本節では，まず専門家の考えるリスクと市民の考えるリスクはとらえ方が異なることについて述べた。市民は未知と恐怖の2軸で事象のリスクをとらえていることがわかった。次に，未知と恐怖の2つの心理的ものさしに関連する要因が，私たちのリスク認知に影響することを示した。ヒューリスティックやバイアスといった，私たち人類が環境に適応して進化させてきた認知システムの特徴が，リスクをとらえる際にも強い影響を及ぼしているということを確認しておく必要があるだろう。

3. 安心に向かうリスク判断と感情のはたらき

3.1. ゼロリスク幻想

　どのような事象においても「100％安全」であるということはありえない。しかし，私たちは，新しい科学技術や製品，イベントなど，様々な事象が100％安全でないと，安心できない。いいかえれば，非常にわずかでも事故などの発生確率が残っていると，それを危険であるとしてその事象を許容しない思考の傾向がある。これは「ゼロリスク志向」（「ゼロリスク要求」［中谷内，

2004］,「リスク・ゼロ神話」［Ross, 1999／佐光訳, 2001］) と呼ぶことができるだろう。目標として，事故ゼロを目指すことは望ましいことである。しかし，事故の発生可能性，つまり，リスクが0になることはありえない。ゼロリスクにこだわり，100％安全であると思い込みたいがために，それ以外の情報を（意識的にも，無意識的にも）摂取しないようにしてしまうこと（認知的不協和としても説明できるだろう）が，かえって本来のリスクをみえにくくし，万が一の際への対処を鈍らせる。だからこそ，ゼロリスクは幻想であり，リスクがあることを前提に，心構えや具体的な対応をとる必要がある。

　私たちのゼロリスク志向に影響を及ぼすのが，確実性への欲求である。私たちは不確実な状況におかれると不安を感じる。その不安の感情を低減するために，不確実性をなくすような認知の変化が生じる。たとえば，津波の被害のおそれの高い地域住民にみられる被害を過小評価する傾向や，原子力発電所での事故のように甚大な被害が予想されるが，それを回避できない場合，技術自体を絶対的に拒絶する傾向が例として挙げられる。

　中谷内（2004）は，トヴェルスキーとカーネマン（Tversky & Kahneman, 1981）の疑似確実性効果，プロスペクト理論と自身の実験結果から，人は確実に利得が見込める選択肢，あるいは確実に損失が防げる選択肢に相対的に惹かれることを指摘している。疑似確実性効果とは，表面的にでも確実に手に入ることを示した選択肢のほうがより選好されるというものである。中谷内（2004）では，トヴェルスキーらの研究から以下のような例を示している。まず，第1課題で2つの選択肢が示される。選択肢Aは「確実に30ドルが手に入る」，選択肢Bは「80％の確率で45ドル手に入る」というものである。45ドルが80％の確率で手に入るので，期待値としては36ドルとなる。しかし，実験参加者は「確実に」手に入るほうを好むため，第1課題では選択肢Aがより多く選ばれる（78％が選択）。次に，第2課題では条件が出される。「第1ステージで終了する確率が75％，第2ステージに進める確率は25％である。あなたはこれから第1ステージに入るが，第2ステージでの選択を先に表明しなければならない」というものだ。そのうえで，選択肢C「確実に30ドル手に入る」，選択肢D「80％の確率で45ドル手に入る」の2つの選択肢が示される。ここでも選択肢Cは74％の実験参加者に選ばれ，第1課題と同様の傾向を示

している。つまり，彼らは第1ステージをクリアしたものとして，第2ステージでの選択を行い，確実に手に入る選択肢Cを選んだと考えられる。なお，選択肢Cの期待値は，30ドル×25％であるという点に注目しておいてほしい。さて，第3課題である。ここでは選択肢E「25％の確率で30ドルが手に入る」と選択肢F「20％の確率で45ドル手に入る」の2つが示される。はたして実験参加者たちはどちらを選んだのだろうか。結果は，選択肢Eを選んだのが42％，選択肢Fを選んだのが58％という結果であった。選択肢Eと，第2課題の選択肢Cを比べてみると，まったく同じことがわかる。しかし，実験参加者は第2課題では選択肢Cを，第3課題では選択肢Fを選好した。つまり，たとえ確率的に同じであっても，一見すると確実に手に入る，すなわち，失うリスクが0であるほうを実験参加者は好んだということができる。このように，過度のゼロリスク志向は，適切な行動を妨げてしまう場合がある。私たちはいったん立ち止まって，現状を理性的に把握すべきであろう。

3.2. リスク判断への感情のはたらき

当然だが，有用でなく危険な技術や製品は受け入れられない。有用さ，つまり私たちにもたらす便益が大きいからこそ，ある程度リスクがあってもそれを許容して導入される訳である。これがリスクと便益のトレードオフの関係である。原子力発電であれば，非常に有用だがリスクも高く，エックス線検査であればある程度有用でそれに応じて危険性が低いと考えられる。つまり様々な科学技術などの有用性とリスクの間には正の相関があると考えられる。しかし，フィシュホフらは，リスク認知と有用性の間には負の相関，つまり，リスクが高いと認知している人ほど有用でないと認知するという関係があることを見出している（Fischhoff et al., 1978）。

この点について，フィヌケーンら（Finucane et al., 2000）は，リスクと有用性の認知には直接マイナスの関係があるのではなく第3の要因が媒介することにより，擬似的に負の相関を示していると指摘している。その要因が感情だという。つまり，先に述べた感情ヒューリスティックが起こることによって，リスクと有用性は負の相関になっているという。フィヌケーンらは食品添加物や原発などの科学技術において，①「有用性が高い」，②「有用性が低い」，③

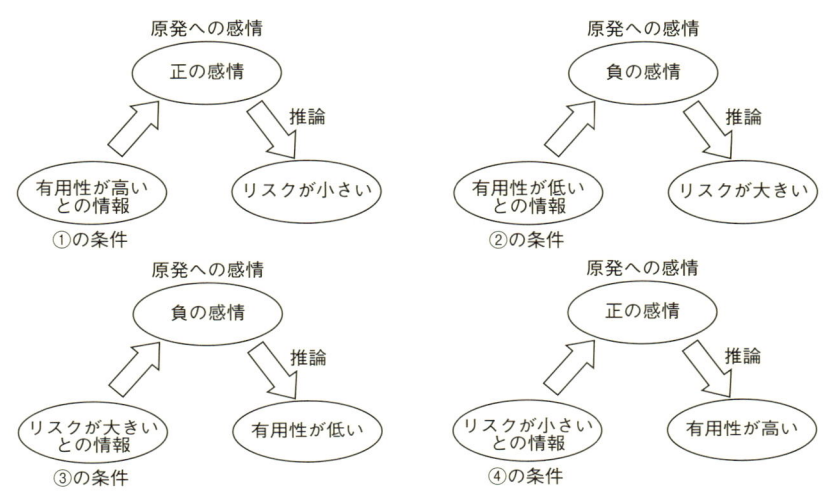

図 1-2　感情ヒューリスティックに媒介されるリスクと有用性の関係
(Finucane et al., 2000 より作成)

「リスクが大きい」，④「リスクが小さい」との情報を与える4つの条件を設けて実験を行った。その結果（図1-2），①と④では，それぞれの情報によって科学技術への感情的な印象がプラスになることに媒介されて，①ではリスクが低く，④では有用性が高いと認知されることが示された。また，②と③ではそれぞれの情報により，科学技術への感情的なネガティヴな印象が媒介することにより，②ではリスクが大きいという印象を導き，③では有用性が低いと認識された。つまり，私たちはリスクが大きいとの情報を得ると，ネガティヴな感情が引き起こされ，それによって有用性を低く見積もってしまうし，その逆も起こりうるということである。

また，感情ヒューリスティックは確率判断に様々な影響を及ぼす。たとえば，人口の24.14%が死ぬ病気と，1万人のうち2,414人が死ぬ病気ではどちらのリスクが高いと思うだろうか。後者のほうが危険だと思った人が多かったのではないだろうか。山岸（Yamagishi, 1997）の結果では，1万人のうち1,286人が死ぬと提示した場合でも，24.14%より危険度が高いと判断されたという結果を得ており，割合よりも絶対数が強い感情を引き起こすことを示した。しかし一方で，絶対数よりも割合のほうが望ましいと判断されることもある。空

港で着陸失敗時に人命を救う安全装置を購入する場合の望ましさを評定してもらう実験が行われた。条件は「事故のときに150人を救うことができる」「事故のときに150人のうち，98％を救うことができる」「95％」「90％」「85％」のそれぞれの確率で設定された。その結果，98％を救える装置が最も望ましいと評価された。つまり，150人という多いのか少ないのかはっきりとしない人数よりも，ほぼすべてをさす98％という数値は良いと判断されたのである。なお，この実験では，割合で示された条件のほうが「150人」を救える条件よりもすべて望ましさにおいて上回っていた。このように，絶対数より割合で示したほうが望ましいという判断をされる場合もある訳である（Slovic et al., 2002；図1-3）。

さらに，絶対数の大きさが強い感情を喚起するとは限らない場合もある。フェザストンホーら（Fetherstonhaugh et al., 1997）は25万人と1万1,000人の難民キャンプのどちらに援助をしたいかについて測ったところ，後者のほうをより救いたいという結果を得た。この実験では水に媒介された病気が蔓延している難民キャンプにきれいな水を届けるという設定だったのだが，このきれいな水を届けられる確率が60％であっても，100％であっても，人数の小さいキャンプへの援助意図のほうが高いという結果であった。また，スロヴィック（Slovic, 2007）で紹介された実験では，「マラウィでの食糧不足は300万人の

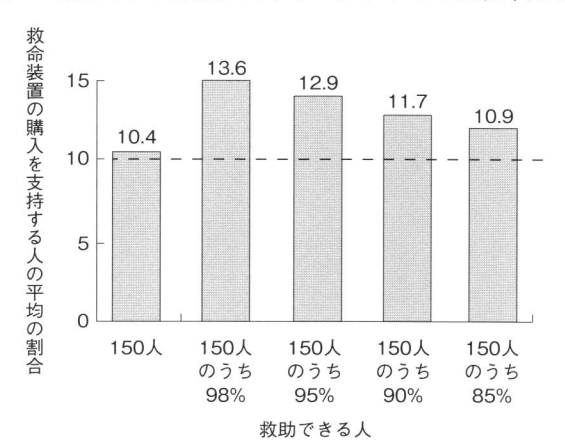

図1-3 具体的な人数よりも割合を示したほうがリスク回避行動を支持する例
（Slovic et al., 2002）

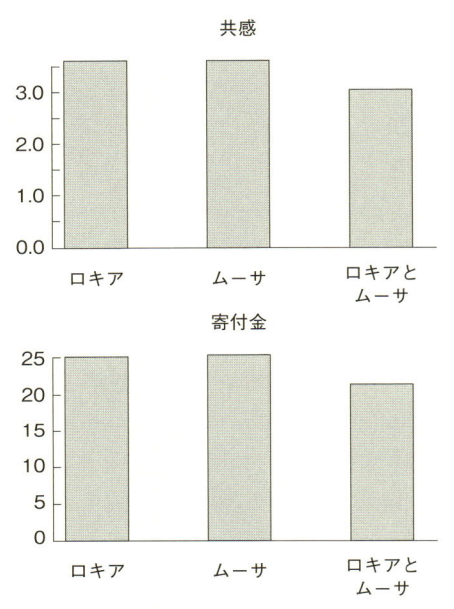

図 1-4　個人と 2 人ともの窮地を提示した際の共感と寄付金（Slovic, 2007）

児童に影響している」といった非常に多くの人々が窮状にさらされているという統計的な情報よりも，「マリの 7 歳の少女ロキアは，貧困で飢えにより，生命の危機に瀕している。あなたの経済的援助により彼女の状況は改善される」と 1 人の窮状を訴えることにより，人々の思いやりの気持ちを引き出せるとしている。加えて，個人が識別される情報であっても，それが 1 人のみで示されたほうがより強い効果をもたらすことを示した（図 1-4）。具体的には上記の「ロキアという少女」「ムーサという少年」「その 2 人とも」のそれぞれの窮状を伝える 3 つの条件で，共感や寄付の金額を測ったのだが，それぞれ 1 人のみの情報では共感と寄付金額の相関が高く（それぞれ，$r = .52$），共感をした人ほど寄付金額が多くなっていたし，その共感も金額の値も高くなっていた。しかし，2 人分の情報を提示したときは共感と寄付金額の関連は小さく（$r = .19$），また寄付金額自体も低いものとなっていた。

　スロヴィック（Slovic, 2007）では，私たちの感情の容量には限界があり，注意や想像力によって喚起された感情によって，誰かを助けようという機能が

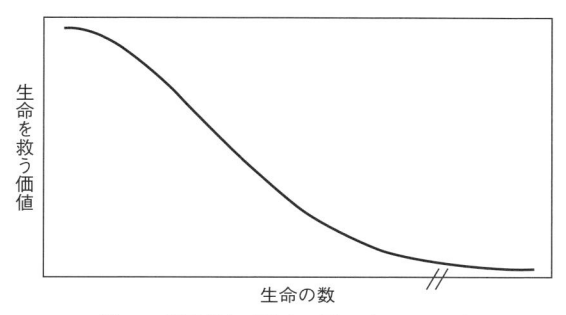

図1-5 精神的無感覚のモデル (Slovic, 2007)

働く程度を，その減衰状況の大きさから「精神的無感覚」のモデルとして提示している（図1-5）。私たちの感情が最も高まるのは，相手が1人のときであり，2人以上になると共感の感情は減退しはじめ，あまりにも多い人数になった際にそれは単に統計的なものとしてとらえられるようになってしまい，強い感情を喚起しなくなるというものである。

私たちがリスクに関しての情報を得るときは，その多くが数値を伴ったものである。その中でできる限りリスクの低いものを求める。あるいは，災害や何らかの困難で被害を受けている人の数を知る。しかし，客観的な数値から私たちは客観的な判断をしているとは限らないのである。

4. リスクとつきあっていくために

もともと私たちが持っているヒューリスティックやバイアスのような，必ずしも事象を吟味して正しい判断をくだすとは限らないという認知の傾向に加え，たとえ客観的な数値が示されたとしてもゼロリスクへの要求が強く，適切なはずの選択肢を選んで行動ができる訳ではないことについてこれまで述べてきた。それでは，今後私たち市民はリスクとどのようにつきあっていったらよいのだろうか。最後に，リスクに関する情報とのつきあい方，中でも，私たちのリスク認知に大きく寄与しているであろうメディアにおける社会的増幅と批判的思考力について述べたい。

社会的に問題となるリスクの情報の多くはマスメディアからもたらされる。

1 リスク認知の社会心理学理論：人はリスクをどのように認識しているのか

レンら（Renn et al., 1992）によれば，私たちのリスク認知は，心理的，社会的な過程で，または制度や文化的な影響を経ることで強調されてしまうことがあり，それをリスクの社会的増幅と定義づけている。そして，この社会的増幅が直接被害をはるかに超えた二次的な間接的影響を生み出す可能性を指摘している。

　増幅過程はまず，物理現象，または有害事象への気づきから始まる。いずれの場合でも，個人，あるいは集団は事象の特定の側面のみを選択的に知覚し，解釈して，彼らの認知的枠組みに当てはめる。これらの解釈は他者や他集団に伝えられる。個人や集団はリスクについての情報を集め，反応し，行動反応やコミュニケーションを通じた増幅基地局としての役割を果たす。増幅の作用は，

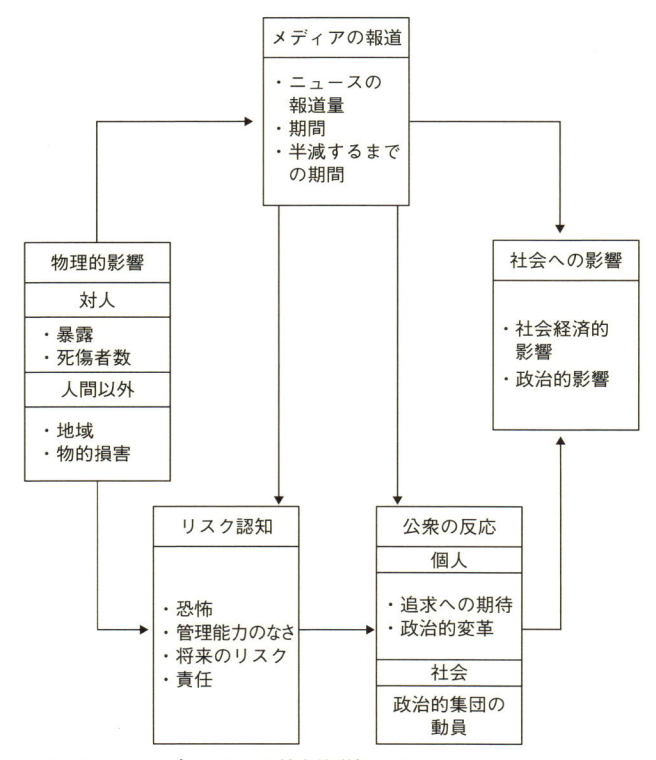

図1-6　マスメディアによる社会的増幅（仮説モデル：Renn et al., 1992）

4. リスクとつきあっていくために

個人が一般市民の立場としての役割を担っている場合か，あるいは従業員，社会的集団や公的機関の役割として担うかによって異なる，という。個人の増幅プロセスは感情や潜在意識で処理される際，先に持っている信念に合うように受信メッセージは補完されてしまう。社会における増幅プロセスも，各々の役割が持つ目的や関心に合うようにメッセージは処理される。上記の仮説をもとに，レンたちは図1-6のようなモデルを立てた。最終的な結果を，社会への影響として，このカテゴリには売上の減少や調整のためのコストなどの社会経済的影響と，政治的な注目度の度合いである政治的影響が含まれるとした。そして，社会への影響に直接影響を及ぼすのが，メディア報道と公衆の反応であるとした。また，メディア報道は公衆の反応やリスク認知にも影響を及ぼし，災害による物理的影響を受けて変化するものとされた。調査では，128の具体的事象を上記の5つのカテゴリによって評定させている。その結果，私たちのリスク認知＝恐ろしさに影響を与える一要因として，マスメディアによる報道量が影響しているということが示された（図1-7）。報道は災害の物理的大きさ（死傷者数）に影響を受けて増加するが，この増加した新聞報道量が私たちのリスクへの恐怖を高めているというマスメディアによる社会的増幅が示されたのである。そして，引き起こされた恐怖が公衆の反応（災害によって引き起こされる将来的なリスクを減ずるために積極的になる市民の割合）を引き起こし，社会経済的影響をもたらすと考えている。

ゆえに，私たちが正しくリスクを認識するには，こうしたメディアの情報についても，正確で公正なものであるかどうかを見分ける能力を身につけていく必要があるだろう。私たちはマスメディアを通して，日々多くの情報を得るが，それぞれの情報にも多くの背景がある。しかし，現代のマスコミは情報自体が商業化されているため，情報は私たちに理解しやすい形や興味を引く形に加工されている場合が多い。また，マスメディア側の主観が入ったり，メディア側が状況の定義づけを変えただけでまったく違う印象を私たちにもたらすと考えられる。近年は双方向をうたう番組も増えてきたものの，基本的にはマスメディアによるコミュニケーションは一方的であり，解釈は私たち受け手に任されている。さらに加えれば，そもそもこれらの情報が私たちに伝わるまでに長いプロセスがあり，放送局やスポンサーの意向が反映されたり，あるいはキャス

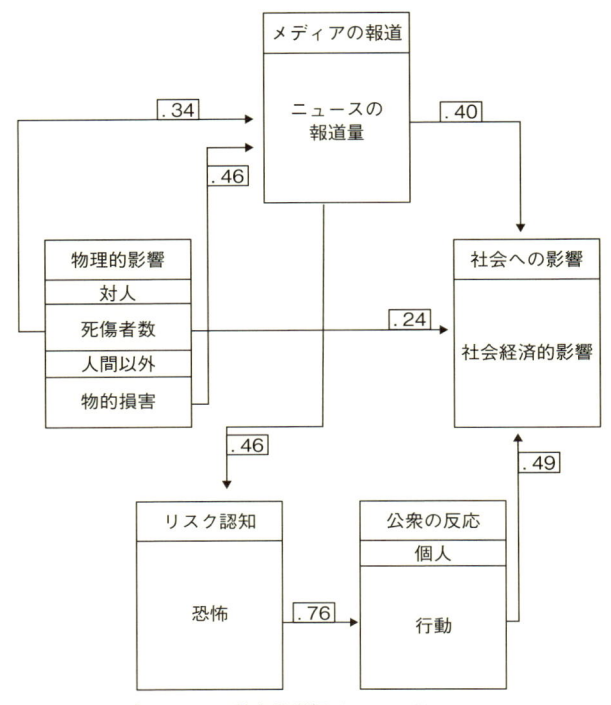

1 リスク認知の社会心理学理論：人はリスクをどのように認識しているのか

図 1-7　マスメディアによる社会的増幅（重回帰分析の結果：Renn et al., 1992）

ターの伝え方でも印象は変化し，作り手の意思がそのまま私たちに伝わる訳ではない。ましてや，災害の現場の声に至ってはいうまでもないことだろう。すべての報道に上記のようなことがあるという訳ではないが，こうした点を考慮し，情報を吟味したり，ときには批判的にみる必要，つまり批判的思考をはたらかせることが求められている。楠見（2013）によれば，批判的思考とは情報を鵜呑みにせず，証拠に立脚した論理的でバイアスのない思考のことをさす。その育成には，新聞やテレビ，本，雑誌などのジャーナリズムにおいて論争的なテーマの賛否それぞれの根拠や主張を明確化してみることや，家族や学校，職場や地域においてこうした話題を取り上げられる場などが求められている。

　コミュニケーションの効果については，第4章以降でも詳しく述べられるが，私たちがそもそも持っているリスク認知の仕組みも振り返りながら，考慮されたい。

引用文献

Epstein, S. (1994). Integration of the cognitive and psychodynamic unconscious. *American Psychologist, 49*, 709-724.

Festinger, L. (1957). *A theory of cognitive dissonance*. Evanston, IL: Row, Peterson.（フェスティンガー, L. 末永俊郎（監訳）(1965). 認知的不協和の理論―社会心理学序説 誠信書房）

Fetherstonhaugh, D., Slovic, P., Johnson, S. M., & Frederich, J. (1997). Insensitivity to value of human life: A study of psychological numbing. *Journal of Risk and Uncertainty, 14*, 283-300.

Finucane, M. L., Alhakami, A., Slovic, P., & Johnson, S. M. (2000). The affect heuristic in judgements of risks and benefits. *Journal of Behavioral Decision Making, 13*, 1-17.

Fischhoff, B., Slovic, P., Lichtenstein, S., Read, S., & Combs, B. (1978). How safe is safe enough?: A psychometric study of attitudes towards technological risks and benefits. *Policy Sciences, 9*, 127-152.

Helweg-Larsen, M., & Shepperd, J. A. (2001). Do moderators of the optimistic bias affect personal or target risk estimates? A review of the literature. *Personality and Social Psychology Review, 5*, 74-95.

広田すみれ (2012). リスク認知の各論的特徴 中谷内一也（編） リスクの社会心理学 有斐閣 25-46.

Hoffrage, U., Hertwig, R., & Gigerenzer, G. (2000). Hindsight bias: A by-product of knowledge updating? *Journal of Experimental Psychology: Learning, Memory, and Cognition, 26*, 566-581.

楠見孝 (2013). 心理学とサイエンスコミュニケーション 日本サイエンスコミュニケーション協会誌, 2, 66-80.

中谷内一也 (2004). ゼロリスク評価の心理学 ナカニシヤ出版

Natinal Research Council (1989). *Improving risk communication*. Washington, D.C.: National Academy Press.

岡部康成・王晋民 (2013). 原子力発電のリスク認知や事故対応の評価，社会的受容における決定要因に関する東日本大震災発生後の専門家と大学生の相違点 生活科学研究, 35, 73-83.

Renn, O., Burns, W. J., Kasperson, J. X., Kasperson, R. E., & Slovic, P. (1992). The social amplification of risk: Theoretical foundations and emprical applications. *Journal of Social Issues, 48*, 137-160.

Ross, J. F. (1999). *The polar bear strategy*. New York: Perseus Books Publishing.（ロス, J. F. 佐光紀子（訳）(2001). リスクセンス―身の回りの危険にどう対処するか 集英社）

Slovic, P. (1987). Perception of risk. *Science, 236*, 280-285.

Slovic, P. (2007). "If I look at the mass I will never act": Psychic numbing and genocide. *Judgment and Decision Making*, 2, 79-95.

Slovic, P., Finucane, M., Peters, E., & MacGregor, D. G. (2002). Rational actors or rationl fools: Implications of the affect heuristic for behavioral economics. *Journal of Socio-Economics*, 31, 329-342.

Tversky, A., & Kahneman, D. (1981). The framing of decisions and the psychology of choice. *Science*, 211, 453-458.

Yamagishi, K. (1997). When a 12.86% mortality is more dangerous than 24.14%: Implication for risk communication. *Applied Cognitive Psychology*, 11, 495-506.

2

個人的リスクの回避態度と行動の不一致：なぜリスク行動を止められないのか？

1. はじめに

　自分のことであっても思ったとおりに行動できないことは一種のリスクである。というのは，場合によっては，自分が望んでもいない危険な行動をとってしまったり，自分にとって不利な行動を止められないという可能性が考えられる。自分の考えや意見と実際の行動が一致していない現象は，社会心理学では態度と行動の不一致の問題として古くから研究されてきた。この態度と行動の不一致の深刻なリスク問題の1つに肥満がある。ダイエットをしたいと思ってもなかなか成功しないように，ダイエット意識が高くても肥満に対処することは難しい。WHO（2013）の試算によれば，2008年時点で20歳以上の人口の35％は肥満（過体重）であると報告されている。この肥満の傾向はさらに深刻化しており，2015年には肥満の人が16億人になると推定されている。このように世界規模で蔓延しており，2013年のダボス会議では「肥満は世界的な流行病」として緊急の対策が必要だと呼びかけられている。実際に，アメリカやイギリスといった肥満先進国では心臓病などの成人病が増加し医療財政を圧迫させていることから脂肪税の導入が検討されている。まさに，国を挙げて取り組むべき最も身近なリスク問題になっている。

　肥満もしくは成人病に至るような行動選択をすることは，一種の「個人的リスク行動」として考えられる。個々人が運動不足や不健康な食生活を選択した結果，その人の肥満や成人病のリスクを高めてしまう行動である。とくに，本章では，日常生活場面で個人がある行動をとった結果，その個人のリスクが高くなることを個人的リスク行動として定義する。このような個人的リスク行動

を扱ううえで難しい問題として，ギャンブルや投資などのようにすべての行動が個人の積極的な選択によりリスクを冒すような意志にもとづいてとられているとは限らない点である（e.g. 肥満や成人病になりたくて不健康な選択をしている訳ではない）。つまり，個人の意志によって行動が選択されている訳ではないので，意識や意志にはたらきかけても個人的リスク行動を変容させるには限界があるといえる。近年の健康問題の研究では，「毒された環境」（toxic environment; Wadden et al., 2002）という側面が指摘され，個人的リスク行動の原因を個人の意志の欠如として扱うよりも，社会的な環境が様々な個人的リスク行動を作り出しているという議論がされるようになってきた。

そこで，本章では，①まず個人の意志によって個人的リスク行動の説明をしてきた従来型の社会心理学の枠組みとその限界について，②次に個人の意志以外のプロセスとしてどのような理論的な枠組みが提唱されてきたかについて，③さらに個人的リスク行動が習慣化するとさらにコントロールが困難になる側面，④最後に個人的リスク行動の解消にむけた介入アプローチについて解説していく。

2. 個人の意志でリスク行動が選択される場合とその限界

健康行動，環境配慮行動や投票行動といった様々な社会的行動の態度と行動の動機的プロセスを説明するモデルとして，エイゼン（Ajzen, 1991）の計画的行動理論（図2-1）がある。計画的行動理論は，社会心理学の行動予測のための理論的枠組みとして最も引用されている（Nosek et al., 2010）。計画的行動理論では，個人の意志にもとづく意図的な行動決定を前提として，「私は〜をしたい」といった意識的な動機によって行動が生じると考えられている。そのため，個人の意志を反映しない非意識的なプロセスはモデルに含まれていない。計画的行動理論の意識的な動機的要因は「行動意図」と呼ばれ，行動の直接の規定因として仮定されている。さらに，行動意図の先行要因として，「態度」と「主観的規範」が仮定されている。態度は，個人にとって行動をとることが良いか悪いかといった総合的な評価で，個人の価値観から行動意図を方向づける重要な要因である。主観的規範は，個人の判断ではなく社会的圧力とし

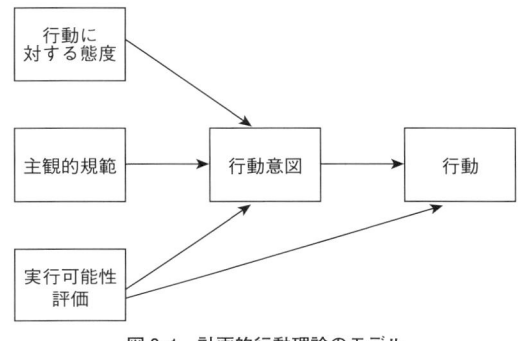

図2-1 計画的行動理論のモデル

て，周囲から行動をとることへの賛否や是認として行動意図を規定している。つまり，行動をとることに対する自分にとっての良し悪しと周囲の人からの良し悪しにもとづいて，自分が行動をしたいのか否かを決めて行動をとろうとするプロセスを説明している。さらに，計画的行動理論では，態度や主観的規範に加えて，行動をとることが容易か困難かの判断である「実行可能性評価」も行動の規定因として仮定されている。実行可能性評価は，行動意図だけでなく行動をも直接規定し，行動がとりやすければとろうとする動機を高める側面と，動機があっても行動の困難さによって実行されたりされなかったりという実現性の側面の2つを説明する要因として考えられている。この計画的行動理論は，食品摂取行動，喫煙，飲酒，避妊行動など様々な個人的リスク行動を説明する枠組みとして用いられている（Webb & Sheeran, 2006）。

たとえば，ノーマンら（Norman et al., 2012）の深酒のリスク行動の研究では，大学生が深酒に至る動機的プロセスを検討するため，計画的行動理論を拡張し，深酒を肯定する理由と否定する理由を要因として加えたモデルを用いている（図2-2）。その結果，深酒を肯定する理由は態度，主観的規範，行動意図に影響を及ぼし，反対する理由は態度のみに影響を及ぼしていることが示唆された。このように計画的行動理論の要因だけなく，それ以外の他の要因を加えることで，態度や主観的規範などの心理要因に影響を及ぼすような信念や価値観といった行動を取り巻く様々な社会的要因の存在を明らかにすることができる。

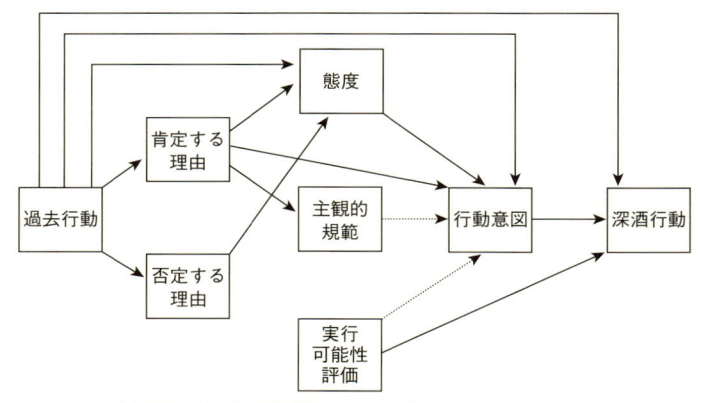

図 2-2 深酒行動の計画的行動理論の拡張モデル（Norman et al., 2012 より作成）
注）実線は関連がみられたパス，点線は関連がみられなかったパス。

　計画的行動理論は，行動を生じさせるプロセスの様々な原因を追究するのに有効なモデルである一方，行動はすべて個人の意志による意図的行動にもとづくというモデルの前提条件に対する限界も指摘されている。そもそも，健康問題のように，必ずしも病気になりたくて意図的に個人的リスク行動をとっている訳ではない。これまで，まったく意図していないような行動を導く衝動性や潜在的な反応プロセスの影響は，計画的行動理論の要因とは関連せずに独立して行動を規定することが示唆されている（Churchill et al., 2008; Churchill & Jessop, 2011）。また，計画的行動理論のレビュー研究においても，意図的な行動プロセスでは説明できない別ルートの動機的プロセスがあることが議論されている（Webb & Sheeran, 2006）。近年の社会心理学では，計画的行動理論で仮定されている意識的で意図的な行動生起プロセスに対して懐疑的に考える研究者が少なくない。このような意識的な動機的プロセスとは別ルートのプロセスの代表的な研究として，自動動機モデル（Bargh, 1990）がある。自動動機モデルの枠組みでは個人の意志とは無関係に外的な環境刺激によって自動的に行動が生じることを仮定し，非意識的もしくは非意図的なプロセスから人間行動を説明しようとしている。たとえば，老人を連想させるような言葉を知覚させるだけで，本人は意識していなくても歩くスピードが遅くなることが報告されている（Bargh et al., 1996）。また，アーツとダイクステルハウスの図書館

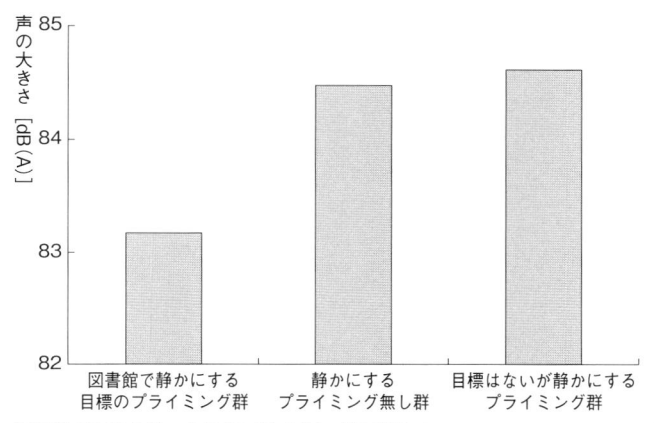

2. 個人の意志でリスク行動が選択される場合とその限界　39

図2-3　図書館の画像を用いた目標プライミングの実験（Aarts & Dijksterhuis, 2003 より作成）

の画像を用いた研究（Aarts & Dijksterhuis, 2003, Experiment2）では，事前に，図書館で静かにする目標を無意識に連想させるような操作が行われた群（図書館で静かにする目標のプライミング群）は，静かにするような無意識の連想の操作を受けない群（静かにするプライミング無し群）や単純に静かにする無意識の連想の操作だけを受けた群（目標はないが静かにするプライミング群）よりも，話す声の音量が知らないうちに小さくなることが示唆されている（図2-3）。このように，人間の行動は必ずしも「自分は〜したい」という意識的な意図にもとづかなくても生じることが自動動機モデルの研究によって指摘されている。

　実際に，個人の意識的な意志によって行動をコントロールできるのであれば，多くの人々が望んでいない肥満が世界規模で蔓延するという現象は起きないと考えられる。そこで，意図的な動機的プロセスとは異なる別ルートの動機的プロセスについて，個人的リスク行動の研究ではどのように説明されているのかを次節で紹介する。

3. 個人の意志がリスク行動に及ばないとき

3.1. 非意識的な行動プロセスを加えたモデル

　人は常に何かを意識して考えて行動したり，自分の思ったとおりに行動したりすることが必ずしもできるとは限らない。むしろ，個人的リスク行動がとられる現実場面では，考えて行動したり思ったとおりに行動したりすることはまれである。深く考えないで，よくわからないまま，非意図的もしくは非意識的に個人的リスク行動をとっていることが多い。そのような個人的リスク行動の現実的な側面に焦点を当てたのが，ギボンズら（Gibbons et al., 1998）のプロトタイプモデルである。プロトタイプモデルでは，計画的行動理論の自分がどうしたいかの意識的な意志である行動意図に加え，個人の意志とは無関係にその場の状況に反応して行動をとる「行動受容」の2つの動機を仮定している（図2-4）。この行動受容は，衝動的もしくは自動的な行動を導くような環境によって引き出される非意図的動機として考えられる。たとえば，当初は予定していなかったのに，お店からおいしそうな匂いがしたのでコロッケをつい買って食べてしまった場合，食べたくなるような行動を誘発するお店の匂いという

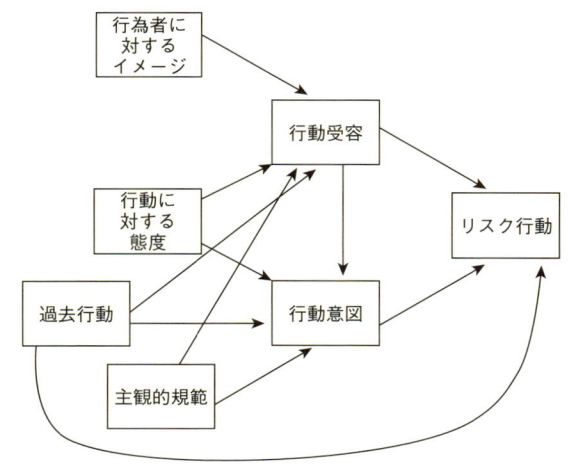

図2-4　危険な性交渉を対象にしたプロトタイプモデル
(Gibbons et al., 1998 より作成)

環境がコロッケの消費行動を引き出すという行動受容が作用している。とくに，このような行動の場合，個人が深く考えていた訳でもないが，完全に無意識ではないにしても衝動的もしくはほぼ自動的な反応として行動が生じている。プロトタイプモデルの枠組みでは（Gibbons et al., 2009），行動意図による行動生起プロセスを個人の意志にもとづく意識的な（reasoned）ルートと分類している。一方，意志とは無関係に環境によって行動が引き出されるプロセスを，反応的な（reactive）ルートと分類している。個人的リスク行動は，これら意識的なルートと反応的なルートの2つに規定され，とくに反応的なルートが強く作用する場合，「自分は〜したい」という明確な動機がないのに行動をとってしまう。

　プロトタイプモデルの動的要因を規定する先行要因について，リスク行為者に対するイメージ（プロトタイプ・イメージ）が行動受容を規定するという関連以外に明確な仮定はない。態度，規範要因は行動意図と行動受容の両方に影響するとされている。ただし，規範要因に関して，周囲からの期待である主観的規範と，周囲の人がとっている行動を手掛かりとする「記述的規範」とを区別して分析を行った場合，主観的規範は行動意図，記述的規範は行動受容を主に規定することが指摘されている（Ohtomo & Hirose, 2007）。また，飲酒行動の研究では（Zimmermann & Sieverding, 2010），行動受容が行動を規定する効果は女性よりも男性のほうが強いことや，その効果は社会的イメージの強さに左右されることが示唆されている。同様に高カロリーの食品摂取行動の研究において，自律を重んじる個人主義よりも他者などの社会的状況への協調を重んじる集団主義の文化的文脈において行動受容から行動への効果が生じやすいことが示唆されている（Ohtomo et al., 2010）。このように行動受容を規定因とする反応的ルートは社会的な文脈を反映するプロセスとして考えられる。

3.2. 社会的環境が作り出すリスク行動の習慣

　社会的環境が個人的リスク行動へ大きな影響を及ぼしている現象として習慣的行動がある。たとえば，先進国をはじめ多くの社会においてファストフードやスナック菓子を販売している店舗がどこにでもあり，安くて美味しい高カロリーな食品を簡単に手に入れることができる。さらに，そうした高カロリーな

食品の宣伝に人々は常にさらされており，これらの誘惑に耐えなければいけない。このような社会をワデンら（Wadden et al., 2002）は「毒された環境」と呼んでいる。つまり，人々は高カロリーな食品の誘惑だらけの毒された社会環境で生活しており，そのような毒された社会環境下では不健康な消費行動が簡単にとられやすく，行動が習慣化されやすい。行動が習慣化されると，行動意図が行動を規定する意識的ルートの影響が弱くなり，個人の意志で行動をコントロールするのが困難になる（Danner et al., 2007）。つまり，習慣的行動は，個人の意識や意志を必要とせずに，ほぼ自動的に生じることができる。このような習慣による行動の自動化は，同じような状況下で行動が繰り返されることで，行動のコントロールが個人の内的なものから外的な環境に委譲することにより生じると示唆されている（Orbell & Verplanken, 2010）。

ただし，行動のコントロールが外的な環境へ委譲されたからといって，まったく無関係な場面では習慣的行動は自動的に生じない。たとえば，スナックを食べる習慣があっても，飲食が禁止されている図書館でスナックを食べるような行動は自動的に生じない。一方，リビングでテレビを見ながらスナックを食べることが繰り返されていれば，テレビを見るような場面で，ほぼ無意識にスナックに手を伸ばしてしまう行動が生じる可能性が高い。そのため，習慣そのものには，どのような場面でも自動的に行動を生じさせるような動機的要因としての機能は備わっていないと考えられる。習慣は行動コントロールを内的な自己から外的な環境へ委譲させることで，状況反応的な側面を強めて行動を生じさせる。すなわち，習慣化は反応的なルートによる行動プロセスを強化することで，個人の意識や意志とは無関係な行動を生じさせると考えられる。このような習慣の影響についてプロトタイプモデルを用いて検討した研究として，大友（Ohtomo, 2013）の高カロリーなスナックの消費行動の習慣プロセスモデルがある（図2-5）。

モデルでは，スナックを消費する習慣が行動を直接規定するのではなく，自分の力でスナックの消費行動を我慢することができるといった内的コントロールを弱め，スナック菓子を簡単に手に入れることができるといった外的コントロールを強めていたことが示唆されている。さらに，行動受容を抑制する内的コントロールではなく，行動受容を促進する外的コントロールが強化されたこ

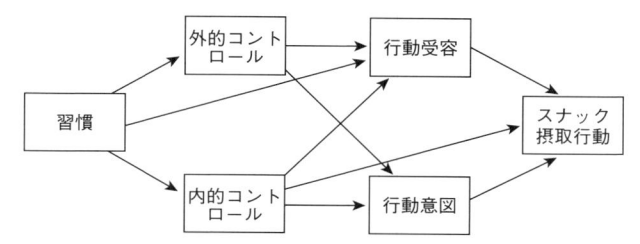

図 2-5　スナックの消費行動の習慣プロセスモデル（Ohtomo, 2013 より作成）

とによって，行動受容の影響力が強くなることが指摘されている。つまり，習慣化によって，自分の意識で行動をコントロールしようとする力が弱くなり，行動がとりやすい環境であれば反応的に行動をとってしまう傾向が強くなるといえる。習慣から行動受容への直接的な影響も確認されたことからも，習慣は個人の行動コントロールの環境委譲を通じたプロセスと行動受容そのものを促進することで，反応的なルートによる自動的な行動を生じさせることが示唆されている。まさに，個人的リスク行動を誘発するような毒された環境にさらされるほど，行動が習慣化し，個人の意識や意志で行動をコントロールすることは困難になり，望んでもいない行動をさらにとってしまうという悪循環に陥ってしまう。個人的リスク行動が意志にもとづいていないのに生じてしまいコントロールが難しいのは，このような習慣的なリスク行動を誘発するような毒された環境という社会的な環境要因が関与している側面が大きいからといえる。

4. 個人的リスク行動の変容に向けたアプローチ

自分の行動は自分で決めて行われるという自由意志の前提が現実の生活場面で成立できているとは限らない。毒された環境の影響下で生活していれば，どれくらい個人の意志に従ってリスク行動を取っているのか疑わしい。とくに，個人的リスク行動が習慣化した場合，自分の意志でコントロールして行動を変えることが困難である。実際に，喫煙行動の研究では，「実行意図」と呼ばれる具体的な行動プランを立てて個人の意志の実行プロセスを強化する行動変容アプローチが，習慣化が強い人ほど効果が弱くなることが指摘されている（Webb et al., 2009）。さらに，スナックの消費行動の研究では，食べることを

止める行動プランの実行意図を形成したことで，かえってスナックの消費行動が増えてしまうというリバウンド効果が生じてしまうことが報告されている（Adriaanse et al., 2011）。このようなリバウンド効果は，嫌なことを忘れようと意識するとかえって忘れられなくなるように，食べることを抑制しようと注意することが，普段とっている習慣的なスナック消費行動を容易に想起しやすくなるために生じてしまう。したがって，個人の意志を強化して行動変容に導くことには限界がある。

それでは個人的リスク行動を変容させるためには毒された環境に対してアプローチすればいいのだろうか。肥満の問題では，イギリスやアメリカなどの欧米の肥満先進国では脂肪税などの課税によって不健康な食品を買いにくくするような介入が議論されている。2011年には実際にデンマークで世界初の脂肪税が導入されたが，わずか1年たらずで廃案になった。その理由として，課税により食品価格が上昇したことで低所得者層の生活や国内の雇用に悪影響が生じること，安価な食品を求め近隣の国へ消費が逃げてしまう問題が指摘されている。このように課税という強権を発動して環境に介入する政策は経済活動への悪影響など様々な問題を引き起こし必ずしも得策とはいえない。心理学的にも外的な報酬や罰にもとづく介入は，自ら行動しようとする内発的な動機づけを低下させる問題が古くから指摘されている（Lepper & Greene, 1978）。実際に，課税によって問題行動の減少に失敗した事例も報告されている（浅利ら，2008）。

課税といった社会構造を変えるようなハードな環境介入ではなく，人々の行動を取り巻く環境の影響の仕方だけを変容するようなソフトなアプローチとしての心理的方略が考えられる。最近では，個人の意志によるコントロールが難しい行動に対して，潜在的にある行動目標を喚起させるようなゴール・プライミングを用いた刺激を環境の中に取り入れることで行動変容に導く研究が検討されている。パッピースとハムストラ（Papies & Hamstra, 2010）のフィールド実験では，グリルの良いにおいがして食欲をそそる誘惑的な肉屋の店内で，試食のコロッケ（クロケット）を提供した。その際，店の入り口のドアにダイエットを喚起させるポスターが掲示された群と掲示されていない統制群でコロッケを試食した量が測定された。実験の結果，日常的にダイエットをしていな

い人には効果はなかったものの（非節制者），ダイエットをしている人（節制者）に対しては，ダイエットを喚起させるポスターが掲示された条件では掲示されていない条件と比較してコロッケを試食する量が少なくなっていた（図2-6）。

　このフィールド実験が特徴的なのは，入り口に心理的な刺激を取り入れたポスターを掲示するか掲示しないかのごく簡単な介入だけで，人々の行動を一定程度変えることができたという点である。実験に参加した人はポスターをなにげなくしか目にしてなく，ポスターの内容について深く考えた訳でもない。ほとんど気づかれないような心理的な介入にもかかわらず，実際のコロッケの消費を抑制していた。このような心理的な刺激を用いた介入は，状況が潜在的に誘発する行動の方向性を変える一種の「環境デザイン」型のアプローチとして位置づけられる。個人の意志によるコントロールが難しい個人的リスク行動の変容方略として，課税といった構造的な介入ではなく，行動を取り巻く文脈を望ましい行動をとりやすいように調整していく環境デザインによるアプローチが今後さらに求められる。

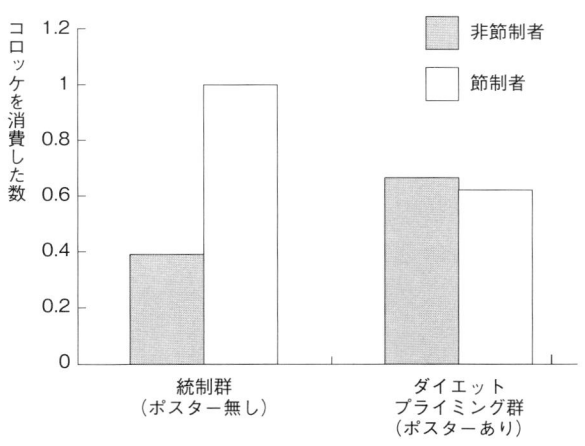

図 2-6　ダイエット・プライミングのフィールド実験の結果
（Papies & Hamstra, 2010 より作成）

5. おわりに

　本章では，肥満をはじめとした個人的リスク行動の動機的プロセスについて議論してきた。個人的リスク行動の多くは，リスクを冒したいという意志があって行動をしている訳ではない。毒された環境の例にあるように，リスク行動を誘発するような社会的状況があり，その社会的状況の影響下に個人がさらされることで，望んでもいない行動をとっている可能性が考えられる。このような社会的状況が作り出している個人的リスク行動に対して，個人の意識や意志にはたらきかけるような従来型のコミュニケーション方略では行動変容に限界があると思われる。そこで，従来型のコミュニケーション方略に代わるものとして，リスク行動を誘発するような状況を変える環境デザイン型のアプローチについて議論した。今後，様々な個人的リスク行動の変容のためのリスクガヴァナンスを検討するうえで，社会心理学的な現象理解の仕方を応用した環境デザイン型の方略が重要になってくると考えられる。

引用文献

Aarts, H., & Dijksterhuis, A. (2003). The silence of the library: Environment, situational norm, and social behavior. *Journal of Personality and Social Psychology*, **84**, 18-28.

Adriaanse, M. A., van Oosten, J. M. F., de Ridder, D. T. D., de Wit, J. B. F., & Evers, C. (2011). Planning what not to eat: Ironic effects of implementation intentions negating unhealthy habits. *Personality and Social Psychology Bulletin*, **37**, 69-81.

Ajzen, I. (1991). The theory of planned behavior. *Organizational Behavior and Human Decision Processes*, **50**, 179-211.

浅利美鈴・佐藤直己・酒井真一・中村一夫・郡嶌孝（2008）．レジ袋ごみの課題と展望：その量と質の視点から　廃棄物学会誌, **19**, 187-193.

Bargh, J. A. (1990). Auto-motives: Preconscious determinants of social interaction. In E. T. Higgins, & R. M. Sorrentino (Eds.), *Handbook of motivation and cognition* (Vol. 2, pp. 93-130). New York: Guilford.

Bargh, J. A., Chen, M., & Burrows, L. (1996). Automaticity of social behavior: Direct effects of trait construct and stereotype activation on action. *Journal of Personality and Social Psychology*, **71**, 230-244.

Churchill, S., & Jessop, D. C. (2011). Reflective and non-reflective antecedents of health-related behaviour: Exploring the relative contributions of impulsivity and implicit self-control to the prediction of dietary behaviour. *British Journal of Health Psychology*, 16, 257-272.

Churchill, S., Jessop, D., & Sparks, P. (2008). Impulsive and/or planned behaviour: Can impulsivity contribute to the predictive utility of the theory of planned behaviour? *British Journal of Social Psychology*, 47, 631-646.

Danner, U. N., Aarts, H., & de Vries, N. K. (2007). Habit formation and multiple means to goal attainment: Repeated retrieval of target means causes inhibited access to competitors. *Personality & Social Psychology Bulletin*, 33, 1367-1379.

Gibbons, F. X., Gerrard, M., Blanton, H., & Russell, D. W. (1998). Reasoned action and social reaction: Willingness and intention as independent predictors of health risk. *Journal of Pediatric Psychology*, 74, 1164-1180.

Gibbons, F. X., Houlihan, A. E., & Gerrard, M. (2009). Reason and reaction: The utility of a dual-focus, dual-processing perspective on promotion and prevention of adolescent health risk behaviour. *British Journal of Health Psychology*, 14, 231-248.

Lepper, M. R., & Greene, D. (1978). *The hidden costs of reward: New perspectives on the psychology of human motivation*. Hillsdale, NJ: Lawrence Erlbaum Associates.

Norman, P., Conner, M. T., & Stride, C. B. (2012). Reasons for binge drinking among undergraduate students: An application of behavioural reasoning theory. *British Journal of Health Psychology*, 17, 682-698.

Nosek, B. A., Graham, J., Lindner, N. M., Kesebir, S., Hawkins, C. B., Hahn, C., ... Tenney, E. R. (2010). Cumulative and career-stage citation impact of social-personality psychology programs and their members. *Personality and Social Psychology Bulletin*, 36, 1283-1300.

Ohtomo, S. (2013). Effects of habit on intentional and reactive motivations for unhealthy eating. *Appetite*, 68, 69-75.

Ohtomo, S., & Hirose, Y. (2007). The dual-process of reactive and intentional decision-making involved in eco-friendly behavior. *Journal of Environmental Psychology*, 27, 117-125.

Ohtomo, S., Hirose, Y., & Midden, C. J. H. (2010). Cultural differences of a dual-motivation model on health risk behaviour. *Journal of Risk Research*, 14, 85-96.

Orbell, S., & Verplanken, B. (2010). The automatic component of habit in health behavior: Habit as cue-contingent automaticity. *Health Psychology*, 29, 374-383.

Papies, E. K., & Hamstra, P. (2010). Goal priming and eating behavior: Enhancing self-regulation by environmental cues. *Health Psychology*, 29, 384-388.

Wadden, T. A., Brownell, K. D., & Foster, G. D. (2002). Obesity: Responding to the global epidemic. *Journal of Consulting and Clinical Psychology*, **70**, 510-525.

Webb, T. L., & Sheeran, P. (2006). Does changing behavioral intentions engender behavior change? A meta-analysis of the experimental evidence. *Psychological Bulletin*, **132**, 249-268.

Webb, T. L., Sheeran, P., & Luszczynska, A. (2009). Planning to break unwanted habits: Habit strength moderates implementation intention effects on behaviour change. *British Journal of Social Psychology*, **48**, 507-523.

WHO. (2013). Obesity and overweight. Retrieved 9/6, 2013, from http://www.who.int/mediacentre/factsheets/fs311/en/

Zimmermann, F., & Sieverding, M. (2010). Young adults' social drinking as explained by an augmented theory of planned behaviour: The roles of prototypes, willingness, and gender. *British Journal of Health Psychology*, **15**, 561-581.

3
リスク対処の意思決定と感情

1. リスクの不確実性と緊急時の意思決定

1.1. 不確実性への対処

　私たちは日常生活において，どのような行動をとったらどのような結果になるかを予想しながら意思決定を行っている。リスクは被害の大きさと被害の生起確率の積と定義されるが，実際にそのリスクがどの程度の確率で発生するかを日常的に正確に判断することはできない。一般の市民のリスク認知は，恐ろしさと不確実性の2つの要因で説明されるように（Slovic, 1987），リスクについて日頃から熟慮しようにも，不安や恐怖の感情と結びつきやすいだけでなく，いつどのような被害に遭遇するのか知りえない。こうした不確実性の高いリスクへの対処行動に関する意思決定はどのように行われるのだろうか。

　リスクに対処しようとする際に，私たちは2つの情報処理の方法を使い分けている。1つはリスク情報の論拠についてよく考えて判断をくだすシステマティックな処理モードであり，もう1つはリスク情報における単純な手掛かりをもとに直感的な判断をくだすヒューリスティックな処理モードである（Chaiken, 1980）。リスク対処を事前によく考えようとする場合，一般の人々はリスクに関わる専門的知識を持っていなかったり，それを考えようとする動機づけが必ずしも高くなかったりして，ヒューリスティックな処理をしがちである。たとえば，リスクを過剰に高いと判断し，そのことで不安が高まって，よく考えれば気づけるような不適切なリスクへの対処行動をとってしまうことも考えられる。リスク対処への意思決定次第で，被害から身をまもることもあれば，被害を大きくしてしまうこともある。

では，いつ起きるかが不確定な将来のリスクについての意思決定を私たちはどのように行っているのだろうか。予測される東海・東南海地震などの巨大地震に対して，東日本大震災の直後などはとくに防災意識が高まり，リスクへの事前の備えを行うが，時間が経つとそうした備えへの意識は希薄になりがちである。いつも災害のことばかり考えている訳にもいかず，防災訓練や非常時に必要な備蓄の管理など，対処をしておけばリスクが回避できるが，面倒な手間がかかったり時間がなかったりして，リスク対処行動が先延ばしになってしまいがちである。社会的トラップモデル（McClelland & Canter, 1981）によれば，短期的な個人利益と長期的な社会利益の間でジレンマが起こる。私たちは目先の利益を優先させ，いつ起きるかが不確定な将来のリスクに対して，何らかの対策をとるという行動は先延ばしされがちになるということがある。地球温暖化によって生じるリスクについても，温室効果ガスの排出を抑制する行動が重要であることを理解していながら，エネルギー消費が将来的なリスクと結びつきにくく，リスク対処行動につながらずに，結果として地球温暖化によるリスクを高めてしまっているのである。

1.2. 緊急時の意思決定とバイアス

　一方，今ここに迫る危機に対する意思決定はどのように行われるのだろうか。つまり，災害や経済などの危機が目前にある場合，私たちはどのような対処をするのか。危機が目前に迫る状況では，災害に対する恐怖であるとか，死への恐れへのような感情的な反応があらわれる。緊急時には，危険から逃げるといった危機のコントロールと，気持ちを落ち着かせるといった情動のコントロールが必要である（池田，1986）。私たちが一度に情報を処理できる容量は限られており，災害緊急時において，危機によってもたらされる恐怖を予期することがストレスとなり，そのストレスにより適切な行動をとるための情報処理が適切に行われなくなり，それが危機からまず逃げるといった行動に制約を与えることにつながる。

　危機対処においては，どう行動すべきか様々な葛藤が生じる。危機対処の葛藤理論（Janis & Mann, 1977）によれば，災害の警告がなされた際に次の4つの段階の意思決定を行い，それぞれで情報を収集しながら何らかの対処行動を

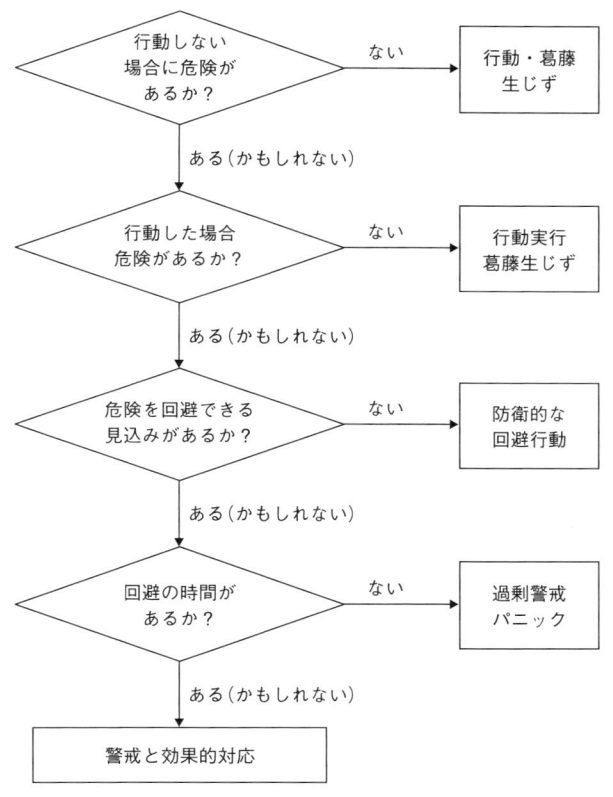

図3-1　危機対処の葛藤理論 (Janis & Mann, 1977)

とるか否かを決定することとなる（図3-1）。

　第1の段階は，防衛行動をしない場合に重大な危険があるかどうかの判断である。重大な危険がないと判断されれば行動も葛藤も生じない。防衛行動をしないと何らかの危険が生じると判断される場合，第2の段階では防衛行動をした場合においても重大な危険があるかどうかの判断に移行する。防衛行動をすれば危険が回避されると判断されれば行動を実行し葛藤は生じないが，防衛行動をしても危険があると判断される場合，第3の段階では危険を回避できる見込みがかなりあるかどうかの判断に移行する。危険を回避できる見込みがない場合，行動を起こす必要性をシャット・アウトしてしまう逃避，他者の意思決

定に依存する責任転嫁，ある意思決定に固執してそれを適切なものと合理化する自説固執など，防衛的な回避行動を示す。危険を回避できる見込みがあると判断されれば，第4の段階では回避するための時間があるかどうかの判断に移行する。時間がないと判断されれば，過剰な警戒とパニックが起こりうる。回避する時間があると判断されれば，警戒と効果的な対応が起こる。

　災害への対処においては，危険の信号を通常事態と誤認するような緊急時において特有なバイアスもみられる。地震への警報が無視されたり過小視されたりすることが現実にあるが，これは正常化バイアスと呼ばれ，危機的な事態をそれほど危険な事態ではないと認知する過程で起こる。災害時の警報に対する住民の反応を，米国での年間死亡者数が多い竜巻による災害でみてみよう。ハンソンら（Hanson et al., 1979）は，1953年のミシガン州フリントでの竜巻の破壊的被害にみまわれた地域において，住民の竜巻経験と過去の大規模竜巻災害の知識についての調査を行っている。竜巻による警報でみられた行動として，警報への懐疑的反応が最初にみられ，災害の過去経験があっても情報を確認せずに避難行動をとらない場合がみられた。竜巻の警報による避難行動を左右するのは過去経験でなく最悪の被害の知識だったのである。

　私たちは，危機事態を知らせる警報などの信号を危機についての過去経験と知識により評価する。危機事態の評価には認知的要因と動機的要因の2つの要因が関わる。認知的要因では，危険信号を日常性のスキーマにより，いつもと変わらない方法で判断する。異常な事態への変化に対し，これまでの平常な状態の範囲内だとリスクを過小評価するのである（Okabe & Mikami, 1982）。また，自分は他の人よりも災害の被害を受けにくいだろうと考える災害リスクの楽観視バイアス（Burger & Palmer, 1992）も，災害リスクへの対処を妨げる原因となる。こうしたバイアスは，緊急時の情報処理の判断を誤らせることにもつながる。一方，動機的要因では，危機を過少評価することで不安や恐怖を鎮める。こうした危機事態における情動反応については次節で扱う。

2. 危機事態への対処における情動

2.1. 危機事態における情動と対処

　人々は戦争時の危機事態において，差し迫った攻撃への恐怖にどのように適応するのだろうか。ジャニスは，第2次世界大戦下でのイギリス市民に聞き取り調査を行い，空襲に対する情動的反応について検討している（Janis, 1951）。そこでわかったのは空襲に対する情動的反応の多様性である。情動反応の規定因としては，空襲の予期，防衛の有効性，役割行動の遂行，夜の空襲が挙げられている。空襲時の不安や恐怖は，たとえば消防士のように空襲時に果たすべき役割がある人は不安や恐怖の感情が高くならない。また，同じ空襲でも昼と夜とでは恐怖が異なる。昼間は逃げる目標地点が判断しやすいが，夜だと状況が把握しづらい。爆撃による死傷者を目撃したり，眼前の家屋が破壊されたりといった「ニア・ミス」の体験は，強い恐怖反応，持続的不安と無力感に苛まれる。一方，「リモート（遠隔）・ミス」を経験した人々はそれに比べて恐怖も低く「不死身感情」が生じ，その後ニア・ミスを経験しなければ，空襲の情動的なストレスへの耐性も強まる。また，負傷者数，爆撃の被害のあった避難所や住居での生存者数，死者が出た世帯数，住居を失った人数，生存者が目撃した死傷者数から，事後のストレス反応が予測できることを示した。

　ユダヤ人ゲットーからの脱出という危機事態について，ベッテルハイムは，第2次世界大戦におけるユダヤ人のヨーロッパからの亡命や避難の事例から考察している（Bettelheim, 1990）。この事例では，ユダヤ人が存命に関わる危機的状況から積極的に脱出するということが必ずしも行われなかった。そこには脱出を阻害する要因として，無気力による日常性への固執と，ゲットーに固有の服従的な文化が挙げられており，その実例として哲学者ハンナ・アーレントのあるフランスの収容所からの脱出と他のユダヤ人の逡巡による残留の興味深いエピソードがある。すなわち，数千人のユダヤ人女性がドイツ軍に引き渡される前に，地下組織のフランス人メンバーがまだ塀で囲まれていない構内に入ってきて，偽造身分証明書を渡して，希望者全員に脱出のチャンスを与えたのである。彼女らの存命に関わる危機的状況が具体的に説明されたが，ほとんど

の人たちは本気にせず,チャンスに興味を示さなかった。アーレントも含めた5％にも満たない少数の人たちがそのチャンスを生かして脱出に成功したが,他の人たちは脱出が最良の手段であると確信せず,ガス室に送られてしまったのである。脱出という重大な決定での阻害要因は,危機についての信号が発せられていながら,それを無視して移住する決断ができずに,ぐずぐずしていたことであり,結果的に危機を回避することができなくなるのである。危機的な状況から脱出することのリスク(将来の不安や恐れ)とベネフィット(安全)のどちらをとるか,その判断を見誤らせるのが無気力やあきらめなのである。

以上,危機事態への遭遇やそこからの脱出の例をみてきたが,危機事態に対して統制が可能かどうかの判断は大きな要因として作用する。統制が可能だと判断される事態への対処としては,被害への関心を持つこと,空襲などの危険度を予測すること,社会的接触による孤立回避といったことが挙げられる。一方で,統制が不可能だと判断される事態に対しては,それが運命であるとして受け入れるような態度が形成されたり,迷信への依存につながったりする。

2.2. 危機へのストレス対処と情動の統制

急激な環境の変化のもとでは,私たちは通常よりも多くのストレスを抱えることとなる。こうしたストレスに人々はどう対処するのだろうか。ラザラス(Lazarus & Folkman, 1984)は,危機的ストレスへの対処として,環境変化のストレスへの対処の心理学モデルを提案している(図3-2)。

身近な環境で災害が発生したときのストレスへの対処を2次的対処モデルで考えてみよう。このモデルでは,危機的ストレスへの心理面に関する内的対処と環境面に関する外的対処を仮定する。まず,脅威への不安や恐れといった1

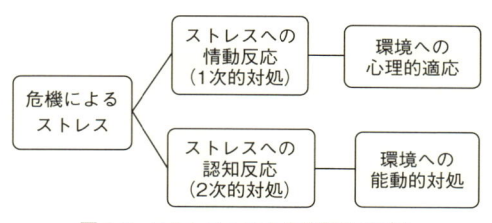

図3-2 ストレスへの2次的対処モデル
(Lazarus & Folkman, 1984)

次的情動的反応が生じる。危機によるストレスは，まずストレスへの情動反応としてあらわれ，この情動反応をもとに環境への心理的適応をはかる。心理面での内的処理として，危機についての情報を無視したり，差し迫った状況ではないと事態を再評価したり，希望的観測が行われたりする。次に，ストレスへの認知反応として，環境汚染がどうして起きたかといった原因帰属や解決への対処方法を考えるといった2次的認知的反応が生じる。環境面への外的処理として，ストレス源としての危険の除去や回避や攻撃行動といった能動的対処が行われる。制御不能な事態では心理的適応が優勢となり，逆に制御可能な事態においては能動的対処が優勢となる。

では，内的対処と外的対処は相互に影響しあうのだろうか。情動の制御と危険への対処については，その2つの並行処理の理論（Leventhal et al., 1967）が知られている。並行処理の理論では，恐怖喚起と危機回避とは同時に並行的に起きており，過大な恐怖が喚起されると，それを即座に解消したいという動機づけが強くなる。しかし，危険への有効対処が予想できれば，恐怖を低減することができる。

危機事態では情動喚起が認知的合理的な対処の評価を妨げることがある。それゆえに情動のコントロールが重要になってくる。情動を速やかに統制することによってパニックを防ぐことができるのである。その結果，適切な避難などの行動をとることができるようになる。

洪水被害への住民の対処行動について，オクラホマの3つのコミュニティ住民による河川管理組織への洪水対策要求の団体行動への参加への事例をみてみよう（Rochford & Blocker, 1991）。ここでは，洪水への対処として，情動的対処と問題解決型対処とどちらが優勢になるのか，またそれを左右する要因は何かを，ラザラスのストレスへの2次的対処モデルで考えてみる。

まず，今後も起きるであろう洪水への不安感を沈静化する情動統制型対処スタイルとして，飲酒によって気を紛らわす，考えないようにする，何もできないからあきらめる，仕事に集中して考えないようにするといったことが挙げられる。また，洪水リスクを軽減する対策を行政に要求する問題解決型対処スタイルとして，隣人や知人と防災でできることを相談する，事態が良くなるような努力をする，洪水を防ぐことについて何かないかと考える，洪水を防ぐため

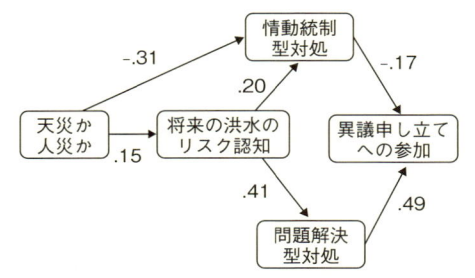

図 3-3　要望行動への参加のパス解析モデル
(Rochford & Blocker, 1991)

に役立つ人を探す，といったことが挙げられる。調査結果によれば，河川管理組織への洪水対策の要望行動に参加していたのは，防災対策を行政に要求する問題解決型対処の態度を持つ住民であった。一方，将来の災害への不安感を沈静化する情動統制型対処の態度を持つ住民は不参加であった。つまり，洪水対策への住民の具体的行動を左右するのは，問題解決型対処の態度を持つ住民であり，2つの対処への態度を決めるのは，洪水は統制可能かどうか，つまり天災でなく人災であるという認知と洪水へのリスク認知であった。

2.3. 恐怖喚起によるリスクコミュニケーション

危機への対処において，情動を喚起させた後で対処方法を示すことで，情動がプラスの働きをすることもある。リスクが迫っているという情報を恐怖として受け手に伝える方法を恐怖喚起コミュニケーション（fear appeal communication）と呼ぶ。恐怖喚起コミュニケーションは，説得によって態度や行動を変容させる方法の1つであり，リスクの大きさと対処の仕方を伝えるということからリスクコミュニケーションの1つの形態といえる。恐怖喚起コミュニケーションでは，その説得が勧める行動を実行しない場合に，恐ろしい結果が生じることを強調することで説得の効果を高めようとする。説得メッセージは，危険に関する記述（身体にどのような危険が及ぶかという情報）と危険を避ける方法に関する記述の2つからなり，特定の行動を遂行すればその恐怖を経験する事態にはならないという内容が伝えられる。恐怖を与える，つまり「おどし」を用いることで，説得の受け手は情動的な緊張が引き起こされることによ

り説得内容への注意が高まる。そして説得内容への関心にもとづき，説得への受容につながるとされ，たとえばタバコのパッケージに示される健康に関わる警告文のように，現実社会でも広く使われている。喫煙を抑制するようなメッセージを単に記すのではなく，行動（喫煙する）の結果起こりうる被害（死に至る）を示すことで，喫煙者の恐怖心に訴えかけるのである。受け手がその行動に関わる説得メッセージについて勧告される行動を実行することにより恐怖が低減するとイメージできれば，そのメッセージが伝える内容と同じような状況に置かれた際に勧告された行動が生じやすくなる。

恐怖喚起コミュニケーションの一連の研究の発端となったジャニスとフェシュバック（Janis & Feshback, 1953）では，口腔衛生を話題として，恐怖の強さが異なる3種類の脅威アピール（強，中，小）を用いて効果を検討している。強い脅威アピールは，歯の手入れをしないと重い病気におかされるスライドが提示され，そのために極度の痛みを伴う歯科手術を受けなければならないことが示された。中程度の脅威アピールでは，強い脅威アピールと同じ趣旨ではあるが，それほどひどくない口腔疾患についてのスライドが提示された。弱い脅威アピールでは，歯の手入れを怠ると虫歯になり穴があくという程度で，スライドは歯の悪くない人の写真を用いて歯の成長や機能が論じられた。その結果，恐怖心は強い脅威アピールで最も高く，次いで中程度，弱い脅威アピールと続いていた。一方実際に行動を起こしたかどうかは，強い脅威アピールには効果がなく，弱い脅威アピールが行動の変化が最も大きく，説得効果が高いことが示された。その後，脅威が中程度で最も効果的であるという研究や，脅威が強い場合が効果を持つという研究もあり，実験で設定される恐怖がどのように受けとめられるかの違いをはじめ，様々な理論的検討が行われるようになった。図3-4は恐怖喚起の程度と態度・行動変容の大きさの関係を模式的に示している。すなわち，脅威の強さと説得効果（態度・行動変容）の間に逆U字の関係がみられる。恐怖喚起コミュニケーションにより，説得の話題に対する関心は高まるが，恐怖喚起が一定のレベルを超えると防衛機制がはたらき，説得への抵抗がみられると説明される（Janis, 1967; McGuire, 1968）。

恐怖の程度が強いほど説得効果が大きいという研究結果は，逆U字の左半分を説明しており，弱い脅威アピールが効果を持つという実験結果は逆U字の右

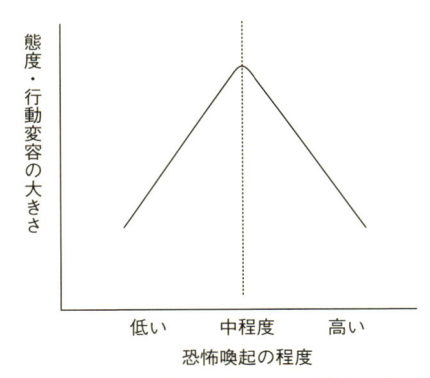

図3-4　恐怖喚起の程度と態度・行動変容の大きさ

半分を測定していることになる。このモデルでは，脅威の深刻さ，勧告される行動の効果，コミュニケーションの無視と関係する送り手要因，防衛機制と関係する受け手の要因などを第3の要因とすれば，それにより態度変容の最適な水準，すなわち逆U字のピークが決定される（榊, 2002）。

　恐怖が強すぎれば，恐怖から逃れたいという動機づけが高まり，防衛機制がはたらく。その手段として，認知を変えることで問題を解消しようとするかもしれない。自分で対処できる行動にも限りがあり，「危険なことは自分には起こらない」と認識することでリスクに対処しようとするのである。それを避けるためには，単に恐怖を植え付けるのではなく，行動変容の具体的方法を示すなど，受け手を行動に導くための情報提供が必要である。

2.4. 死への恐怖への対処と存在脅威管理理論

　人は事故や災害で多くの犠牲者が出たことを見聞きすると，自身でも死の恐怖を感じる。死の恐怖が喚起する情動はどんな影響を人に及ぼすのだろうか。差し迫った危険が存在する状況ではなく危険から距離がある状況においても，私たちは死を予期することによって恐怖を感じる。これを「存在論的恐怖」と呼ぶ。人はいつも死について考えている訳ではないが，普段の生活で死の恐怖を抑えるような防衛装置を持っている。この心理的プロセスを扱った理論が存在脅威管理理論である。人は普段から死すべき運命を信仰や人生観によって解消しようとしているが，突然の死の恐怖が喚起される場合には思いがけない影

響が態度や行動に出たりすることがある。

　ピジンスキーら（Pyszczynski et al., 1999）は，死に直面するような状況における防衛反応を2段階に分けて説明している。まず，死や生命への危機についての情報を得ると，人々はそれについて考えないようにしたり，自分の生存について有利な情報を選択的に注目したりといったその情報に関連した直接的防衛反応を示す。死を意識させる存在論的恐怖に関する情報を思い出さないようにすることが直接的防衛反応の目的である。直接的防衛が成功することで存在論的恐怖は意識から取り除かれるが，意識から取り除かれた情報は，「前意識」と呼ばれる，明確に意識できないが意識にあらわれやすい不安定な状態に置かれる。この前意識にある死に関する思考について，象徴的防衛と呼ばれる防衛装置がはたらく。

　存在脅威管理理論では死の恐怖を抑えるための防衛装置には次のようなものがある（脇本, 2012）。第1に，国や民族といった集団の中で共有されている考え方や価値観によって社会的な意味を構成する文化的世界観である。死後も天国で暮らすとか，親しい人の心の中や自分が手がけた作品の中に自分の一部が残るといった考え方は，存在論的恐怖から私たちの心を守ってくれる。また，自分と異なる宗教を信じる人たちや自分たちの文化を悪く言う人たち，自分たちの文化の基準から逸脱した人を攻撃したり，外集団に対するステレオタイプや差別を強めたりすることは，異質なものを排除しようとする文化的世界観の反映とみることができる。第2に，自己評定を肯定的に保つ心のはたらき，つまり自尊心である。成功・失敗について自分に都合のよい考え方をするようにしたり，自分の自信のある部分を誇示する，内集団をひいきしたり，自分が所属している集団の肯定的な側面に同一視するといったことは，自尊心の維持や高揚につながり，存在論的恐怖を低減させる。第3に対人関係である。他者との関係の中に自己を見出し，対人関係によって生じる愛情，友情，感謝，思いやりといった感情により人間の存在の尊さを感じるような肯定的な人間関係である。存在論的恐怖は，人とのつながりを強め，確認するような反応を生じさせるのである。新たな関係を構築したり，関係を維持したりすることも，そうした反応の1つといえる。

　存在論的恐怖への対処として自尊心を高めたり，他者を援助したり，人間関

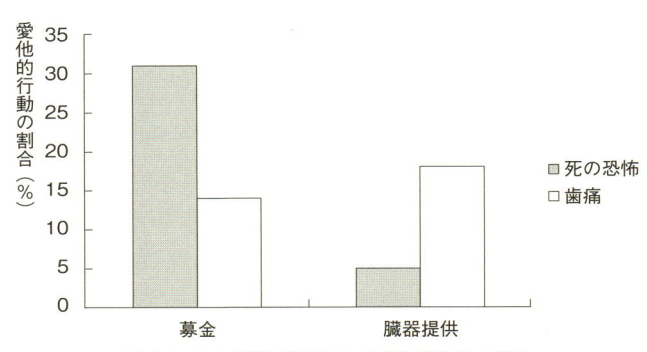

60　3　リスク対処の意思決定と感情

図 3-5　2つの恐怖喚起による愛他的行動の割合
(Hirschberger et al., 2008 より作成)

係を良好にしたりするなど肯定的な反応もあるが，他文化への偏見や差別・攻撃行動など否定的な反応もある。一方で自分自身や自身が所属する集団の構成員の死の恐怖を喚起させるような行為を回避するようになる。恐怖への対処としてその感情を抑えるための効果があるといえるが，そうした効果は自覚や予想ができないことがある。ハーシュバーガー（Hirschberger et al., 2008）は，死の恐怖感が愛他的行動に及ぼす影響を検討している（図 3-5）。この実験では，ネガティヴ感情の喚起として，歯痛，または死について考えさせる2種類の条件を設け，団体からの愛他的行動の要請として，慈善団体の募金への寄付と臓器提供カードへの署名という2種類の条件が設けられた。歯痛を考えさせる条件，つまり死の恐怖感が喚起しない場合には，募金と臓器提供の2つの愛他的行動の割合は大きな差はみられなかった。一方，死の恐怖感が喚起した場合，募金という愛他的行動の割合はすべての条件の中で最も高かったが，自身の死と関連する臓器提供に関しては最も低かった。つまり死の恐怖は，リスク対処としての愛他的行動を抑制したり促進したりするのである。

3.　災害への対処

3.1.　災害時の対処と情動のコントロール

　情動は適切にコントロールすることで恐怖を減らしたり，適応的なはたらきをしたりする。一方で，災害など目前に危機が迫るような事態では，情動が喚

起され，時間がとれれば吟味できる結果のメリットとデメリットの比較もできずにパニックのように適切な対処を遅らせるはたらきもある。池田（1986）は，災害緊急時の避難行動の事例における特徴とパニックの有無について紹介している。1983年の三宅島の噴火での逃げ遅れた事例では，慌てると視野がせまくなること，手近な情報に左右されやすいこと，危機の兆候があっても危機とは受けとめられにくいことがみられたものの，パニックのような事態は起きていない。1933年に三陸を襲った津波の事例では，地震後に汽船の警笛を津波と結びつけられず，また避難騒ぎを火事に結びつけて避難しなかった人がいたこと，恐怖のために気ばかりあせって逃げられない人と黙々と逃げた人とで恐怖感情の喚起が異なっていたことが挙げられる。ここから改めて指摘できるのは，緊急事態においては状況判断が通常時と異なり，過去経験や知識への参照を適切に行うには情動のコントロールが必要なことと，そのための準備をしておくということではないだろうか。

　目前に危機が迫るような状況での教訓として「津波てんでんこ」という言葉がとくに東日本大震災以降に語られるようになった。津波の危機が迫った際には，個々人が他の人に構うことなく一目散に逃げたほうが結果として犠牲者が減るという教えである。災害への準備としてこの言葉を理解し，緊急時に実践することの重要性も指摘されている。矢守（2013）は，津波てんでんこには4つの意味があるとしている。第1に，自助原則の強調である。迅速な避難の必要性を日頃から理解し，情報待ちによる逃げ遅れの問題を解消する。第2に，他者の避難を促進することである。他の人々が逃げるのを目撃することが人を避難へと導く有力な災害情報となる。たとえば，海岸沿いの地域の人が逃げることで内陸部での避難率が上昇するようになる。第3に，相互信頼の事前醸成である。お互いに「てんでんこ」することを事前に家族や知人との間でよく話し合って理解し，相互の信頼をつくっておくことである。第4に，生存者の自責感の低減である。大切な人をなくした人々が他者を救えず自分だけが助かったことについて被災後に長きにわたって苦しむことが多い。その自責感を低減できる。

　以上は，危機時の対処への事前の準備が，危機事態での意思決定と危機が過ぎ去った被災後の感情的側面のストレス低減につながることを示している。ド

ライブ理論（Zajonc, 1965）によれば，生理的喚起が高まった際に最も学習された行動（優勢反応）があらわれるとされる。リスクへの対処が必要な緊張状態において，普段やり慣れている優勢反応があらわれやすくなるのであれば，危機的状況が不確実な状況であっても，日頃からの準備や訓練により災害リスク対処行動ができるよう準備しておくことが必要である。危機事態において直面する意思決定に関わる葛藤には，ドライブ理論からもいえるように，日頃の意思決定のシミュレーションやリスクコミュニケーションが重要な役割を持ってくる。

4. おわりに

　本章では，リスク対処行動の意思決定について，認知的なプロセスと情動との関連を扱ってきた。一般の人々にとってリスクへの恐怖は感情と結びつくものであり，その恐怖によって認知的な資源が制約され，パニックが起こるなど危機を回避するための適切な行動がとれなくなる場合がある。危機事態における情動は多様であり，危機事態で喚起される恐怖により避難行動といった対処行動につながる。その際情動をうまくコントロールすることで適切な行動がとれるようになる。危機時の急激な環境変化により心理的なストレスが増すが，情動反応のコントロールによりまず心理的に適応し，環境に能動的に適応することができる。また，恐怖という情動を喚起させるコミュニケーションにより，リスクへの事前対処も促進される。さらに，恐怖の喚起において死を意識することは特別な意味を持つ。存在脅威管理理論からもわかるように，普段意識しないところで私たちは死への恐怖に対処している。愛他的行動につながることもあれば，それが抑制されることもある。このように情動はリスク対処の意思決定に様々な点から影響を与えていることがわかる。

　リスク対処への意思決定は，多様な価値観にもとづけば，ある判断が正しく別の判断が間違っているといったような絶対的な判断は成り立たない。たとえば，インフルエンザが流行しているなか体調が悪く熱っぽいが，重要な用事があるときに，出かけるかどうかというのは時として難しい意思決定になるかもしれない。個人の意思決定が社会的リスクに影響を与えることにつながるから

である。放射線のリスクを考えるときに，人はどの程度の放射線を許容するかは専門家による判断にゆだねるところもあるし，人によって徹底的にリスクを避けることを望むかもしれない。個人によるリスク判断は時として他者にとっての別のリスクを生じさせることもある。個人での意思決定は他者からの影響や自分が所属する社会集団への帰属意識の種類や程度により様々な影響を受ける。社会全体でのリスクも考慮しながら，個々のリスク対処行動の特徴をよく理解し，日頃からリスクへの準備を行っておくことが重要であるといえよう。

引用文献

Bettelheim, B. (1990). *Freud's Vienna and other essays*. New York: Alfred A. Knopf. （ベッテルハイム，B. 森泉博治（訳）(1992). フロイトのウィーン みすず書房）

Burger, J. M., & Palmer, M. L. (1992). Changes in generalization of unrealistic optimism following experience with stressful events: Reactions to the 1989 California earthquake. *Personality and Social Psychology Bulletin*, 18, 39-43.

Chaiken, S. (1980). Heuristic versus systematic information processing and use of source versus message cues in persuasion. *Journal of Personality and Social Psychology*, 39, 752-756.

Hanson, S., Vitek, J. D., & Hanson, P. O. (1979). Natural disaster: Long-range impact on human response to future disaster threats. *Environment and Behavior*, 11, 268-284.

Hirschberger, G., Ein-Dor, T., & Almakias, S. (2008). The self-protective altruist: Terror management and the ambivalent nature of prosocial behavior. *Personality and Social Psychology Bulletin*, 34, 666-678.

池田謙一 (1986). 緊急時の情報処理 東京大学出版会

Janis, I. L. (1951). *Air war and emotional stress: Psychological studies of bombing and civilian defense*. New York: The Rand corporation.

Janis, I. L. (1967). Effects of fear arousal on attitude change: Recent development in theory and experimental research. In L. Berkowitz (Ed.), *Advances in experimental social psychology* (Vol. 3, pp. 166-224). New York: Academic Press.

Janis, I. L., & Feshback, S. (1953). Effects of fear-arousing communications. *Journal of Abnormal and Social Psychology*, 48, 78-92.

Janis, I. L., & Mann, L. (1977). Emergency decision-making: A theoretical analysis of responses to disaster warnings. *Journal of Human Stress*, 3, 35-45.

Lazarus, R. S., & Folkman, S. (1984). *Stress, appraisal, and coping*. New York: Springer. （ラザルス，R. S., & フォルクマン，S. 本明寛・春木豊・織田正美（監訳）(1991).

ストレスの心理学―認知的評価と対処の研究　実務教育出版）
Leventhal, H., Watts, J. C., & Pagano, F. (1967). Effects of fear and instruction on how to cope with danger. *Journal of Personality and Social Psychology*, 6, 313-321.
McClelland, L., & Canter, J. R. (1981). Psychological research on energy conservation: Context, approaches, and methods. In A. Baum, & J. E. Singer (Eds.), *Advances in environmental psychology* (Vol. 3, pp. 1-26). Hillsdale, NJ: Lawrence Erlbaum Associates.
McGuire, W. J. (1968). Personality and attitude change: An information-processing theory. In A. G. Greenwald, T. C. Brock, & T. M. Ostrom (Eds.), *Psychological foundation of attitudes* (pp. 171-196). San Diego, CA: Academic Press.
Okabe, K., & Mikami, S. (1982). A study on the socio-psychological effect of a false warning of the Tokai Earthquake in Japan. A Paper presented at the Tenth World Congress of Sociology, Mexico City, Mexico, August.
Pyszczynski, T., Greenberg, J., & Solomon, S. (1999). A dual-process model of defense against conscious and unconscious death-related thoughts: An extension of terror management theory. *Psychological Review*, 106, 835-845.
Rochford, E., & Blocker, T. J. (1991). Coping with "natural" hazards as stressors. *Environment & Behavior*, 23, 171-194.
榊博文（2002）．説得と影響―交渉のための社会心理学　ブレーン出版
Slovic, P. (1987). Perception of risk. *Science*, 236, 280-285.
脇本竜太郎（2012）．存在脅威管理理論への誘い―人は死の運命にいかに立ち向かうのか　サイエンス社
矢守克也（2013）．巨大災害のリスク・コミュニケーション：災害情報の新しいかたち　ミネルヴァ書房
Zajonc, R. B. (1965). Social facilitation. *Science*, 149, 269-274.

4 リスクコミュニケーションとしての流言

1. はじめに

　大きな災害や事故などによって多くの人々の生命や財産が脅かされる危機的状況では，社会に望ましくない影響を及ぼすにもかかわらず，流言が人々の間に広がる。東日本大震災や福島第一原発事故のときにも流言が数多く発生し，政府が真実でないと指摘しても，容易に鎮まらなかった。たとえば「外国人の窃盗団がいる」「港に来ていた外国人が残っていて悪さをするらしい」との根拠のない流言が生じて，外国人を傷つけるとともに被災地の人々の不安を高めた。「仮設住宅が近くに造られず，置き去りにされる」「電気の復旧は10年後らしい」との流言が流布されて被災地を離れる人々が続出した（朝日新聞朝刊，2011.3.26.）。福島第一原発が放射性物質を放出した後では「毎日海藻食品を食べ続けてください」などのチェーンメールによる流言も拡散した（mainichi.jp, 2011.3.22.）。根拠の無い流言がツイッターなどで大量に流れたので，総務省は2011年4月6日に通信4団体へ東日本大震災に関するインターネット上の流言飛語に対して，法令や公序良俗に反すると判断する情報を自主的に削除するなど適切な対応をとるように要請している（http://internet.watch.impress.co.jp/docs/news/20110407_437944.html）。しかし，それによって流言が鎮まることはなかった。

　流言を理解するには，危機的状況で発生するということが重要なヒントになる。人々にとって危機的状況つまりリスクが顕在化する状況とは，危険が目前に迫っており自分を守るために何らかの対処がすぐさま必要だと感じるときである。ところが，危機は，発生を事前に予想するのは容易でなく，突然起きる。

普段から準備をしていないので，危機に直面してどうすればいいかわからない人がほとんどである。対処の仕方をわかりやすく教えてくれる情報がすぐさまにほしいが，危機的状況では政府やメディアなどから適切な情報を得られないことも多い。そこで，クチコミやインターネットで伝わる流言の中に役に立つ情報はないかと探索する。あるいは，公式の情報が入手できないので，流言で聞いた不確かな情報の断片から自分なりに危険の原因がどこにあるのか，どうすれば回避できそうかを推論して，もっともだと思える新たな流言を作り出し，まわりの他者に伝える。

人々の間を広く伝わっていく流言の中には，自分に降りかかるリスクの大きさを教えてくれるとともに，どうしたらいいかを指示してくれるものがある。流言の内容に根拠が示されてなく，危機が去った後で偽りの情報だと判明しても，流言を聞いたときには真偽のほどはわからない。それでも役に立つ情報と思えば従おうとする。とすれば，危機的状況においては，流言はリスクコミュニケーションのはたらきを持つことになる。

本章では，危機的状況では流言がリスクコミュニケーションの1つとなるとの視点から，流言の発生から沈静までのプロセスで重要となる問題について解説する。流言は生まれ，人々の間を流れ，そして最後には消えていく。流言の誕生から死までのプロセスは，発生する段階と，社会に広まっていく段階と，消滅する段階に分けられる（Rosnow & Fine, 1976）。流言が発生する段階では，どのようなときにどのような内容の流言がなぜ生まれるのかが問題となる。流言が広まる段階では，誰が流言を聞き，なぜ流言を信じて，人に伝えようとするのかが問題である。流言が消失する段階では，どのような対処によって流言を効果的に抑制できるのかが重要である。

2. 流言とはどのようなものか

まず，流言とは何かについて定義し，危機的状況で流布する多様な流言にはどのような内容が含まれるのかをみていこう。

2.1. 流言が意味するもの

　日常生活では，流言は，デマ，ゴシップ，都市伝説，うわさ話と区別されずに使われることも多い。デマは偽りの流言として使われているが，元来はデマゴーグつまり扇動的な政治家が敵対する対象を貶めるために意図的に偽りの情報を流布することを意味している。ゴシップは，有名人のプライバシーなど個人情報についての真偽のわからないうわさ話である。都市伝説は，人々を驚かせ楽しませる都会の怪談などのフィクションである。流言は，それらすべてを包括する上位の概念として用いられることもあるが，それらと区別して用いられることもある。

　社会心理学では流言をどう定義しているのだろうか。木下（1977）は，客観的な基準による検証を受けずに，人から人に連鎖的に伝達されるコミュニケーションと，流言の内容と形態の特徴によって広義に定義している。シブタニ（Shibutani, 1966）は，曖昧な状況に巻き込まれた人々が，自分たちの知識を統合し，状況に意味のある解釈を求めて行うコミュニケーションと，流言が発生する状況での相互作用的なプロセスに注目してより限定的に定義している。いずれの定義でも，流言は必ずしもデマであるとは限らず，流言が伝えられたときに真実か偽りかを判断する根拠が示されていないという流言の特徴を示している。

　流言は人から人に伝わっていく。2人の会話が単一のコミュニケーションとして完結するのに対して，流言は多数の人々の間の集合的なコミュニケーションである。一過性でなく途切れずに連鎖的に拡散するためには，流言をやり取りする人々が共通の関心を持つことが前提となる。そうでないと，流言による情報が注意を引かず，それを他人に伝えたいと思わないからである。

　ディフォンソとボルディア（DiFonzo & Bordia, 2007）は，先行研究を参考にして，流言とは，送り手と受け手にとって重要とみなされるが，真実と証明されずに世間に流布する情報であり，曖昧な状況や脅威に直面する状況で生じて，その状況を理解し，脅威に対処するために利用されると定義している。流言は日常生活で交わされる単なるうわさ話でなく，不確実で脅威が存在する非日常的状況で流れる当事者にとっては役に立つ情報である。この定義では，娯楽としてのゴシップや都市伝説は含まれない。本章では，彼らの流言の定義に

準拠して，危機的状況における流言について議論を進めていく。

2.2. 流言にはどのような内容が含まれるのか

　脅威が迫っている不確実で曖昧な状況の事例として，戦争，災害，事故，経済恐慌，テロリズムなどを挙げることができる。危機的状況ではどのような流言が流れるのか。クナップ（Knapp, 1944）はアメリカ国内で第2次世界大戦中に流布した1,000種類ほどの流言を精査して，恐怖流言，分裂流言，願望流言の3つに分類している。恐怖流言は，「真珠湾で太平洋艦隊が全滅した」「数千人の看護婦を乗せた船が撃沈された」のように，人々に恐怖を引き起こす。分裂流言は，「ユダヤ人は徴兵を忌避している」「黒人は国会議事堂を攻撃しようとしている」のように，国民を分断するはたらきをする。願望流言は，「ヒットラーは半年以内に死亡する」「日本の石油備蓄量は半年分もない」のように，戦争が終結してほしいとの願望を反映している。クナップは，後に真実でないと判明した流言だけを取り上げているようである。

　収集された流言の3分の2を占めて最も多いのは恐怖流言であった。なぜ，戦時で不安な時を過ごす人々がとりわけ恐怖感情を喚起する流言を伝聞するのだろうか。戦時下の政府などの公式の情報源が国民の恐怖や不安を増幅する情報を提供することは少ないだろう。そんな中で，人々が感じている漠然とした不安に対してもっともらしい原因や理由を説明してくれる流言が伝わると，なるほどだから自分は不安なのだと納得できる。

　プラサド（Prasad, 1950）は，インドで大地震があったにもかかわらず被害がなかった地域で，新たな地震や洪水によって大きな被害が起きるという流言が蔓延したと報告している。フェスティンガー（Festinger, 1957）は，被害がない地域で恐怖流言が多く生じた理由を，認知的不協和理論によって説明している。理論によれば，地震の大きな揺れにより恐怖や不安を持続して感じているという認知と自分のまわりでは被害がなかったという認知はうまく整合しない。2つの認知の間で不協和を生じると，人々はその不協和を解消したいと動機づけられる。そこで，近いうちに地震や洪水によって本当に被害が起きるという流言を信じることで，自分の感じている不安や恐怖は，実は余震による被害の恐れがあることが原因なのだと整合的に理解できる。認知的不協和理論は，

不安であるがその理由がわからないときにはその理由を説明する恐怖流言が発生しやすいことを説明できる。

分裂流言も戦時に広がれば国民間の対立や不信を煽り，戦争遂行に支障がでるのに，なぜ起きるのだろうか。オルポートとポストマン（Allport & Postman, 1947）は，分裂流言は，それを伝聞する人々が抱いている異なる人種や民族への偏見を合理化できるはたらきがあるから発生すると説明している。国内の一部の人々とりわけマイノリティが不公正な行いをしているとの流言は，マジョリティである自分たちが戦時に不自由な暮らしをしている不満のはけ口として流言の対象を非難攻撃することを正当化できる。

ディフォンソ（DiFonzo, 2008）も，相手集団の権威や名誉を傷つけ，分裂を狙う流言は，政党が争う選挙の時期にしばしば発生すると報告している。「バラク・オバマ候補はテロリストを養成するイスラム原理主義の神学校に通っていたとヒラリー・クリントンの陣営がうわさを流した」は，民主党内の分裂を狙った流言である。「ブッシュ大統領とライス国務長官は不倫関係にある」と共和党内の関係悪化を狙う分裂流言も発生した。荻上（2011）も，東日本大震災のときに救援や事故処理に従事している政府関係者や与党の政治家が不適切な発言をした，不公正な対策をとったとの根拠のない偽りの流言が，インターネットで流布されたと報告している。

3. 流言はどのようなときに発生するのか

なぜ流言が生まれるのだろうか。どのような社会的状況で流言は広がるのだろうか。また，人はなぜ流言を生み出したり，伝えたりするのか。そのような疑問を明らかにした研究をみていこう。

3.1. 流言が発生する危機的状況

流言は戦争や災害などの危機的状況で発生しやすいことが確かめられたが，そもそも危機的状況のどのような特徴が流言を発生させるのだろうか。たとえば首都直下型地震のように事前に大きなリスクが予想されており，防災減災の対処が必要な状況では，政府やメディアなど公式の情報源からのリスクコミュ

ニケーションによって，危機事態への予防や対処を促せる。ところが，災害が突発的に発生して，目前にリスクが迫る危機的状況では，公式の情報源からの情報が途絶えることが多い。また，経済恐慌のように政府への国民の信頼が失われてしまった場合には，公式の情報が信用されない。流言が発生する社会的要因としては，危機によって公式の情報源からの情報が不足することと，公式の情報源が信頼されないことを挙げることができる。

木下（1977）も，流言が発生する社会的要因として社会的緊張と情報不足を挙げている。社会的緊張の状況とは，経済恐慌，戦争，天変地異などである。つまり，社会が緊張するのは，地域や組織間で利害が対立し，信頼関係がない状況であり，憶測や不信から恐怖流言や分裂流言が発生し，伝播しやすくなる。また，社会的緊張時に人々が感じる恐怖や不安に対して説明を与えてくれる流言が発生する。

情報不足は，災害などにより公式の情報が途絶えたり，地域間の障壁により信頼できる情報が交換されない場合である。その状況では真偽が確認できない情報が流言として発生する。

天安門事件で失脚した政治家が復権するなどの政治的対立の流言が中国でしばしば生まれることに対して，政治的対立があってもそれらの情報への厳しい報道管制のもとで信頼できる公式の情報がないと，かわりにクチコミが活発化するのだと新聞は解説している（毎日新聞，1990.8.1）。社会的緊張と情報不足により流言が発生する事例といえよう。

3.2. 危機的状況における曖昧さと不安

危機的状況で流言が発生するとき，それに関わる人々はどのような状態にあるのか。個人のどのような特徴が流言に耳を傾けたり，新たな流言を作り出したりするのだろうか。

オルポートとポストマン（1947）は，個人が置かれている状況が曖昧であるほど，話題が個人にとって重要であるほど，流言が発生しやすいとして，R（rumor）＝I（importance）×A（ambiguity）と流言の発生モデルを単純な形で定式化している。

木下（1977）も，流言発生の個人的要因として，話題の重要性，認知的な曖

味さ，情動的な興奮などを挙げている。流言が，個人や集団の利害に深く関わる重要な内容を含んでいる場合には，同じ利害を持つ人々の間に広がっていく。また，個人が不安や恐怖などの感情を抱いており，その情動が喚起された原因が曖昧であるときには，自分のまわりの他者の言動に強い影響を受けるので，流言は発生しやすいとしている。

　人が曖昧な状況で不安などの情動を喚起されると，流言を聞き伝えやすいことは，多くの実験によって確かめられている。

　シャクターとバーディック（Schachter & Burdick, 1955）は，高校の3つのクラスを，曖昧な出来事が起きる条件，重要な情報が伝えられる条件，両方を組み合わせた条件に割り振って，各クラスの生徒が何らかの流言を聞いたか否かを尋ねた。曖昧な条件では，校長先生がある生徒に「今日は授業を受けられません」といってクラスから連れ出す事件が起きる。重要な情報のある条件では，連れ出し事件の前日に教員室を訪れた生徒の一人に，答案用紙が紛失したと告げる。実験の結果，曖昧さと重要な話題の情報がともにあったクラスで何らかの流言を聞いた生徒が最も多く，次いで曖昧な出来事が起きたクラス，重要な情報だけのクラスでは最も少なかった。この結果から，曖昧な状況に置かれた人は，その状況を説明できる重要な情報に耳を傾け，さらに自分なりに納得できる説明を考えて，新たな流言を他者に伝えることが理解できる。

　アンソニー（Anthony, 1973）は，状況の曖昧さでなく，不安感の高さが流言発生の要因であることを確かめる実験をしている。高校生を顕在性不安尺度（MAS）によって不安感情を抱きやすい群と不安感の低い群に分け，各群の生徒への指導カウンセリングの面接のときに，クラブ活動の予算が削減されて，生徒活動が制限されるかもしれないという重要な情報が伝えられる。面接から自分のグループに戻った生徒から何らかの流言を聞いたか否かを尋ねたところ，不安感の高い群では9割の生徒が流言を聞いたのに対して，不安感の低い群では3割の生徒しか流言を聞いていなかった。自分たちに望ましくないことが起きそうだという重要な情報に接触したときに不安を強く喚起されやすい人ほど，流言に耳を傾けやすいのである。

　社会全体が危機的状況で情報が不足している状況では，自分のリスクを意識して，不安や恐怖を感じるとともに，手掛かりになる情報を探索する。接触す

る流言の中で自分の曖昧な状況を理解し，脅威に対処するのに役立つ情報に注意を向けるのである。切迫している危機に対処するために必要な情報を伝える公式のリスクコミュニケーションがないから，流言が発生するのだといえよう。

3.3. なぜ人は流言を信じるのか

曖昧で不安な状況でリスクとその対処を伝える情報が不足するとき，それに代わる流言が発生する。それでは，なぜ真偽のわからない流言を役に立つ情報だと信じるのか。ディフォンソとボルディア（2007）は，真偽のわからない流言を聞いた人が，それを真実だと信じるのを促す要因を4つに整理している。1つは，流言の内容が自分自身の態度と一致すること。2つには，流言に反駁する情報がないこと。3つには，流言の情報源が信頼できること。4つには，反復して同じ流言に接触することである。

なぜこれらの要因が流言を真実だと受け手が判断する可能性を高めるのかは，精緻化見込みモデル（Petty & Cacioppo, 1986）によって説明できよう（図4-1参照）。説得的なコミュニケーションについて人がどのように評価するのかを説明する精緻化見込みの理論によれば，人は流言を受け取ったとき，情報の内容という中心的手掛かりを精緻に吟味してその論拠が正しいか否かを判断

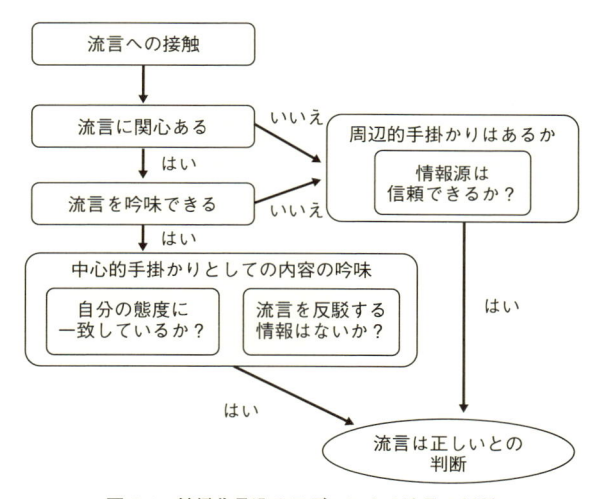

図 4-1 精緻化見込みモデルによる流言の判断

しようとする。その論拠の内容が自分自身の態度に一致していれば，また，当該の流言を反駁するあるいはそれと矛盾する別の流言が見当たらなければ，それらを根拠にして，流言は正しいと判断するだろう。中心的手掛かりとしての流言の内容が妥当か否かを評価できない場合には，人は流言の周辺的な手掛かりによって判断する。流言の送り手の専門性などから情報源が信頼できれば，その情報は正しいだろうとヒューリスティックに直感的に判断する。また，複数の異なる情報源から同じ情報内容の流言を聞いていれば，複数の人の判断が一致しているという周辺的手掛かりによって，客観的に正しいだろうと判断する。

　反駁する流言の存在や複数の情報源という手掛かりが流言の判断を左右することを支持する実験がある。バイベリアンら（Biberian et al., 1975）は，流言に反駁する情報を聞く場合と複数の人から同じ流言を聞く場合に人はその流言をどれくらい伝達するのかをフィールド実験によって調べた。大学の教室でサクラの学生が「学生のマリファナ事件が起きたそうだ」との流言を伝え，クラスの他の学生に同じ情報を聞いた人はいないかと尋ねる。そこで，別のサクラの学生がその流言は自分の友人が作った偽の情報だと言う，つまり最初の流言を反駁する条件と，マリファナ事件の情報を自分も聞いたとする，つまり複数の情報源がある条件を設けて，1週間後にその流言を誰かに伝えたかどうかをクラスの他の学生に尋ねた。流言が反駁された場合に流言を伝えた割合はおよそ1割にとどまったが，複数から流言を聞くと約3割の学生が他の人に流言を伝えていた。人は，流言の内容から真実かどうかが判断できない場合でも，流言が多くの人に伝わっていくことによって異なる経路から流言が伝達されるだけでその内容を信じてしまうことが起きるのである。

4. 流言はどのように伝わっていくのか

　流言が拡散するには，流言を耳にした人が，次々に他の人に伝達しなければならない。それでは，渦中にある人々が耳にした流言を伝えようとするのはなぜだろうか。どのような目的で流言というリスクコミュニケーションの送り手となるのだろうか。

4.1. 流言はどのような動機によって伝えられるのか

　フェスティンガー（Festinger, 1950）は，大学構内の学生住宅で発生した流言の調査から，人と人の間で行われる非公式のコミュニケーションには，道具的手段的な機能と，感情表出的な機能があると整理した。道具的手段的コミュニケーションは，集団全体の利益のため，あるいは個人の利益のために行われる。不安で不明瞭な状況で集団を統合するためには，集団内でみなが共通の認識を持つ必要があるし，何らかの対処が必要だという集団の目標や戦略を共有するためにもコミュニケーションが行われる。また，集団内での自分の地位を高めたり維持したりするためにもコミュニケーションが行われる。感情表出的なコミュニケーションには，外集団への敵対的感情を表出して集団内で偏見を共有し，ゴシップを交換して互いに親和的感情を表出して連帯感を強めるはたらきがある。非公式のコミュニケーションである流言にも道具的手段的側面と感情表出的側面があると考えられる。

　ボルディアとディフォンソ（2005）は，送り手が流言を伝える動機を，現実を理解したいとの動機，関係を築きたいとの動機，自己を高揚したいとの動機の3つに分類している。

　現実を理解したいという動機とは，曖昧な状況での不確実さ，統制不全感，不安感を解消したいということである。何が起きるのかが不確実で曖昧だと環境に適切に対処できないので，人は統制不全感や不安を感じる。現実を理解したいとして，自分なりに考えた説明を他者に伝え，受け手からその情報は妥当だとの確証を求めたいのである。

　他者の良好な関係を築きたい動機からは，誠実で正直だとの評判を得るために真実だと思う流言を伝え，尊敬や地位を獲得するために相手にとって重要な流言を伝える。この動機からは，相手に好ましくない流言は差し控えることになる（Tesser & Rosen, 1975）。

　自己を高揚したいとの動機からは，自尊心を高めるために，ライバルや対立する他者を貶めるデマを流布することもあるだろう。また，自分の所属する集団の評価を高めたいとして，他集団を貶める分裂流言を生み出すこともある。さらに，自身の偏見や態度を合理化するためにも，それに一致する流言を伝えることがある。

人々が流言を伝えようとするのは，自分が置かれている曖昧で不安な状況を理解したいだけでなく，脅かされている自分の地位や評価を守りたいというコミュニケーションに共通な動機がもとになっているといえる。

4.2. 送り手への信頼と流言の伝達

　曖昧で脅威が迫っている状況で対処に必要な情報が公式の情報源から得られない，あるいは公式の情報源が信頼できないときに，非公式の流言の情報源がリスクコミュニケーションの送り手の役割を果たすことになる。シブタニ（1966）も，多くの流言の事例から，公式の情報源が信頼できないときには流言がそれを補う役割を持つと分析している。

　ディフォンソとボルディア（2007）は，公式の情報源への信頼がないときに流言が伝達されやすいことを，企業がリストラを検討しているとの流言への従業員へのアンケート調査から確かめている。調査結果によれば，自分がリストラの対象になるのではという従業員が感じる曖昧さや不安の要因以上に，企業への信頼のなさが，接触した流言をさらに同僚に伝えようという意図を強めていた。また，企業への信頼が低いときは，従業員の感じる不安が小さくても流言を伝達しようとの意図が強かった。公式の情報源への信頼は，不安の大きさと流言伝達意図との関連への調整的効果も持っていた。

　公式の情報源への信頼だけでなく，流言の送り手への信頼も，受け手が流言の内容を信じるか否かを左右する重要な要因である。信頼できる情報源からの流言の場合には，受け手は流言を信じて，さらに他者に伝えることで，流言が勢いを増すことになる。荻上（2011）は，メディア企業や行政の関係者が福島第一原発事故の深刻さを知ったので家族を首都圏から疎開させたという流言を紹介している。一般の市民が知りえない情報を持っている関係者が情報源だとする流言は，専門性への信頼という周辺的手掛かりをもとに，放射能被曝には甚大なリスクがあるとの流言を真実だと判断する可能性が高くなる。そのため，流言が信憑性を得ることによって拡散の勢いが強くなる。

5. 流言を抑制するために

　流言を抑制するには，流言発生の要因である不確かさ曖昧さを低減し，不安を解消できればいい。そのためには，信頼できる情報源からリスクの大きさを正しく伝えるとともに，有効な対処の仕方を教えるリスクコミュニケーションが必要となる。ところが，そもそも公式の情報源が信頼されないために，あるいは公式の情報源からの情報が不足するから流言が発生するので，偽りか真実かがわからない流言を抑制するのは容易ではない。流言が社会に広く流布されているときに，どのような情報源からいかなるコミュニケーションを行えば対抗できるのだろうか。反駁すれば流言を抑制できるだろうか。あるいは流言には反駁しないで無視するほうが望ましいのだろうか。流言によって損なわれた組織や対象の評判は合理的な反駁で回復できるだろうか。さらに，インターネット上で広範囲に流言が伝達されるときには，流言は抑制できないのだろうか。以下では，流言を抑制する様々な方法について検討する。

5.1. 流言を無視するか反駁するか

　根拠のない流言は無視するのが望ましいのか，反駁すると流言への注目を集めて逆効果となるのか。ディフォンソとボルディア（2007）は，流言を抑制する複数の方法の効果を実験により比較している。オーストラリアの食品企業の製品が消費者の健康に有害だとする流言が流布しているという想定状況で当該企業が記者会見で，流言にノーコメント，流言に言及しかつ反駁する，反駁だけする3つの条件，そして比較のために流言を提示する条件を設けて，各条件に割り振られた実験参加者に，当該製品の購買意図，会見理由の曖昧さや企業のもみ消し疑惑の評価などを尋ねた。その結果，流言に言及して反駁すると企業や製品への評価が改善したが，流言を無視するノーコメントでは流言抑制の効果はなかった。流言の内容を提示して，その誤りの根拠を示して反駁するのは適切な対処だが，製品の偽の流言には言及しない企業の姿勢は，流言に企業は反駁できないのではとの消費者の疑惑を生み出してしまう。さらに，ディフォンソとボルディア（2007）は，流言にはできるだけ迅速に反駁すべきである

と提言する。流言は伝達されていくうちに，よりもっともらしい内容に変化するし，時間が経過すると人は何度も同じ流言を違う人から聞く機会が増えるので，流言を信じやすくなるからである。

5.2. 流言に反駁する情報源への信頼

　偽りの流言を抑制するためには，公式の情報源からの反駁が必要だが，その情報源が信頼されない場合はどうなるのか。フリードマン（Freedman, 1991）は，信頼されない公式の情報源が偽りの流言に反駁しても効果がない事例として，アメリカで1991年に流布したソフトドリンクの流言を紹介している。KKK の所有する企業が黒人を不妊にする有毒物質を含んだソフトドリンクを発売しているという偽りの流言が，アフリカ系アメリカ人の間で広がり，売上は70％も減少した。当該の企業だけでなく，メディアや政府が流言を否定しても，それらの組織への信頼がないのでなかなか鎮まらなかった。黒人のニューヨーク市長がそのソフトドリンクを自ら飲んでみせるというパフォーマンスが報道されて，ようやく流言が沈静化したと報告している。流言の対象にされた組織と利害関係がない中立的立場，というより自分と同じ集団の組織や個人でないと人々は信頼にたる情報源だとはみなさないようである。

　流言に反駁するにはその情報源が信頼できるか否かが重要であるが，信頼には2つの側面がある。反駁する情報源が流言の内容に関して影響力や決定権を持っている，つまり情報源の権限や能力への信頼と，流言を否定する人物や組織が情報を正直に伝えている，つまり情報源の誠実さへの信頼に分けることができる。どちらも流言の抑制に効果があるのだろうか。

　ボルディアら（1998）は，オーストラリアのある大学で心理学科進学には高い成績が必要だという偽りの流言が発生したので，どんな情報源から流言を否定するメッセージを流すのが効果的かを流言に関心が高い大学1年生を対象に実験した。流言に反駁する情報源が，大学生，講師，学科長，大学の副理事長の4つの条件で流言を否定した情報を提供した後で，流言の信憑性，不安の減少，情報源の適切さを尋ねたところ，学科進学の決定権を持つ学科長が情報源であるときに最も流言の抑制に効果があった。

　ボルディアら（2000）は，大学図書館が閉鎖されるという偽りの流言が発生

した大学で，それを打ち消す情報を，図書館の窓口職員，図書館司書，図書館副館長から提供する実験も行っている。その結果，情報源が図書館運営に権限のある副館長の場合に流言の信憑性も不安も低減したが，情報源の権限の有無に関係なく，情報源が正直だと評価されるほど流言を抑制する効果は高かった。誠実さへの信頼も権限への信頼とともに流言の抑制に効果があることが確かめられた。

5.3. 流言が沈静化しない心理的要因

　流言を抑制するには根拠にもとづいて反駁するのが効果的だと実験では確かめられたが，現実に流布している流言には，反駁にもかかわらず鎮まらないものも多い。ディフォンソとボルディア（2007）は，反駁されても流言の効果が減弱しない理由は，人の情報処理の3つの特徴にあるとしている。1つは，確証バイアス，2つには自動的な因果推論，3つには否定の透過性である。

　確証バイアスとは，既に持っている信念や印象に一致する情報だけを選択的に注目して，矛盾する情報は信念や印象に一致するように修正される認知傾向をさしている（Nisbett & Ross, 1980）。流言も一度それが正しいと信じ込むと，流言に反駁する情報つまり矛盾する情報が与えられても無視して流言は正しいとの態度を変えないので，流言は沈静化しないのである。

　自動的な因果推論とは，時間的空間的に接近している複数の出来事の間に因果関係がないにもかかわらず，一方の出来事が原因で他方が結果だと推論する心理的傾向である（Nisbett & Ross, 1980）。何か良くない出来事が起きたときに，目立つ人やできごとがともに存在すると，それを原因あるいは犯人だと思い込むのも，この自動的推論にもとづいている。災害や事故の背後に陰謀がある，目立つ人物や組織が犯人などという偽りの流言は災害や事故の原因が曖昧なときにしばしば発生するが，その因果の推論が自動的になされるために，反駁によっても変わりにくいのである。

　否定言辞の透過性とは，流言を反駁しても，否定したという情報だけが脱落して，流言が述べている肯定的言辞をいっそう強めてしまうことをさしている（Wegner et al., 1985）。「AはBである」の流言に対して「AはBでない」と否定しても，否定の部分だけが忘却されて，「AがBである」という流言が保持

されることである。

5.4. 流言の感情的イメージを変える

　流言の抑制が難しいのは，人の情報処理の仕組みが影響しているとなると，流言に対して理詰めによる反駁をしても効果は大きくないとも考えらえる。流言に接して，流言が言及する人物や事物の否定的な評価が作られてしまうと，それが偽りだと反駁されても，対象の評価は変わりにくい。一度印象が形成されると，それを修正する情報が与えられても，感情的評価としての印象は変更されにくい。食品や製品が安全であると第3者機関が保証しても，一度流言によって損なわれた品物の感情的な印象が合理的説明では修正するのは難しいことは，内外でも事例が多い。

　ティボウラ（Tybout et al., 1981）は，流言により損なわれた商品の感情的評価がどのような方法で改善されるのかを実験している。大学生に複数の商品のコマーシャルビデオを見せて，商品イメージを評価するよう依頼した。マクドナルドのCMを提示したときに，サクラの大学生が，マックのハンバーガーはミミズを使用していると聞いたことがあるとつぶやく。それに対して実験者の教授が3通りの抑制策をとる。3つの抑制策とは，ミミズを食品として使うには高価なので，それよりも安い牛肉が100％使用されているのだと根拠を示して流言に反駁する方法，ミミズはフランス料理の食材として使われて美味だったという情報を与えて，ミミズの感情的評価をネガティヴからポジティヴに変える方法，実験参加者にマクドナルドに関する個人的記憶を想起させて，より多くのポジティヴな感情的評価に注意を向けさせ，ミミズによるネガティヴな評価を相対的に弱める方法であった。各条件の実験参加者にそれぞれの抑制策により商品のイメージが改善するかを尋ねた結果，流言を反駁する条件以外で，流言の影響を弱めることができた。

　ティボウラの実験結果からは，流言に合理的な反駁は効果が少ないといえる。流言によってミミズとハンバーガーの感情的な連想が作られると，その連想が意図せず自動的に想起されるので，合理的説明による反駁では抑制が難しい。流言の対象と連合している望ましくない内容の感情的評価を中和する，または流言の対象に関連している好ましい感情的評価を持つ別の対象を想起して，そ

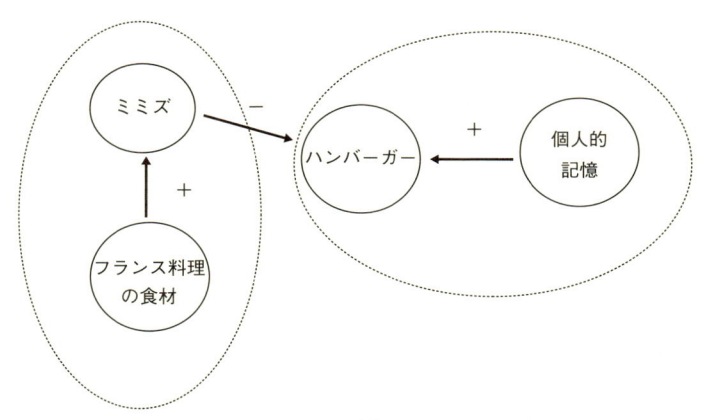

図 4-2　流言の抑制のためのポジティヴなイメージとの連想

れらとの連想を強めるのが，感情的評価を伴う流言の抑制には効果的といえよう（図 4-2）。しかし，現実に蔓延している偽りの流言に対して，実験室でなく，現実の場面で大勢の流言の受け手になる人々を対象にして，同じ方法を用いることができるかといえば，簡単ではないだろう。

5.5. ソーシャル・メディアでの批判的思考と流言の抑制

「流言は知者に止まる」との荀子の言葉がある。コーラス（Chorus, 1953）は，批判的思考をする人のほうが，不確実な情報を真実と考えず，流言を伝達することが少ないとして，R（rumor）= I（importance）× A（ambiguity）/ C（critical thinking ability）と，オルポートとポストマンの流言の発生モデルを修正している。

流言を聞いた多くの人が，根拠が曖昧な流言の内容を精緻に吟味できる批判的能力を持っていれば，流言は拡散しないだろう。ところが，危機的状況では，普段は冷静な判断ができる人でも，不安や恐怖の感情にもとづくヒューリスティックな判断によって，根拠のない流言を鵜呑みにする可能性が高くなる。危機事態では流言が発生することを避けることは難しいだろう。

東日本大震災やその後の福島第一原発事故のような危機的状況ではインターネットのソーシャル・メディアによって流言が大規模に拡散した。偽りの流言を抑制するには，インターネットの利用者が，ネット情報を正しく吟味し，根

拠のない流言を伝播しないというメディアリテラシーを持つ必要がある。ところが，メディアリテラシーを持たない少数の人によって，ツイッターやチェーンメールを通じて不特定多数に根拠のない流言が発信されるのを避けることができないのがソーシャル・メディアの弱点である。荻上（2011）も，ソーシャル・メディアに流言を阻止する技術的工夫が必要だと指摘しているが，ソーシャル・メディアに流言を抑制できる可能性はあるのだろうか。

東日本大震災のときにはツイッターで多くの流言が伝達された。「原発事故の後ではがん保険のCMは中止されたと保険会社の友人はしゃべっていた」「友人は寿司を食べた後に尿から放射性物質が検出された」「コスモ石油爆発事故によって有害物質が雨で降ってきた」などである。これらの流言は，関連する情報を探したり，注意深く吟味すれば事実と異なる内容だと判断できる偽りの流言である。

田中ら（Tanaka et al., 2012）は，ツイッターというソーシャル・メディアのシステムの特徴に着目して，メディア上を流れる偽りの流言の抑制の可能性を検討している。ツイッターでは，偽の情報の流言も，それを否定する情報も伝播する。ツイッターで偽りだと思う流言をみると，リツイートでその誤りを正す人がでてくる。1つのトピックでの多数のツイッターによる情報の双方向的な伝達は，曖昧な状況を正確に理解しようとの集合的な取り組みである。つまり，ツイッターは集合的な批判的思考のシステムにもなりうると指摘している。

田中らは，ツイッターでの偽りの流言が反駁のリツイートによって抑制できるか否かを実験している。東日本大震災後にツイッターで流れた10個の流言ツイートとそれぞれに事実にもとづいて反駁するリツイートを，提示順序を変えた2つの条件の実験参加者に読ませた。その後で，ツイートの正確さや不安喚起の程度や各ツイートを何人位の他者に伝達しようと思うかを尋ねた。その結果，最初に反駁ツイートを読んだ条件では，偽りの流言による不安や他者へ伝達しようとの意図が抑制された。ソーシャルメディアにおいても，事実にもとづく流言への反駁の情報にあらかじめ接触すると，偽の流言への免疫ができて，批判的に考えるのであろう。

ツイッターというソーシャル・メディアにおいても，リツイートによる集合的な批判的思考が生まれて，偽りの流言を抑制する可能性がある。また，良心

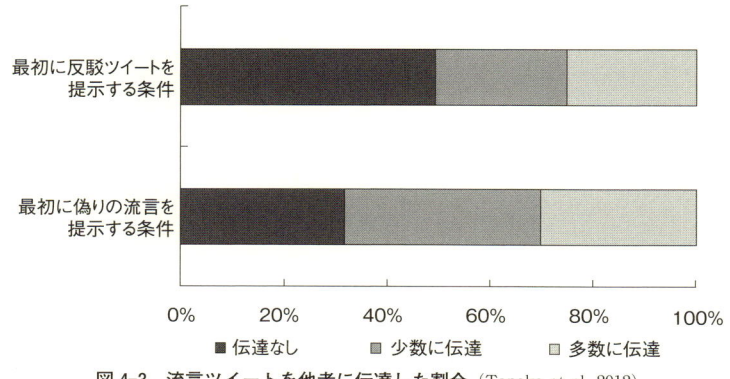

図4-3 流言ツイートを他者に伝達した割合 (Tanaka et al., 2012)

的な科学者が原発事故についての専門的な真実の情報をツイッターで流して，多くのリツイートによって社会に必要な情報を提供したという事例も多い（影浦，2013）。今後，ソーシャル・メディアのメリットを生かした仕組みを考える必要があるだろう。

6. おわりに

　リスクを伴う危機的状況に遭遇して，迅速な対処が必要ではあるが，公式の情報源から信頼できる情報が入手できない不安な状況で，人々にとって重要な関心事に関して何らかの手掛かりや解決策を与えてくれる流言は広く伝播する。危機的事態では流言は公式の情報源に代わって，リスクコミュニケーションのはたらきをすることになる。人が流言を伝えるのには，現実を理解したい，自分の境遇を良くしたいとの動機にもとづくことがあり，また，確証バイアスや自動的因果推論や否定言辞の透過性という情報処理のバイアスによって，一度信じた流言が修正されにくいので，流言を抑制するのは容易ではない。偽りの流言を抑制するには，信頼できる情報源からの事実の根拠にもとづく反駁が必要であるが，流言の内容の感情的評価については，合理的な反駁だけでなく，流言の情報間の関連を弱めたり，新たな情報との関連を強めるという方法も必要となる。現代ではインターネットによって偽りの流言が大量に流布されるとともに，メディアリテラシーを持つ人々の流言への反駁による集合的なチェッ

クの仕組みも考えられる。

　流言が広がるのは，社会や個人がそれを必要としているからである。人々は流言を個人的リスクへの対処の手掛かりとして聞き，身近の他者の対処にも役立つと思い伝える。しかし，個人的リスクへの対処の結果として流言が連鎖的に伝達されると，買い溜めパニックや風評被害などの社会的リスクを高め，意図せずに他者や社会全体に被害を与えることもある。危機的状況でそれぞれの個人が自分のために望ましい対処として流言を聞きそれを伝えると，社会全体にとって望ましくない影響を及ぼす事象については，第5章で詳しく取り上げることにする。

引用文献

Allport, G. W., & Postman, L. (1947). *The psychology of rumor*. New York: Holt, Rinehart & Wiston. (オルポート, G. W., & ポストマン, L. 南博 (訳) (1952). デマの心理学 岩波書店)

Anthony, S. (1973). Anxiety and rumor. *Journal of social psychology*, 89, 91-98.

Biberian, M. J., Anthony, S., & Rosnow, R. L. (1975). Some determining factors in the transmission of a rumor. Unpublished study. London School of Economics and Temple University.

Bordia, P., & DiFonzo, N. (2005). Psychological motivations in rumor spread. In G. A. Fine, C. Heath, & V. Campion-Vincent (Eds.), *Rumor mills: The social impact of rumor and legend* (pp. 87-101). New York: Aldine Press.

Bordia, P., DiFonzo, N., & Schulz, C. A. (2000). Source characteristics in denying rumors of organizational closure: Honesty is the best policy. *Journal of Applied social Psychology*, 11, 2301-2309.

Bordia, P., DiFonzo, N., & Travers, V. (1998). Denying rumors of organizational change: A higher source is not always better. *Communication Research Reports*, 15, 189-198.

Chorus, A. (1953). The basic law of rumor. *Journal of abnormal and social psychology*, 48, 313-314.

DiFonzo, N. (2008). *The watercooler effect: A psychologist explores the extraordinary power of rumors*. Avery Pub Group. (ディフォンツォ, N. 江口泰子 (訳) (2008). うわさとデマ　講談社)

DiFonzo, N., & Boridia, P. (2007). *Rumor psychology: Social and organizational approaches*. Washington, D.C.: American Psychological Association.

Festinger, L. (1950). Informanl social communication. *Psychlogical Review*, 57, 271-282.

Festinger, L. (1957). *A theory of cognitive dissonance*. Evanston, IL: Row, Peterson.（フェスティンガー，L. 末永俊郎（監訳）(1965). 認知的不協和の理論——社会心理学序説 誠信書房）

Freedman, A. M. (1991, May 10). Rumor turns fantasy into bad dream. *The Wall Street Journal*, pp. B1, B5.

影浦峡（2013）．信頼の条件：原発事故をめぐることば 岩波科学ライブラリー 207 岩波書店

木下冨雄（1977）．流言 池内一（編） 講座社会心理学 第3巻 東京大学出版会 11-86.

Knapp, R. H. (1944). A psychology of rumor. *Public Opinion Quarterly*, 8, 22-27.

Nisbett, R., & Ross, L. (1980). *Human inference: Strategies and shortcomings of social judgment*. Englewood Cliffs, NJ: Prentice-Hall.

荻上チキ（2011）．検証東日本大震災の流言・デマ 光文社

Petty, R. E., & Cacioppo, J. T. (1986). The elaboration likelihood model of persuasion. In L. Berkowitz (Ed.), *Advances in experimental social psychology* (Vol. 19, pp. 123-205). New York: Academic Press.

Prasad, J. (1959). A comparative study of rumours and reports in earthquakes. *British Journal of Psychology*, 41, 129-144.

Rosnow, Y. L., & Fine, D. A. (1976). *Rumor and gossip: The social psychology of hearsay*. New York: Elsevier.（ロスノウ，Y. L., & ファイン，D. A. 南博（訳）(1982). うわさの心理学：流言からゴシップまで 岩波書店）

Schacter, S., & Burdick, H. (1955). A field experiment on rumor transmission and distortion. *Journal of Abnormal and Social Psychology*, 50, 363-371.

Shibutani, T. (1966). *Improvised news: A sociological study of rumor*. Indeanapolis, IN: Bobbs-Merril.

Tanaka, Y., Sakamoto, Y., & Matsuda, T. (2012). Toward a social-technological system that inactivates false rumors through the critical thinking of crowds. Proceedings of the 46th Hawaii International Conference on System Sciences (HICSS-46).

Tesser, A., & Rosen, S. (1975). The reluctance to transmit bad news. In L. Berkowitz (Ed.), *Advances in experimental social psychology* (Vol. 18, pp. 193-232). New York: Academic Press.

Tybout, A. M., Calder, B. J., & Sternthal, B. (1981). Using information processing theory to design marketing strategies. *Journal of marketing research*, 18, 73-79.

Wegner, D. M., Coulton, G. F., & Wenzlaff, R. (1985). The transparency of denial: Briefing in the debriefing paradigm. *Journal of Personality and Social Psychology*, 49, 338-346.

5

リスクコミュニケーションと消費者パニックへの対処

1. はじめに

　2011年3月11日に発生した東北地方太平洋沖地震は，死者・行方不明者だけでも2万人近く，直接的な被害額として16兆から25兆円と推定されている。このような震災による直接的な人的・物的被害に加え，主に被災地以外の地域で震災後の社会不安により食料品や日用品の買い溜め行動や原発事故による東北産の食品の買い控え行動という消費者パニック災害が新たに生じた。具体的には，震災後の買い溜めパニックとして，水などの食料品やトイレットペーパーなどの日用品が消費者の買い溜めにより店頭から消えてしまう問題が報告された。また，買い控えパニックとして，放射能汚染の影響がないことが確認されている東北産の食料品が消費者の買い控えに遭い，売上が減少したり安値で取引されるという問題が報告されていた。このような消費者パニックは，震災直後の被災地域の物資不足を生じさせたり，製品の需要と供給バランスを損ない生産メーカーの正常な経済活動を阻害したり，被災地域やその周辺地域の生産者の経済的な復興の妨げとなっている。消費者パニックは人々の不安感から生じる一種の人為的2次災害として考えられる。つまり，自然災害とは異なり対応することで発生を防ぐことのできる災害でもあり，今後東北地方太平洋沖地震のようなスーパー広域災害が生じた際に同様の消費者パニックが発生する可能性がある。

　そこで，本章では，このような人為的な2次災害である震災後の消費者パニックを生じさせる人間の行動心理を社会心理学的に理解するため，1970年代に生じたオイルショックによるトイレットペーパーの買い溜めパニックの発生

プロセスの研究について紹介する。次に，消費者行動の心理モデルの観点から震災後の買い溜めや買い控え行動の特徴について議論する。最後に買い溜めや買い控え行動の解消に向けたリスクコミュニケーションの在り方についてメディアの影響などの観点から議論を広げていく。

2. 消費者パニックとは

　消費者のパニックを扱った先駆的な研究として，広瀬（1985）の1973年末のオイルショックによるトイレットペーパーの買い溜めパニックの研究がある。そこでは，買い溜めの5つの発生段階に応じて買い溜めに至る消費者のタイプを分類し，買い溜め群と非買い溜め群を判別する意思決定モデルにもとづき分析を行った（図5-1）。

　広瀬（1985）の分析の枠組みでは，最初の段階として，パニック背景段階がある。この段階では消費者の買い溜め行動の潜在的要因として，自己の生活に対する先行きの不安感や政治不信，買い溜めは生活を守るための一種の自衛行

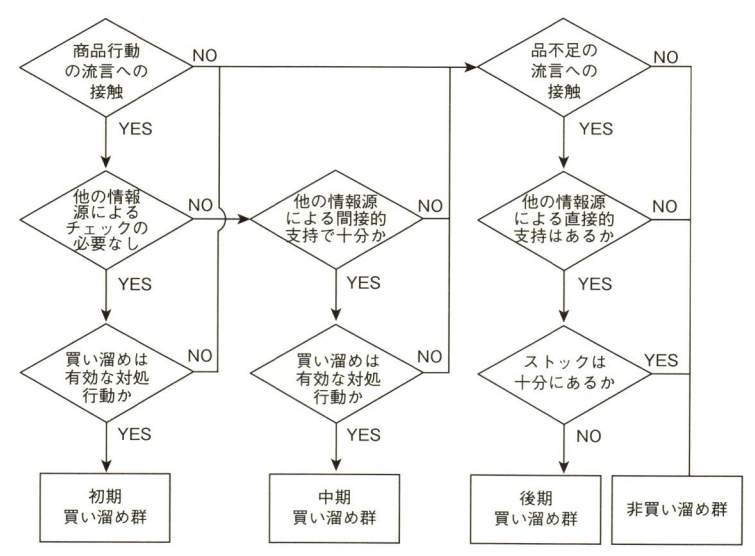

図5-1　トイレットペーパーの買い溜めの意思決定の流れ（広瀬，1985より作成）

為という認知が形成されていたと考えられている。次に，パニックの前兆段階では，石油危機による生活物資の急騰や品不足になるという不安から買い溜め行動をしようする人があらわれる。この段階では，早い時期に品不足の情報に敏感に反応して，値上がりの前に行動することが有効だとの積極的・利己的な判断から行動に至る"初期買い溜め群"があらわれたと考えられている（図 5-1 の左側）。その次に，パニックの発生段階では，一部の消費者の買い溜めにより，スーパーで品薄になる状況が発生し，新聞などのメディアで報道された。この段階では，他の購買者との競争関係が生じ，品薄からトイレットペーパーがもしかしたら買えなくなるという不安感が臨界点に達する。そのため，容易に買い溜めパニックが発生しやすく，今すぐ買い溜めがすることが有効だとの判断から行動に至る"中期買い溜め群"が自然発生的に生じたと考えられている（図 5-1 の真ん中）。

さらに，パニック拡延段階では，買い溜めパニックが連鎖的に拡大し，トイレットペーパーを買おうとする多数の行列が殺到しているとの買い溜め騒ぎがテレビや新聞などで多く報道されるようになった。また，行列を作った一部の消費者が購入できない事態も生じた。今買わなければ当分買えなくなるという生活防衛から，買い溜めを自粛していた人も買い溜めをするようになる"後期買い溜め群"がこの段階で生じたと考えられている（図 5-1 の右側）。この後期買い溜め群は買い溜めパニックの消費者の割合の多くを占めている。最後に沈静段階および派生段階では，通産省（当時）の要請によりメーカーの緊急出荷が行われ沈静化したものの，価格が値上がりした。政府を信頼して最後まで買い溜めをしなかった非買い溜め群も，高値でトイレットペーパーを買わされることになり，正直者が馬鹿をみるような結果になった。品薄，買い溜め，値上がりの展開は，洗剤等の物資や他の地域に飛び火したと考えられている。

このように，それぞれのパニックの段階において，品不足や価格高騰といった緊急情報との接触，品不足や値上げが起きるかといった緊急情報の吟味，買い溜めという対処行動の有効性の評価の観点から買い溜めや非買い溜めの選択をする意思決定の特徴が明らかにされた。しかしながら，このようなオイルショックの買い溜め行動の事態は徐々に深刻化し次のステップへと波及するプロセスと，東北地方太平洋沖地震や福島第一原発事故で突如として非常事態が生

じ買い溜め行動や買い控え行動に至ったプロセスとは，意思決定の仕方が異なる可能性がある．とくに，地震発生からの時間経過により，買い溜めの行動は日常的状態に戻ってくる可能性がある．しかし，買い控えのほうは原発事故の収束がないままの時間変化なので，変化がみられない可能性がある．このような状況の違いも含めて，次節では震災後の買い溜め行動や買い控え行動の心理プロセスについて経時的な変化の観点から検討を行う．

3. 消費者行動の心理モデル

3.1. 買い溜め，買い控え行動の実態

土田・広瀬（2012）によれば，買い溜めを消費者が商品に殺到する騒ぎが起きることから"騒がしいパニック"と表現し，買い控えをこれまで買っていた商品に手を伸ばさなくなるという行動の消失が起こることから"静かなパニック"と表現している．とくに，今回の買い溜め行動や買い控え行動は，行動することも行動しないことも，どちらもリスクを高めるというジレンマの側面を持っている．たとえば，買い溜め行動は，行動しなければ自分たちの食料品や日用品が手に入らないという個人的リスクを高め，行動すれば自分の地域や被災地が品不足に陥るという社会的リスクを高める可能性がある．同様に，買い控え行動では，行動すれば東北地方の復興を妨げるという社会的リスクを高め，行動しなければ自分たちの（科学的にはほとんど問題のないレベルであるが）健康に害が及ぶかもしれないという個人的リスクを高める可能性がある．このような一種のリスクの社会的ジレンマの特徴を持った買い溜め行動や買い控え行動がどのような心理要因に規定されているのか，2章で紹介された2重動機モデルの観点から検討をしていく．

大友・広瀬（2014）の研究では2重動機モデルの枠組み（2章の「3.1. 非意識的な行動プロセスを加えたモデル」参考）にもとづき，東京都の住民を対象に，2011年4月，6月，11月の3時点でインターネット縦断調査を実施し，買い溜めや買い控え行動とその心理変数の経時的な変化を検討した．その結果，買い溜めを実際に行ったか否かについては，震災後から6月末までに調査品目について1つでも買い溜めを行った人の割合は75％で，6月末の調査以降から

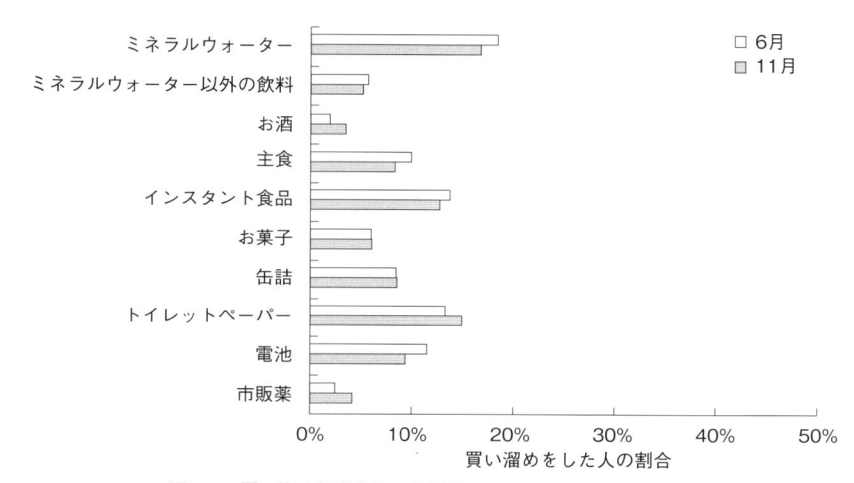

図 5-2　買い溜め行動を取った品目（大友・広瀬, 2014 より作成）

　11月末までに買い溜めを行った人の割合は73%であった。6月末の測定時点と11月末の測定時点の割合に差はみられなかった。また，品目別に検討すると，6月末から11月末にかけて，酒と市販薬の買い溜めが増加し，主食と電池の買い溜めが減少した（図5-2）。次に，買い控えを実際に行ったか否かについては，震災後から6月末までに東北産の調査品目について1つでも買い控えを行った人の割合は29%で，6月末の調査以降から11月末までで買い控えを行った人の割合は37%であった。よって，買い控えを行った人の割合は時間経過に伴い増加していることが確認された。品目別に検討すると，6月末から11月末にかけて，果物，肉，米，茶，酒の買い控え行動が増加した（図5-3）。

　その次に，6月までに買い溜めや買い控えの行動選択をしたことが，その後にどれくらい継続されているかを分析するため，6月末までに1品目でも行動をとった人ととっていない人と，11月末までに1品目でも行動をとった人ととっていない人に分けてクロス集計を行い，その関連性を検討した（表5-1）。その結果，買い溜め行動については，6月末までに行動していない人のうち11月末までに行動しなかった人の割合は56%，新たに行動した人は44%であった。一方，6月末までに買い溜めを行った人のうち11月末までに行動を止

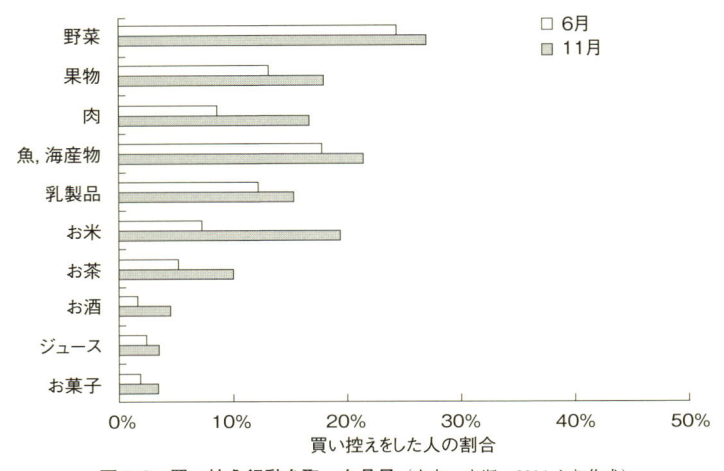

図5-3 買い控え行動を取った品目（大友・広瀬，2014より作成）

表5-1 買い溜め行動と買い控え行動の有無とその後の行動の有無
（大友・広瀬，印刷中より作成）

		11月	
		買い溜め無	買い溜め有
6月	買い溜め無 (*n*=164)	56%	44%
	買い溜め有 (*n*=503)	18%	82%
	$\chi^2(1)=88.50$**		
		買い控え無	買い控え有
	買い控え無 (*n*=472)	82%	18%
	買い控え有 (*n*=195)	19%	81%
	$\chi^2(1)=234.62$**		

注）**$p<.01$

た人は18％，行動を続けた人は82％であった。したがって，6月末の時点で一度買い溜め行動をしてしまうと継続的に続けられる傾向が強くなっていた。買い控え行動については，6月末までに行動していない人のうち11月末までに行動しなかった人の割合は82％，新たに行動した人は18％であった。一方，6月末までに買い控えを行った人のうち11月末までに行動を止めた人は19％，行動を続けた人は81％であった。したがって，買い溜め行動と同様に，6月末の時点で一度買い控え行動をしてしまうと継続的に続けられる傾向が強くなっ

ていた。

　このように，今回の震災後に東京都の多くの消費者はなにかしらの買い溜め行動や買い控え行動を一度は行っていた。まず，買い溜め行動については，6月末と11月末の両測定時点において70%以上の人が行動をとっており，高い水準で行動が維持されていた。実際に，6月末に買い溜めや買い控え行動をとった人の約8割の人は11月末にも行動をとっている。一度，行動をしてしまうとそれを止めることは難しいといえる。ただし，震災から半年以上経った11月末時点の買い溜め行動は，備蓄行動としての側面が考えられる。今後の大規模災害に備えるために食料品や日用品の買い置きを継続的に行う備蓄習慣として定着したのであれば望ましい現象だといえる。震災直後の買い溜め行動は，被災地や地域の品不足を導くため拡散を防ぐ必要がある。地震防災行動の普及率は3割程度であるという報告にもとづけば（内閣府, 2008），巨大自然災害に備えて食料品や日用品の備蓄が十分にあれば買い溜め行動が拡散しなかった可能性がある。今後，平常時の防災活動として備蓄行動を継続的に普及させることが買い溜め行動の拡散防止として重要であると考えられる。

　次に，買い控え行動については，時間が経過するにつれて行動をとる人の割合が増えていた。3月以降だけでなく，6月以降にも新たに出荷停止になった茶や牛肉などの農水産物が出てきたため（朝日新聞, 2011a），消費者の買い控え行動の拡散は避けられない事態であったといえる。しかしながら，放射能汚染の危険性の高い農水産物は市場には出回らないため，買い控え行動は東北産の農水産物はすべて汚染されているという人々の誤信である一種の社会的スティグマ化（Gregory & Satterfield, 2002）によって生じている側面が強い。この社会的スティグマとは，化学工場や原発などの立地地域が，工場や原発から連想されるイメージにより立地地域が人々から否定的にみられたり，避けられたりすることを意味している。福島第一原発事故の場合，科学的には安全性が確認されていても，東北地方の農水産物に対して放射能で汚染されたイメージが連想されて，買うことを避けようとする心理的な反応が生じることである。したがって，一度買い控え行動をとった人ほど行動を継続している人が多いことからも，自己の買い控え行動を正当化する認知的不協和の低減として，科学的な根拠とは無関係に東北産の農産物は危険な食べ物とみなす信念が形成され

た可能性も考えられる。

3.2. 買い溜め，買い控え行動の心理プロセスの経時的な変化

　大友・広瀬（2014）では，買い溜め行動および買い控え行動の2重動機モデルの認知変数についても検討している。まず，買い溜め行動の認知変数の変化については，4月末から6月末にかけて，「買い溜めは止むを得ない」と思う選好評価の態度，「周囲の多くは買い溜めをしている」と思う周囲への同調である記述的規範，「今の状況が続くなら買い溜めをしてしまう」と反応する行動受容の評価が下がっていた。その一方で，「今後も買い溜めをするつもりである」との意思である行動意図の評価が上がっていた。

　次に，買い控え行動の認知変数の変化は，4月末から6月末にかけて，「買い控えは止むを得ない」と思う選好評価の態度，「家族は買い控えを望んでいる」といった社会的是認である主観的規範，「周囲の多くは買い控えをしている」と思う周囲への同調である記述的規範，「今の状況が続くなら買い控えをしてしまう」と反応する行動受容の評価が下がっていた。その一方で，「今後も買い控えをするつもりである」との意思である行動意図には変化はみられなかった。

　その次に，買い溜め行動および買い控え行動の2重動機モデルの認知変数から行動を予測するため，前の測定時点の認知変数から次の測定時点の時系列の流れに沿ってモデルを仮定し（例，4月の認知変数から6月の行動），その影響の継時的変化を検討した。買い溜め行動の結果については，図5-4のモデルになった。具体的には，行動意図から行動，主観的規範から行動の影響は6月末時点のほうが4月末時点より弱くなっていた。また，記述的規範から行動受容は4月末時点よりも6月末時点のほうが影響は強くなっていた。行動受容から行動の影響は4月末時点ではみられたのに対し，6月末時点ではみられなかった。さらに，6月末時点の行動が11月末時点の行動を強く規定する関連がみられた。

　買い控え行動の結果については，図5-5のモデルになった。具体的には，買い溜め行動と同様に，行動意図から行動，主観的規範から行動の影響は6月末時点のほうが4月末時点より弱くなっていた。また，記述的規範から行動受容

3. 消費者行動の心理モデル　93

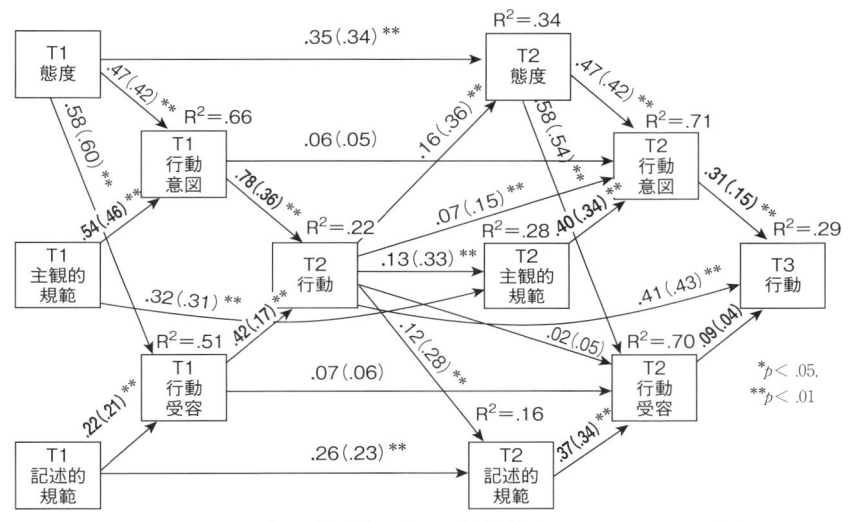

図 5-4　買い溜め行動の 2 重動機モデルの分析結果（大友・広瀬，2014 より作成）

注）$\chi^2 (36, n=667) = 140.83, p<.001, \text{GFI} = .97, \text{CFI} = .98, \text{RMSEA} = .07$。太文字が変化がみられたパスを示す。T1＝4月末測定，T2＝6月末測定，T3＝11月末測定。パス係数は非標準解。

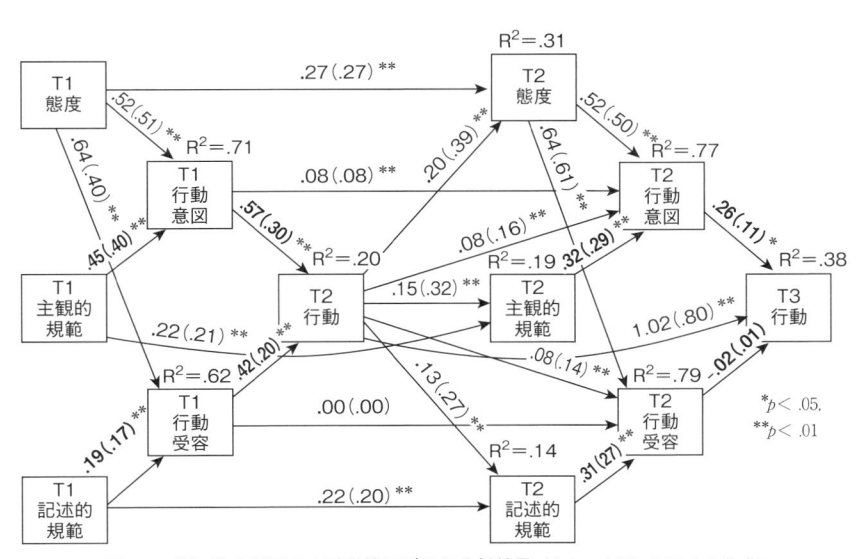

図 5-5　買い控え行動の 2 重動機モデルの分析結果（大友・広瀬，2014 より作成）

注）$\chi^2 (36, n=667) = 156.52, p<.001, \text{GFI} = .96, \text{CFI} = .98, \text{RMSEA} = .07$。太文字が変化がみられたパスを示す。T1＝4月末測定，T2＝6月末測定，T3＝11月末測定。パス係数は非標準解。

は4月末時点よりも6月末時点のほうが影響は強くなっていた。行動受容から行動の影響は4月末時点ではみられたのに対し，6月末時点ではみられなかった。さらに，繰り返しのパス以外に，6月時点の行動が11月時点の行動を強く規定する関連が確認された。

　買い溜め，買い控えの2つの消費行動ともに同様の心理プロセスの経時的変化がみられた。1つは，6月末の消費行動に対する動機的要因の影響は，意図的な決定である行動意図，反応的な決定である行動受容の2つが行動を規定していた。一方，11月末の消費行動に対する動機的要因の影響については，行動意図のみが行動を規定しており，行動受容は影響を及ぼしていなかった。したがって，震災直後の買い溜め，買い控えの消費行動の特徴として，意図的な行動の側面だけでなく状況反応的な側面がある程度行動を規定していた。このように震災から間もない期間は，突如発生した非常事態という状況にさらされてよくわからないまま行動をとってしまう傾向があった。震災から時間が経過するにつれて場当たり的な行動傾向は弱くなり，行動を決める際は消費者なりの考えにもとづいて行動するように変化していった。

　2つは，行動意図や行動受容といった動機的要因を規定していた先行要因の影響の仕方の変化である。態度はどの測定時点においても影響力は変化せず，行動意図や行動受容の主要な規定因となっていた。買い溜めや買い控えは止むを得ないという考えから行動を決めている側面が示唆できる。これまでにも，リスク行動の研究において態度要因が行動意図および行動受容の主要な規定因になっていることが示唆されていることからも（Gibbons et al., 1998），意図的であれ反応的であれ態度はリスク行動を方向づける重要な要因であるといえる。また，主観的規範からの行動意図への影響は時間経過に伴い弱くなっていた。一方，記述的規範から行動受容に及ぼす影響は時間経過に伴い強くなっていた。つまり，家族を思って消費行動を決めたり，周囲の人の行動に同調して決めたりすることはどの時点においてもみられるものの，前者は震災直後のほうが強く，後者は時間経過しても周囲に行動している人へ同調するという行動決定に対する影響が強いといえる。

　さらに，11月末時点の消費行動に最も強い影響力を持っていたのが前回の6月末時点でとられていた消費行動であった。つまり，一度，震災直後に買い溜

めや買い控えの行動をすると決めてしまうと，その決定が変化せずに継続してとられる側面が強く影響していた。これまで，過去行動がその後の行動に影響を及ぼす条件として状況の安定性が指摘されている（Ajzen, 2002; Bamberg et al., 2003）。同じような状況が続けば行動決定は変わらないため，態度や動機的要因の決定を反映している過去行動のほうが相対的な影響が強くなることや，過去にとった行動を繰り返すことで，態度や動機的要因を意識的に省みることが省略される。しかし，今回の買い溜め，買い控え行動については，状況の安定性による過去行動の判断のヒューリスティックで現象を説明することが困難である。というのは，買い溜めや買い控え行動を取り巻く状況は時間経過に伴い変化している。震災直後は，食料や日用品の突発的な品不足や原発事故による情報の混乱があり，日常とはかけ離れた非常事態であった。一方，時間経過によって品不足や原発事故による混乱という非常事態から状況は脱している。このように状況が変化したのにもかかわらず，非常事態下の行動決定にもとづく行動が継続して影響を及ぼすのかについては，状況の安定性以外の説明が必要である。

3.3. 買い溜め，買い控え行動はなぜ続くのか？：行動経済学的な議論

　東北地方太平洋沖地震といった未曾有の大規模災害の場合，これから先どうなるのか先の見通しが立たない不確実な状況が続いた。このような何が起こるかわからない不確実な場面では，エルスバーグのパラドックス（Ellsberg, 1961）の実験に代表される曖昧性忌避の選択がとられやすい。曖昧性忌避とは，ある状況が起こりうるかわからないとき，曖昧さを避け確実なほうの選択を好む傾向である。このことを買い溜め行動で考えると，再び食料品や日用品が店頭から無くなるかもしれないという不安がある状況下では，今後品不足が解消されるかもしれないと信じて買わないよりも，今店頭に並んでいる商品を買っておいたほうが消費者にとって選択の曖昧性は低い。同様に，買い控え行動では，放射能汚染による健康被害の可能性というリスク判断が難しい場面では，汚染の危険性が拭えない東北産の農水産物を買うよりも，東北産を避けて他の地域の農水産物を買ったほうが消費者にとって心配が少ない。このように，震災や原発事故による非常事態は脱したものの，消費者にとって商品の安定供給

や食品の安全性という観点での曖昧性が高い社会的状況が時間を経過しても続いていたため，買い溜め行動や買い控え行動が継続してとられたと考えられる。

それでは，安定性や安全性をさらに強調して曖昧性をできるだけ低くすれば買い溜め行動や買い控え行動を止めるだろうか。行動経済学では，消費者がそれまでの行動を変えない傾向として，現状維持バイアス（e. g. Kahneman et al., 1991）と呼ばれる現象が指摘されている。現状維持バイアスとは，一旦とってしまった状態を変えようとせずに現状維持に固執するヒューリスティックな決定である。とくに，現状維持バイアスは，現状を変更した結果，悪い結果になってしまった場合を後悔することを避けようとする後悔回避から生じることが多い。たとえば，買い溜め行動の場合，食料品や日用品の買い溜めを続けるほうが，買い溜めを止めて万が一不便な思いをするより後悔が少ないと感じられる。買い控え行動の場合，東北産の農水産物の買い控えを続けるほうが，放射能汚染のリスクを冒して万が一健康を害するより後悔が少ないと感じられる。つまり，一度行動をとってしまった消費者にとって，あえてリスクを冒してまで買い溜めや買い控え行動を止める苦渋の決断よりも，とりあえず行動をとり続けることへの選好が高いといえる。このようなとりあえずの同じ行動をとり続けるという一種のヒューリスティックな行動決定は，2重動機モデルの調査において，11月の消費行動に対して行動受容ではなく前回の消費行動の繰り返しの効果が強く影響していたことからも指摘できる。今回の震災後の買い溜め行動や買い控え行動が取られ続けていたことは，まさに現状維持バイアスが生じていたためと考えられる。

4. 消費者パニックの解消に向けたコミュニケーション

最後に，東北地方太平洋沖地震といったスーパー広域災害によって生じる人為的な2次災害である消費者パニックを防ぐためには，どのようなリスクコミュニケーションをとるべきなのか考えていく。リスクコミュニケーションの主要な媒体となるのがメディアである。東北地方太平洋沖地震でもメディアは，被災地の現状や原子力災害のリスクを伝える重要な情報源となっていた。これまでにも，テレビや新聞といったマスメディアや周囲との人との対面的コミュ

ニケーションを基盤にしたパーソナル・メディアといったメディア・チャンネルに応じて消費者行動が影響されることが指摘されている（野波ら，1997）。とくに，今回の災害では，ブログやツイッターといったソーシャル・メディアが双方向の情報源として新たな機能を担っていた。メディアの影響と買い溜め，買い控え行動の関連について，大友（2013）で潜在曲線モデルと呼ばれる時系列の変化を分析する手法を用いて検討が加えられている。

　まず，買い溜め行動においては，テレビや新聞といったマスメディアで買い溜めに関する情報接触が多かった人ほど，震災後の初期時点で行動をとった傾向が高くなっていた（図 5-6 の切片への影響）。パーソナル・メディアでも同様で，家族，友人や知人との間で買い溜めに関する情報を聞いた人ほど，初期時点で行動をとった傾向が高くなっていた（図 5-6 の切片への影響）。震災直後では，スーパーマーケットで品薄になっているニュース映像が多く報道されていた。また，そのようなニュース映像を目にすることで，身近な人の間で買い溜めを話題に挙げる機会が多くなる。このようなコミュニケーションによっ

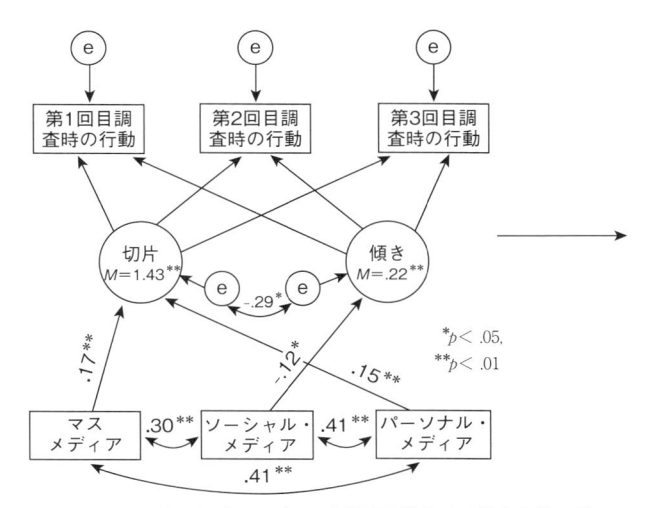

図 5-6　買い溜め行動のメディアを説明変数とする潜在曲線モデル
(大友，2013 より作成)

注）χ^2 (7, n = 667) = 9.20, p = .239, CFI = 1.00, RMSEA = 02。第 1 回目 = 4 月，第 2 回目 6 月，第 3 回目は 11 月の行動の程度を測定したデータを用いている。

98　5　リスクコミュニケーションと消費者パニックへの対処

てかえって買い溜め行動に至った可能性が考えられる。一方，ブログやツイッターなどのソーシャル・メディアで買い溜めに関する情報接触が多かった人ほど，行動を増加する傾向が緩和されることが示唆された（図5-6の傾きへの影響）。震災直後に，ツイッターやYouTubeなどで「ウエシマ作戦」（朝日新聞，2011b）など買い溜め防止を訴えるためのメッセージや動画が作成され，インターネット上で拡散していった。このような向社会的なコミュニケーションがソーシャル・メディアを通じて多くなされたため，買い溜め行動を多くとろうとする傾向が抑制される効果を持ったと考えられる。

　次に，買い控え行動については，マスメディアによる情報接触が多い人ほど，初期時点の買い控え行動が抑制されていた（図5-7の切片への影響）。その一方で，マスメディアによる情報接触が多い人ほど，買い控え行動を増加させる傾向がみられた（図5-7の傾きの影響）。このような真逆の効果がみられたのは，震災直後の枝野官房長官（当時）の「ただちに問題はない」という発言に代表されるように，報道を通じた政府の発表は安全性を訴える内容が多かった。その一方で，放射能汚染のリスクや食品の出荷制止といった内容もニュース番

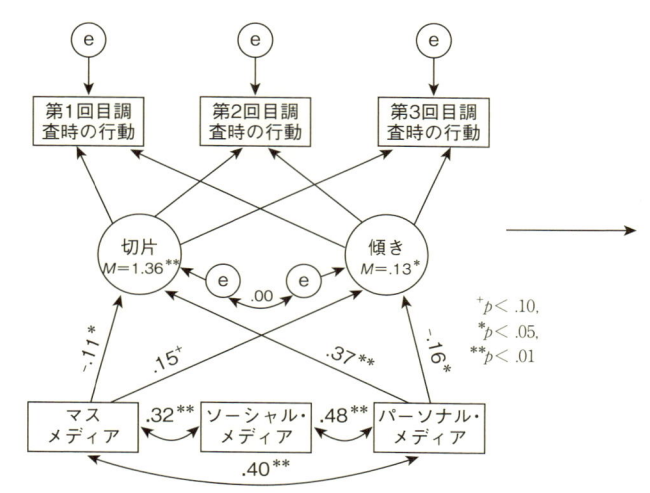

図5-7　買い控え行動のメディアを説明変数とする潜在曲線モデル
(大友，2013より作成)

注）χ^2 (6, $n=667$) = 6.62, $p=.351$, CFI = 1.00, RMSEA = .01。第1回目 = 4月，第2回目6月，第3回目は11月の行動の程度を測定したデータを用いている。

組で多く取り上げられていた。したがって，政府に関する報道内容によって当初は買い控え行動が抑制されたものの，放射能汚染に関わるニュースを多くみたことによって，その後に不安が高まり買い控え行動する傾向が強くなったといえる。また，パーソナル・メディアによる情報接触が多い人ほど初期時点の行動が多くなっていた（図5-7の切片への影響）。つまり，家族，友人や知人の間で買い控えについて話す機会が多い人ほど，4月時点の買い控え行動を多くとっていたといえる。ところが，パーソナル・メディアによる情報接触が多い人ほど，その後の行動増加する効果が緩和されていた（図5-7の傾きへの影響）。震災直後は，家族，友人や知人の意見に従った行動をとった結果がその後も継続していたため，行動を増加する程度は弱くなったといえる。しかし，震災直後に家族，友人や知人との情報接触が少なかった人は，震災直後に行動していない分，その後に買い控え行動をとるように変化した可能性がある。このような関連がパーソナル・メディアの効果の違いを生じさせたと考えられる。さらに，ソーシャル・メディアからの切片や傾きに対する影響はみられなかった。インターネット上では，放射能汚染について様々な情報が錯綜しており，震災直後の行動であっても，その後の行動を増加させる傾向であっても，一定の効果を生じさせるほどの影響を持ちえなかったといえる。

　以上のように，買い溜め行動と買い控え行動において，リスク情報を媒介するメディアに若干の違いはみられたものの，共通して家族や友人・知人とのコミュニケーションであるパーソナル・メディアの影響が初期の行動を促進していた。同様の現象は，2重動機モデルの研究においても，早い時点の行動において家族からの期待である主観的規範の影響が大きかった。つまり，震災直後のよくわからない場面で買い溜めや買い控え行動を決める重要な情報源として身近な人とのやり取りが大きい。このような側面から震災が起きた初期の段階では，コミュニケーションがとられる環境に限界が予想される。そのためにも震災が起きる前のリスクリテラシーや防災教育が重要であると考えられる。また，2重動機モデルの研究では，状況に応じて，行動意図や行動受容といった動機的プロセスの影響が変化していた。具体的には，非常事態では考えて行動をする側面だけなく場当たり的に行動をする側面もみられた。しかし，非常事態を脱した段階では場当たり的な側面は影響しなくなる。とくに，態度や主観

的規範といった要因はリスク行動を方向づける重要な要因として作用していた。さらには，以前にとった行動がそのまま次の行動へ引き継がれる効果も確認されたことからも，一度買い溜めや買い控え行動をとってしまうと，消費者にとってあえてリスクを冒して消費行動を止めるという決定が難しくなると予想される。非常事態下では考えて行動する側面と場当たり的に行動する側面が混在していることからも，合理的な判断に訴えるコミュニケーションと感情などの直観的な判断に訴えるコミュニケーションなど，多様なチャンネルからのアプローチが初期段階の介入では重要であるといえる。さらには，ソーシャル・メディアが買い溜め行動の増加の抑制に一定の影響を及ぼしていたことからも，こうしたネットワークを通じた人から人へのコミュニケーションを活用したパニック行動の鎮静化も今後の役割として期待できる。

　その一方，東北産の買い控えの問題に関しては，（科学的には安全性が確認されていても）「東北産は放射能に汚染されてあぶない」といった社会的スティグマが強く関与していると考えられる。スティグマの問題は，対人的な心理現象に置き換えれば一種のステレオタイプとみなすことができる。そのため，無意識にステレオタイプ判断を行ってしまうインプリシット・ステレオタイピング（Devine, 1989）のような反応が予想される。つまり，東北産や福島産と見聞きしただけで，無意識に忌避的な反応が生じてしまう可能性がある。また，そのような忌避的な反応を無理に抑制しようとすると逆に反応が強くなるステレオタイプのリバウンド効果（Macrae et al., 1994）のような現象も予想される。ステレオタイプのように東北産の放射能汚染のスティグマが固定的なイメージとして定着してしまうとその解消がかなり困難になってしまう。このようなスティグマによる忌避的な反応に対して，安全性のアピールなど論理的な思考を促すよりも，ポジティヴな感情を喚起させるような広告を用いて感情的な反応を生じさせることで軽減できることが示唆されている（Schulze & Wansink, 2012）。現状維持バイアスの問題でも同様のことが考えられるように，安全性のアピールだけでは，買い控えを続けている状態をあえて止めさせるインセンティブとして不十分だと考えられる。買い控えを解消するために，東北産の農産物へのポジティヴなイメージを付加することで，忌避的な反応を生じにくくする必要がある。

5. おわりに

　本章では，東北地方太平洋沖地震と福島第一原発事故によって発生した買い溜め行動や買い控え行動の消費者パニックの心理プロセスについて議論してきた。消費者パニックが拡延する特徴として，「品物が買えなくなる」「買い溜めや買い控えは止むを得ない」といった消費者の生活防衛的な態度が強く関与している。このような生活防衛のために，個人的リスクを回避するために社会全体のリスクを高める買い溜めや買い控え行動をとってしまうリスクの社会的ジレンマの現象が発生しやすい事態に陥っていたと考えられる。さらに，買い溜めや買い控え行動は，一度行動をとってしまうと行動が継続してしまう特徴がある。非常事態から脱して状況が改善したのにもかかわらず行動がとられ続けるのは，商品の安定供給や食品の安全性という観点での消費者にとっての社会的状況への不安が改善していなかったことが考えられる。このような社会状況下では，あえてリスクを冒してまで買い溜め行動や買い控え行動を止める決定をとりにくくなる。今後は社会的状況を改善するためのリスクコミュニケーションを検討するとともに，同様のスーパー広域災害が発生した際に対応できるよう，消費者パニックの初期段階での発生防止のためのリスクコミュニケーションの施策を事前に検討しておく必要がある。

引用文献

Ajzen, I. (2002). Perceived behavioral control, self-efficacy, locus of control, and the theory of planned behavior1. *Journal of Applied Social Psychology*, 32, 665-683.
朝日新聞（2011a）．"基準あいまい"食に不安　2011年9月8日朝刊．
朝日新聞（2011b）．子どもから学ぶ「○○作戦」　2011年3月23日朝刊．
Bamberg, S., Ajzen, I., & Schmidt, P. (2003). Choice of travel mode in the theory of planned behavior: The roles of past behavior, habit, and reasoned action. *Basic and Applied Social Psychology*, 25, 175-187.
Devine, P. G. (1989). Stereotypes and prejudice: Their automatic and controlled components. *Journal of Personality and Social Psychology*, 56, 5-18.
Ellsberg, D. (1961). Risk, ambiguity, and the savage axioms. *The Quarterly Journal of*

Economics, **75**, 643-669.

Gibbons, F. X., Gerrard, M., Blanton, H., & Russell, D. W. (1998). Reasoned action and social reaction: Willingness and intention as independent predictors of health risk. *Journal of Pediatric Psychology*, **74**, 1164-1180.

Gregory, R. S., & Satterfield, T. A. (2002). Beyond perception: the experience of risk and stigma in community contexts. *Risk Analysis*, **22**, 347-358.

広瀬幸雄 (1985). 買溜めパニックにおける消費者の意思決定モデル 社会心理学研究, **1**, 45-53.

Kahneman, D., Knetsch, J. L., & Thaler, R. H. (1991). Anomalies: The endowment effect, loss aversion, and status quo bias. *Journal of Economic Perspectives*, **5**, 193-206.

Macrae, C. N., Bodenhausen, G. V., Milne, A. B., & Jetten, J. (1994). Out of mind but back in sight: Stereotypes on the rebound. *Journal of Personality and Social Psychology*, **67**, 808-817.

内閣府 (2008). 平成20年度版防災白書 佐伯印刷

野波寛・杉浦淳吉・大沼進・山川肇・広瀬幸雄 (1997). 資源リサイクル行動の意思決定における多様なメディアの役割—パス解析モデルを用いた検討— 心理学研究, **68**, 264-271.

大友章司 (2013). 東日本大震災後の買い溜め行動および買い控え行動の縦断的調査 科学技術融合振興財団研究助成報告書, 31-40.

大友章司・広瀬幸雄 (2014). 震災後の買い溜め, 買い控え行動の消費者の心理プロセスの検討 心理学研究, **84**, 557-565.

Schulze, W., & Wansink, B. (2012). Toxics, toyotas, and terrorism: The behavioral economics of fear and stigma. *Risk Analysis*, **32**, 678-694.

土田昭司・広瀬幸雄 (2012). 震災原発事故に伴う市民・消費者・外国人の対応行動 関西大学社会安全学部 (編) 検証 東日本大震災 ミネルヴァ書房 253-277.

6

リスクコミュニケーションとしての説得納得ゲーム

1. 説得納得ゲームによるリスクコミュニケーション

1.1. リスクコミュニケーションにおけるゲーミングの利点

　リスクコミュニケーションの目的は，リスクの大きさとそれへの対処に関する情報を伝え合い，共有することである。このような目的を達成する手段の1つとして，ゲーミングシミュレーション（以下，ゲーミングと略記）が挙げられる。ゲーミングは，現実を模した制約状況下で，与えられた情報をもとにプレーヤー同士が相互作用しながら意思決定などを行う活動である。リスクに関連した主題やルールを導入することで，それ自体がリスクコミュニケーションになりうる。また，ゲーミングは，リスクを伝えたり共有したりするというコミュニケーションをトレーニングするツールとしても活用が進んでいる（吉川，2012）。これら2つの側面は表裏一体であるが，本章ではゲームにリスクについてのルールを導入することと，トレーニングツールとの2つを分けて考えることで，ゲーミングに特有な新たな視点や論点を獲得し，理解を広げ，深めていくことについて考えていく。

　第1に，ゲーミングを活用したリスクコミュニケーションを考えてみよう。ゲーミングの利点の1つは，現実世界の構造を単純化したモデルで表現し，その構造を理解しながらコミュニケーションが促進するという点である。たとえば，トランプのダウトを模した廃棄物ゲーム（Hirose et al., 2004）は，廃棄物の不法投棄による環境リスクにおける社会的ジレンマの問題を理解するうえで有益である。個々の利益を優先しようとした結果，社会全体での環境汚染リスクが大きくなってしまうという構造や，その解決を目指した監視と罰則といっ

た制度の導入が，誰が監視の費用を負担するのかという新たなリスク問題を生じさせることを理解するのに役立つのである。トランプのカードを使ったこのゲームは，机上で行う抽象的なモデルの世界であるが，その参加者は不法投棄を行う可能性のある当事者の役割を演じながら，自身の経験に照らして問題への理解を深めていく。ゲームの中の世界では，ゲームでの自分の利益を優先して不法投棄を行うこともあるし，自分を含めた社会全体のリスクを考慮して廃棄物の適正処理をする行動も見られる。現実で想定される様々な状況や役割を設定し，それぞれの立場における視点をもとに現実の構造をとらえることが可能なツールであり，ゲーミングが意図する問題構造をより多面的・相互作用的に伝えることが可能となる。

　第2に，ゲーミングにより，リスクコミュニケーションそのもののスキルを身につけることが挙げられる。これは第1の点とも関わるが，ゲームはリスクについての問題構造を単純で印象的に参加者に訴えるので，ゲーム中はもとより，ゲーム後においてもその問題について熟慮することに高く動機づけられる。そのことがゲーム中やゲーム後の他の参加者とのやり取りを活性化させ，単なるロールプレイングによる演習ではなく，ゲームでより役割にコミットし，普段と違う行動や異なる見方をした参加者が相手にその理由を説明したり，理解を共有するためのコミュニケーションを行ったりするからである。

　以上2点のゲーミングの特徴は，とくにゲーム後に行われるディブリーフィングによって，ゲームの中で共有されたリスクの情報がより効果的に参加者に伝わることである。すなわち，リスクコミュニケーションとしてゲームの中で共有された情報が現実の世界においてどのように相対化して位置づけられるかの確認により，現実世界におけるリスク認識やリスクへの対処の方策を発展させることができる。また，そこで行われたコミュニケーション行為を自覚的にとらえることで，現実のリスクへの対処におけるスキルの向上に寄与する。リスクコミュニケーションのためのゲーミングは様々存在するが，ここではよりシンプルで応用範囲の広い説得納得ゲーム（杉浦，2003）を取り上げ，検討していく。

1.2. 説得納得ゲームの概要

　説得納得ゲーム（杉浦，2003）は，循環型社会づくりを目指したワークショップに端を発し，リスクコミュニケーションのツールとして活用が進んでいる。説得納得ゲームは名古屋でのごみ減量に関する市民活動「名古屋ルールフォーラム」で誕生したが，その際に援用された社会心理学の理論は，説得における説得内容へのコミットメントであった。ある対象や行動へのコミットメントを強める方法として，その行動を主体的に実行する役割，とりわけ他者に実行を促す立場を演じることが挙げられる。態度や行動の変容が求められる話題について単に説得メッセージを聞く受け身ではなく，その内容を他者に話すという能動的な行動により態度変化が起こることは古くから知られている（Janis & King, 1954）。ホースレイ（Horsley, 1977）の実験では，身近な他者に環境危機に関する情報提供や環境リスク対処行動をとるように説得するという役割の遂行により，説得を行った本人が様々な場面で環境リスク回避行動を実行するようになっていた。

　環境リスク対処行動など行動変容が求められる話題について説得する役割演技の効果をゲーミングで再現するには，説得をお互いに繰り返し行う役割を設定すればよい。ここで環境リスク対処行動の特性について考えると，その行動は社会的に望ましく，説得に簡単に同調してしまうことが想定される。そこで，説得を一度は疑って抵抗することで，説得者が繰り返し熱心に説得する必要がある状況が創り出されている。ゲーミングは現実の制約や価値観からプレーヤーを解放できる点が利点の１つである。現実社会とは異なる状況をルールとして設定し，ルールにもとづいた行動を経験できる仕掛けを用意できるのである。社会的に望ましい環境リスク対処行動には簡単に承諾する特徴があったとしても，ルールにより「断る」（抵抗する）というオプションを盛り込むことで，プレーヤーは繰り返し説得せざるをえないことになる。他者に環境リスク対処行動を勧めることにより，送り手が行動をとらない場合のリスクとその対処について受け手が理解し納得できるように伝えるという行為を通じてリスクコミュニケーションの内容を精緻化し，環境リスク回避行動もより実行されやすくなるのである。

　説得納得ゲームでは，リスクコミュニケーションにおけるリスクの大きさや

対処の仕方についての情報の内容や伝え方を自由に考えることができる。相手を変えて説得を繰り返すことにより，説得方法を自分なりに工夫して議論の仕方を身につけ，相手が納得できたことが褒賞となり，後続するコミュニケーションへの動機づけが高まる。また，説得の受け手を経験することで，説得者として相手がどう感じるのかを理解しやすくなる。さらに，説得により，説得内容についてのリスクの知識が精緻化される。説得という役割の遂行により，相手とのコミュニケーションを通じて，説得内容に関するリスクやベネフィットの知識が深まり，当該テーマに関して考える能力を高めることにつながる。

　社会的リスクのコミュニケーションでは，受け手と送り手でリスクへの理解や立場が違うことが多いことから，どのようにして社会的合意を作るかが重要となってくる。説得納得ゲームでは，説得という相手の態度を変えようとする行為が説得者と被説得者の間で繰り広げられ，それぞれの役割にもとづいて質問や反論などを行う機会が提供される。リスクに関する問題を考えるうえで様々な立場や意見を認め合いながらコミュニケーションを進めていくことが重要となるが，説得納得ゲームでは各プレーヤーは様々な利害にもとづく役割が設定できるので，現実における社会的リスクの合意形成の難しさについて体験できる。

　環境リスク回避行動の実行に当たっても，実際にはそれが困難な状況に置かれる立場は様々に想定される。たとえば，次節で紹介する風力発電を地域に導入する事例では，自然エネルギーを推進しようとする立場，風力発電の導入により街を活性化させたいとする立場，振動や騒音など想定されるリスクからデメリットを受け入れたくないとする地元住民の立場，丘陵地や海上に設置するとなれば建設に関わる自然環境保護や漁業権などに関わる人々の間で葛藤が生じる。環境保全の観点からベネフィットが多そうに思われる風力発電も，実際に地域に導入しようとすると様々なリスクを恐れる人々の反対から簡単には導入できない。こうしたことを説得納得ゲームで風車を導入したいとする側とそれを受け入れる様々な利害にもとづく住民役を設定することで，利害の異なる人々の間での合意形成が難しいこと，合意形成を行うにはどのような要件が必要なのかを体験的に理解できるようになる。

　説得納得ゲームは，他者にはたらきかけ，相手の同意（納得）を得ることが

求められる種々のリスクコミュニケーションの場面への転用が可能である。悪質商法のマニュアルや実際の悪質商法の実例をコンテンツとして組み込むことで，説得の知見や技法がどのようなやり方で悪用されているのかを自覚的に理解しながら悪徳商法の被害リスクへの対処方法を学ぶ「悪質売買編」(杉浦，2007) や，風力発電導入のリスクとベネフィットについての合意形成を扱った「風車編」(本巣ら，2009) などがある。いずれも，扱うテーマがどういう事態かを分析してルールやコンテンツを調整することで新たなバージョンを作成することが可能で，ゲームを実際に実施してみると，それぞれでテーマに応じたリスクコミュニケーションが展開される。次節では，その事例について紹介する。

2. 説得納得ゲームによるリスクコミュニケーションの具体事例

2.1. 行政職員と住民のリスクコミュニケーション

最初に行政職員と住民のリスクコミュニケーションの事例を紹介しよう（杉浦，2005）。ゲームでは，行政の施策について市民に説明する役とその説明を受ける市民の役割を設定した。さらに，情報の送り手として，市民役が種々の要望を述べ，それに対して行政の職員が市民に対して納得のいく説明を行うというルールも導入することとした。ゲームは3つの段階から成り立っている。

第1段階は，リスクコミュニケーションに関わる課題の抽出と材料の作成である。参加者には事前に「市民として日頃，行政に納得のいく説明をしてもらいたいと感じていること」および「職員として日頃，市民に提案し，理解してもらわなければならないと感じていること」を書き出すよう依頼した。当日は5～6名のグループに分かれ，事前に考えておいた問題を書き出し，KJ法により整理した。

次に，KJ法で整理された市民および行政の記述をもとに「市民要望カード」と「行政広報カード」を作成する。市民要望カードには，市民としての要望とその要望が必要な理由を記入し，対応緊急度（3段階）と社会的重要度（3段階）をグループで決める。同様に，行政広報カードには，行政としての広報とその説明が必要な理由を記入し，要望カードと同じ手続きで説得難易度と社会

的重要度を決定する。以上が行政と市民におけるリスクコミュニケーションとしての課題設定である。

第2段階では，設定した課題をもとに，実際に市民役と行政に分かれてゲームを行う。

まず，グループ内で指定された半数が市民役となり，他のグループの行政役に，要望カードの内容を説明する。行政役は，実際の部署の名札を掲げているが，自分の部署に直接関わらない要望であっても，市民役に適切に対応することが求められる。行政と市民がやり取りをした後，市民役は市民要望カードのサイン欄に，相手への納得点（①納得できず，②条件つき，③納得）を記入する。制限時間は15分間で，時間内にできる限り多くの部署をまわって自分自身が納得のいく回答を得ることが求められる。納得点の合計がこのフェイズのポイントとなる。時間がきたら自分の席に戻り，やり取りの内容をグループで振り返る。

次に，行政役が行政広報カードの内容について，市民役に対して説明する。要望フェイズでは，カードを持つ本人の納得の程度であったが，広報フェイズでは，説明した相手の納得がポイントとなる。制限時間内でより多くの市民の納得を集めることが求められる。相手が判断した納得点の合計がこのフェイズのポイントとなる。

市民要望カードおよび行政広報カードから，個々の納得カテゴリの頻度を分析したところ，行政広報に対する納得のほうが，市民要望における納得よりも，納得の得られた頻度が高いプレーヤーが多くなっていた。この解釈として①広報のほうが要望よりも納得を得やすい内容，②市民役のプレーヤーが行政職員，③学習効果により後半の広報のほうが納得の得られる説明が可能，④広報に対する相手の納得と比べて要望に対する説明への自分自身の納得を低く見積もる傾向，の4つが考えられる。

第3段階で，市民役と行政役の双方の役の経験について，参加者で討論を行う。ここでは，参加者が振り返りの一環として作成したシートの内容からゲームで何が課題になり，何が獲得されたのかを紹介する。まず，市民による要望に対する説明への納得の基準としては，代替案の提示や理由の提示といった内容面，説明の仕方や回答の姿勢・情熱，相互の立場の理解といった話し方の問

題を挙げていた．市民への説明の際に重要な点としては，知識・現状把握と理由の提示や具体例の提示，つまり内容面の把握を挙げていた．残りは話の仕方や聞き方に関する点であった．納得が得られない原因としては，知識不足，話の具体性の欠如などが挙げられた．

行政と市民とのリスクコミュニケーションをシミュレートした説得納得ゲームにより，職員自らが日常業務の課題を単に整理するだけでなく，その課題に関して市民役と行政役との双方の役割を担いながらゲームを行うことで，行政と市民との間のリスクコミュニケーションの課題とその伝え方について理解を深め，業務の改善に問題点を整理することができていた．

2.2. 新型インフルエンザ予防と対処

新型インフルエンザの流行に伴い，リスクとその対処についてのリスクコミュニケーションが求められている．ここでは，新型インフルエンザをテーマとした事例を紹介する．新型インフルエンザはヒトからヒトに伝染する能力を新たに有するようになったウイルスを病原体とする感染症であり，2009年に世界的流行病（パンデミック）であることを世界保健機関が宣言した．症状の悪化が死につながる場合もあり，感染したら人にうつさないような努力を徹底することが必要であり，個々人がワクチンを接種するなど予防も重要視されている．新型インフルエンザに関するリスクコミュニケーションでは，行政や医療機関は予防や対処に関する基礎知識を市民に伝え，新型インフルエンザのリスク回避の行動を個々人が実行するようになることが求められる．ゲーミングによる感染症をテーマとしたリスクコミュニケーションも盛んに行われている．たとえば，「クロスロード：感染症編」（吉川ら，2009）では，健康危機管理に関連する専門家を対象に，重大な結果をもたらす二者択一のジレンマ課題を用いて，意思決定を他者がどのように判断するかの予想を通じて意思決定の判断を行い，そこから各自の意思決定結果の是非を考察できる．こうした感染症への対処の理解を深めるために説得納得ゲームはどのように活用できるだろうか．ここでは，K県で職員研修として実施された新型インフルエンザ対策に関わるリスクコミュニケーションの事例（杉浦・黒瀬，2009）を紹介する．

新型インフルエンザのリスク回避対策についてのリスクコミュニケーション

では，リスク回避を促すための知識として，行動変容を促す説得的コミュニケーションの知見が講義された。次に，新型インフルエンザのリスクと具体的な対処方法に関する専門的情報が講義された。参加者は，説得役（行政）と被説得役（住民・事業者）に分かれてゲームを行う。説得内容に関しては，新型インフルエンザ対策のガイドラインより，対象が住民の場合と事業者の場合が設定された。対住民の場合には，新型インフル発生前では情報の収集，うがい等の励行，物品の備蓄が，発生後では咳エチケット，不要不急の外出自粛，感染地への渡航の中止が挙げられた。ゲームでの状況は，発生時については「東南アジアのX国で新型インフルエンザが発生。WHOが4日前に検体採取し確認済み。まだ，日本での初患者は見つかっていないが時間の問題」と設定された。説得内容が書かれた説得カードが用意されており，説得役のプレーヤーは事前に受けた講義をもとに住民への説得方法を考えて，ゲームにおいて住民役のプレーヤーに説得を行う。図6-1は説得カードの例であり，「公共交通機関の利用の中止」（図中の1）という説得内容に関して，説得相手から拒否される場合に想定される理由（たとえば図6-1の3の※印）と，説得内容を実現するためのアイディア（グループで事前に検討，たとえば図6-1の4の※印）を説得前に記入するようになっている。説得を受ける側は説得への抵抗が求められる。説得を実施した後，説得相手に言われて「なるほど」と思ったことや，今後説

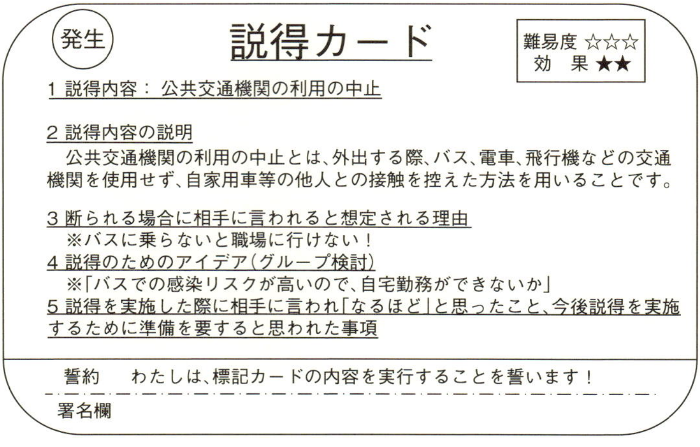
発生

説得カード

難易度 ☆☆☆
効　果 ★★

1 説得内容： 公共交通機関の利用の中止

2 説得内容の説明
　公共交通機関の利用の中止とは、外出する際、バス、電車、飛行機などの交通機関を使用せず、自家用車等の他人との接触を控えた方法を用いることです。

3 断られる場合に相手に言われると想定される理由
　※バスに乗らないと職場に行けない！

4 説得のためのアイデア（グループ検討）
　※「バスでの感染リスクが高いので、自宅勤務ができないか」

5 説得を実施した際に相手に言われ「なるほど」と思ったこと、今後説得を実施するために準備を要すると思われた事項

誓約　わたしは、標記カードの内容を実行することを誓います！

署名欄

図6-1　新型インフルエンザのリスク回避のアイディア（杉浦・黒瀬，2009）

得を実施するために準備を要すると思われる事項を説得カードに記入する。

ゲームの実施後には，①リスク対処行動としてのアイディア，②リスク対処行動に関するアイディア内容の肯定理由，③リスク対処行動に関するアイディア内容の否定理由，④アイディアの伝え方のコツ，の４つの観点それぞれをその場でカードに整理し，情報の共有を行った。このカードは，それぞれのアイディアについて，ゲームに参加していない人たちにとっても参考になるように記述され，ゲーム内で取り交わされた発言の内容を間接的に知ることができる。このカードを，次回のゲームで活用することを想定し，その際に新たな観点を付け加えることができるようにした。リスクへの対処は，状況により異なる。過去のゲーム結果を参照することができれば，それをもとに別の状況ではどういうアイディアが有効であり，どのようにそれを伝えたらよいのか，発展させることができていた。

ゲームで語られた内容を申し送ることで，ゲームを重ねることでリスクへの対処行動の内容や伝え方を発展させることもできる。リスクコミュニケーションのトレーニングとして行われた説得納得ゲームであったが，そこではリスク対処行動のノウハウが開発され，整理されたという点で意義があったといえる。

2.3. 風力発電の導入と受容

温室ガス排出による地球温暖化リスクや原子力発電による放射能のリスクへの対処として，太陽光発電や風力発電といった自然エネルギーによる発電の普及が社会的な課題となっている。上述のリスクを軽減することが期待される自然エネルギーの利用が必ずしも社会的に受容される訳ではない。ここでは風力発電の風車を地域に導入する際の課題を探る説得納得ゲームについて紹介する（本巣ら，2011）。

前節までに取り上げた説得納得ゲームでは，立場の違いや市民が置かれた状況の多様性はあるものの，行政と市民，あるいは健康危機管理従事者と市民の間のリスクコミュニケーションに焦点が当てられていた。風力発電でも，導入しようとする側と，それを受け入れる側に分かれるが，受け入れる立場を実際の風力発電導入の事例にもとづき，受け入れを求められる側の利害に焦点を当てたゲームを設計した。実際の風力発電の導入は多様なステークホルダーとの

表 6-1　風車の導入においてゲームで設定した役割

役割	ベネフィット・リスク
長年その町に暮らすおじいさん（おばあさん）（長野さん）	慣れ親しんだ町の変化
漁業で生計を立てる漁業者（魚住さん）	洋上風車による漁への影響
動物保護団体の会員（鈴木さん）	地球温暖化対策による生物への影響，バードストライク
子を持つ主婦・主夫（小島さん）	エネルギーセキュリティ，騒音等による子どもの健康影響
公害経験者（田中さん）	騒音等による健康影響
町おこしをしたい町役場職員（町田さん）	新エネルギーの推進，町の財政，町民の賛同

関わりの中で行われるため，風車が設置される近隣の住民といっても一様でない。したがって，ゲーミングでの役割設定は，現実にも存在しうる様々な立場の住民を表 6-1 のように設定した。

　また，風車を建設する際には，その建設場所によって論点が異なる。洋上に設置するのであれば，人家から離れているため騒音のリスクは低減されるが，海洋生物への影響や，建設コストの増加など，陸上の風車とは異なる論点が想定される。さらに，売電を目的とした大型の風車と電灯用の電源を目的とした小型の風車ではさらに論点は異なる。

　このような状況をゲームで再現するために，プレーヤーの役割と風車の設置場所を複数設定した。説得者は風車事業者として，風車の長所と短所に関する内容を被説得者（住民）に説明し，設置についての理解を得られるように交渉を行う。

　被説得者は表 6-1 から 1 つの住民役が割り当てられ，風車の設置を「納得」「検討」「拒否」の 3 つから判断し，その判断理由を記述する。プレーヤーは風力発電の長所と短所を意識するように，次のようなシナリオを作成した。「地球温暖化対策の一環として，自然エネルギーの導入が世界的に必要とされています。国内でも京都議定書の公約や，エネルギー安全保障のために，風力発電の導入が重視されています。このような状況の中，あなたの町に風車を設置する計画が立てられています。あなたの町は，海や山が近くにある自然豊かな町で，風力発電に適した風が吹いています。しかし，風車の設置はメリットばか

2. 説得納得ゲームによるリスクコミュニケーションの具体事例

表6-2 同じ立場の住民同士が集まった住民会議の結果

役割(会議名)	洋上風車(浮体式)	洋上風車(着底式)	陸上風車(海岸)	陸上風車(丘・山)	陸上風車(平野)	小型風車(水平軸)	小型風車(垂直軸)
長年居住(長野さん会議)				森林伐採するから(−)			低コストで町おこしできる(+)
漁業者(魚住さん会議)	アンカーにひっかかる可能性(−)			海のそばの使われていない山が活用できる(+)			
動物保護(鈴木さん会議)		バードストライク・漁業権共に心配あり(−)					バードストライクの心配がない(+)
子育て親(小島さん会議)		騒音がない。安心。(+)			騒音・低周波(−)		
公害経験(田中さん会議)			家に近い。人体被害多い(−)				人体被害が少なくオシャレ(+)
地域振興(町田さん会議)				観光産業(+)	騒音(−)		

りでなくデメリットもあります」。交渉に用いる風車のタイプは，洋上風車（浮体式），洋上風車（着底式），陸上風車（海岸），陸上風車（丘・山），陸上風車（平野），小型風車（水平軸），小型風車（垂直軸）の7タイプである。

　このゲームでは獲得される点数は2通りが設定されている。1つは個人がどれだけ相手の納得を得られたかという点である。もう1つはグループとしての達成度である。説得者の立場では6名程度で1つのグループを構成し，風車事業者として7つの風車の1つを住民に説明する（売り込む）ことになる。このとき納得の得られやすい住民ばかりに説明するのではなく，グループで6つある住民タイプのすべての住民に対して説明したほうが点数は高くなる。具体的には6つのタイプの住民はそれぞれの色のシールを持っており，風車事業者は6色すべてのシールを集めることが目的の1つとなる。このことにより，住民

への説明の時間が終わったあとで，風車事業者として自分たちが説明した（売り込んだ）風車がそれぞれの立場の住民にどのように受け入れられたのかが分析できるようになる。

　ゲーム終了後には，説得の受け手による振り返りとしてステークホルダー別の住民会議（たとえば，長野さん役の人が集まった会議）を行った。同じ役割を担当した者同士で集まり，どの風車が最も受け入れやすかったか，最も受け入れにくかったかを話し合い，その概要を付箋紙に書き出した。各グループの付箋紙は参加者全員がみることのできる模造紙に貼り出され，それぞれの住民会議ごとに振り返りが発表され，内容を共有した（表6-2）。

　表6-2において（+）は受け入れやすかった風車に対する理由であり，（-）は受け入れにくかった風車の理由である。この住民会議により，同じ役割を経験した参加者同士が，それぞれの役割によりそれぞれの風車の長所と短所で重視される観点が異なり，立場によって受け入れられる風車が異なることを参加者全員で理解することができた。

2.4. 災害がれきの受け入れのリスコミゲーム

　東日本大震災による災害廃棄物，いわゆる震災がれきの被災地からの受け入れ処理について，受け入れようとする行政とその住民との間での合意づくりが課題となっていた。ここでは，災害がれき受け入れ処理の是非に関する行政と住民の合意を促すことを目的として説得納得ゲームの開発と実践の事例を紹介する（広瀬，2013）。

　広瀬（2013）による事例では，震災がれきの受け入れに住民はなぜ反対するのか，その理由や背景は何かといった問題意識にもとづき，行政と住民が受け入れの是非について共通の理解を得るために，どのような情報の提供や決定の手続きが必要かという観点から，説得納得ゲームを改変した震災がれき受け入れのリスコミゲームが開発された。

　リスコミゲームでは，受け入れを進める行政と反対する住民の役割を設定した。リスクコミュニケーションでは相手がどのような背景，つまりコンテキストを持っているかを知ることは非常に重要である。そこで，リスクコミュニケーションでのコンテキストの重要性を参加者が理解できるように工夫されたゲ

ームが設計された．住民ががれき受け入れに反対する複数の典型的根拠や背景が8種類の住民役の情報カードとして作成されている（図6-2）．この住民カードは，住民の受け入れ反対の多様な理由や背景について，震災がれき関連の新聞記事から賛否の理由の情報をKJ法により分類・整理して作成された．さらに，住民の多様な賛否理由が受け入れに及ぼす影響を解析する社会調査も実施されている．住民役の情報カードには，受け入れ反対の代表的な理由・属性が記入されており，その情報にもとづいて参加者が反対の理由を考えて追加できるようになっている（図6-2参照）．一方，行政役の情報カードにはがれき受け入れの必要性が記入してある（図6-3参照）．リスコミゲームはそれぞれのカードを用い，行政役と住民役がペアになって実施される．行政役と住民役

住民G1の情報カード

以下の理由や事情で受け入れに反対

1．放射能が怖い！
2．震災瓦礫は放射能で汚染されている
3．乳児を育てている主婦
4．（　　　　　　　　　　　）

図6-2　リスコミゲームでの住民情報カードの例

行政職員の説明カード

1　説明の内容
　被災地の復興を迅速化するため、3年以内の瓦礫処理が必要だが、被災地だけでは処理が追いつかず。そこで、放射性物質が不検出または低く、安全性が確認された災害廃棄物の処理を廃棄物処理の余力のある当市で引き受けたい。
2　住民の理解を得るために必要な追加の説明

　自分たちで事前に考えてみる

3　住民が反対する理由や背景についての理解

　リスコミの後で記入する

図6-3　リスコミゲームの説明カードの例

は時間がきたら互いの役割を交替してリスコミゲームを行う。最後に振り返りにより，参加者はがれき受け入れの是非についての住民と行政の合意を探るためには，住民の反対の理由や根拠事情が多様なことや行政には住民の反対理由や背景に即した説明や共感的態度が必要なことを理解する。

リスコミゲームでは，情報の送り手は，受け手のコンテキスト（反対の背景や事情など）での視点からリスクがどうみえるかを知ることが必要となる。そして，送り手が受け手のコンテキストを理解しなければ適切なリスクコミュニケーションができないことを理解し，受け手の属性や考え方など個人的情報を開示してもらえるように共感的態度や誠実な態度をとることで適切なリスクコミュニケーションが可能となることを参加者が理解することがゲームの目的でもある。

3. 説得納得ゲームのデザインによるリスクコミュニケーション

3.1. 説得納得ゲームを改変する意義

ここまで説得納得ゲームによるリスクコミュニケーションの実践について，オリジナルのゲームを改変して行われた実例を紹介してきた。本節では，説得納得ゲームの改変による事例をもとに，説得納得ゲームをリスクコミュニケーションのツールとして利用することの意義を考えていく。

第1に，課題を整理し，それをどう伝え，どう行動変容につなげていくかということである。行政と住民のリスクコミュニケーションでは，行政の職員が市民とのコミュニケーションについて課題だと感じることを出し合って整理し，それをもとに説得納得ゲームを行った。これはオリジナルのゲームが環境リスクの対処行動のアイディアを自分たちで出し合い，それにもとづいてゲームを行ってそのアイディアを精緻化し，検証する過程と対応する。このことにより，行政が住民とのコミュニケーションで課題だと感じていることについて整理し，業務の改善につなげていくことができる。

第2に専門性の担保である。従来の説得納得ゲームでは，リスク対処行動のアイディアが専門的な観点から妥当かどうかという点で不十分なところもあった。新型インフルエンザの事例では，専門家による情報をもとに情報提供と説

得カードの作成が行われている。参加者は専門家によるリスク情報にもとづきながら，行動変容の具体的アイディアを開発した。説得役はそのアイディアをもとに住民や事業者役のプレーヤーに説明・説得を行い，一方被説得役は説明・説得に抵抗することにより，双方の立場から意見を述べ合い，それぞれの主張を理解したり問題点について考えを深めたりすることができる。風車の導入の事例では，専門家による風力発電の導入についての事例調査や専門的知識にもとづいてゲームがデザインされている（本巣，2013）。災害がれき受け入れ処理の事例についても，新聞記事の内容分析や社会調査による人々の災害がれき受け入れに関する評価にもとづいてデザインされている（広瀬，2013）。

第3に多様な立場からの社会的リスクへの対処と合意形成についてである。風力発電導入の事例では，どういうタイプの風車が受け入れられ，どのタイプが受け入れられないかを利害に関わる役割を設定した住民の立場になり個々のプレーヤーが検討し，そのうえで同じ立場だったプレーヤー同士がそれぞれどう感じたかを話し合って，それぞれの立場での合意を作ったうえで，異なる立場の役割同士で受け入れられる風車がどのように異なるのかを検討できるようにした。災害がれきの受け入れの事例では，受け入れに反対する典型的な住民を複数設定し，それぞれの背景や属性や災害がれきに対する評価の仕方により，相手への説明の仕方も変わってくる。受け手のコンテキストをよく理解したうえでの説明が必要だということが理解される。

説得納得ゲームの意義には，様々な立場の考えを知るということがある。風力発電導入の事例において，すべてのタイプの住民（ステークホルダー）に説明するようなインセンティブをゲームのルールとして設けた。現実に照らしてみても，理解の得られやすいタイプの人とそうでないタイプの人がいる。ゲームにおいてもすべての役割の人とコミュニケーションが行える訳ではない。それぞれの経験について振り返り，人々の多様なコンテキストについて理解することがゲーミングによるリスクコミュニケーションでは重要となる。

3.2. 説得納得ゲームの課題

説得納得ゲームは，説得する内容や方法について説得役が自分で自由に組み立てて発言するが，その前提となる知識も必要となってくる。そうした知識を

もとにお互いリスクコミュニケーション活動を行う中で，新たな疑問が生じたり，それが本当に「正しい」のかが判断できなかったりすることもあるだろう。説得とは相手の態度を変容させようとするため，単に情報の共有を行うだけよりも，その情報を自分が受け入れ意見を変えてよいものか，判断も慎重になる。そして，ゲーム中のやり取りの中から，相手から納得を得るためには，相手が心配するリスクに関して必要な情報を提示し，リスクの大きさについて説明できるような知識が必要だということが認識される。健康，環境，災害などのリスクへの対処に関する政策的課題としては，個々人の態度・行動の変容を導くための効果も問題となる。説得納得ゲームでは，個々人が多くの他者を説得しながら，納得や拒否の多様な理由を収集しながら，個々人の多様な価値観をもとにした協働の知識が生成されていくことに期待したい。

　ゲームの利用で注意が必要となるのは，利用の結果生じるマイナス面の影響である。表面的なルールや報告されるプラスの成果のみに注意がいき，それぞれの問題に応じたゲームの改変から生じるマイナスの効果は予測しにくい。専門的な情報にもとづく説明であっても，それは個人の価値観に影響を及ぼす可能性もあり，それが参加者にとって心理的にネガティヴな経験になることもあるだろう。ゲームに限ったことではないが，現実の制約から解放されるゲームであるからこそ，それが現実の成果にどのような影響を与えるのかを常に自覚し，倫理的問題にも配慮して活用することが必要である。

引用文献

広瀬幸雄（2013）．震災がれき受け入れ是非のリスコミのゲームシミュレーションの作成　財団法人科学技術融合振興財団平成 23・24 年度助成研究成果報告書，12-30.

Hirose, Y., Sugiura, J., & Shimomoto, K. (2004). Simulation game of industrial wastes management and its educational effect. *Jounral of Material Cycles and Waste Management*, 6(1), 58-63.

Horsley, A. D. (1977). The effects of a social learning experiment on attitudes and behavior toward environment conservation. *Environment and Behavior*, 9, 349-384.

Janis, I. L., & King, B. T. (1954). The influence of role playing on opinion change. *Journal of Abnormal and Social Psychology*, 49, 211-218.

吉川肇子（編）（2012）．リスク・コミュニケーション・トレーニング：ゲーミングによ

る体験型研修のススメ　ナカニシヤ出版
吉川肇子・矢守克也・杉浦淳吉（2009）．クロスロード・ネクスト―続：ゲームで学ぶリスク・コミュニケーション　ナカニシヤ出版
杉浦淳吉（2003）．環境教育ツールとしての「説得納得ゲーム」―開発・実践・改良プロセスの検討―　シミュレーション＆ゲーミング，13(1)，3-13.
杉浦淳吉（2005）．説得納得ゲームによる環境教育と転用可能性　心理学評論，48(1)，139-154.
杉浦淳吉（2007）．説得納得ゲームを用いた悪質商法に関する学習教材の開発　消費者教育，27，113-122.
杉浦淳吉・黒瀬琢也（2009）．SNGの新型インフルエンザ対策への活用：資料　財団法人科学技術融合振興財団平成17年度助成研究成果報告書「問題分析ツールとしての『説得納得ゲーム』の開発とその社会的受容」，63-87.
本巣芽美（2013）．風力発電の社会的受容―科学技術コミュニケーションツールの開発と地域住民の評価構造の分析　東京大学博士学位申請論文
本巣芽美・杉浦淳吉・荒川忠一（2011）．説得納得ゲームを用いた風力発電の科学技術コミュニケーション―風力発電による便益と問題点の双方の理解をめざして―　シミュレーション＆ゲーミング，21(2)，105-114.
本巣芽美・杉浦淳吉・加藤太一・古賀誉章・荒川忠一（2009）．市街地における小型風車の社会的受容―説得納得ゲームによる検討―　シミュレーション＆ゲーミング，19(2)，135-144.

7

リスク理解のための双方向リスクコミュニケーション

1. 従来の一方向のリスクコミュニケーションとその問題点

　日本では，戦後の高度成長期（1950年代〜1970年代），洗濯機，冷蔵庫，テレビが家庭に普及し，自動車や新幹線などにより移動も便利になるなど，科学・技術の進歩により生活は快適で便利なものになった。国民の多くは，科学・技術の進展を背景とした工業化・産業化による経済成長や都市開発による自然の改造を進歩とみなし，それらによる成果は直ちに生活を便利にするものであると受けとめていた。国や企業，科学・技術に携わる研究者などの専門家に対する信頼も高く，生活に影響を与える施策や開発の情報を事後的に国民に提供していれば，とくに問題は起きなかった（土屋，2011）。このような情報提供の背景には，一般市民を正確な専門知識が欠如した状態にあるものととらえ（欠如モデル），彼らに知識を注入することをコミュニケーションの目的とみなす考え方があった（Wynne, 1996）。

　安定成長期（1970年代〜1990年代初頭）になると，四大公害（新潟水俣病，四日市ぜんそく，イタイイタイ病，熊本水俣病）による人々への健康影響を始め，マイナス面があらわれ始める。その後も，社会に複合的に導入された科学・技術は，生活がより便利になる一方で，フロンによるオゾン層の破壊，開発により大量に発生する二酸化炭素などによる地球温暖化問題，チェルノブイリや福島第一原子力発電所における事故など，様々なマイナスの影響が広範な人々の生活に及ぶようになる。このような社会へ大きな影響を与えるリスクを回避するのか，受け入れるのかは，その影響や範囲に大きな不確実性を伴うため，科学・技術的な知見のみではなく，経済的・倫理的視点も含めて問題解決

することが必要になる。このように，科学によって問うことはできるが，科学だけでは答えることができない問題群からなる領域はトランス・サイエンスと呼ばれ，既に1970年代にワインバーグ（Weinberg, 1972）により指摘されていた。このようなトランス・サイエンス問題に対しては，従来の欠如モデルを背景として，行政や科学・技術の研究者などといった限られた専門家だけで判断を行うことは困難であり，ベネフィットとともにリスクをも享受することになる市民の公共計画への参加がより重要な意味を持つことになった。

しかし，市民の公共計画への参加により，市民と専門家のリスクコミュニケーションが必要になるが，そもそも，市民と専門家では対象となる課題に対する専門的な情報量が異なる。専門家は豊富な専門的情報量にもとづき，リスクをハザードと発生確率の積とした科学的な評価を行う。そして，社会的必要性や技術的なコントロール可能性を重視する（土屋，2011）。しかし，専門家は，日々の取り組みをとおして，科学技術を社会に役立てたいと考えているため，科学技術をコントロールできるという信念が形成されやすく，リスクを過小評価する傾向もあると指摘されている（NRC, 1989）。

一方で，市民は専門的な情報量は少ないが，市民の過去の経験の中で蓄積してきた経験的な知識（ローカルナレッジ：Collins & Pinch, 1998／村上・平川訳, 2001）があるとされる。しかし，その存在に専門家だけでなく市民自身も気づいていない。また，市民は，対象となる課題に対しリスクの結果や影響の予測可能性，社会的必要性，国や企業などの専門家への信頼など，より社会的な側面を重視する（土屋，2011）。さらに，市民は，リスクに関心があり，かつ吟味能力がある場合にはリスクの情報を熟慮し評価するが，そうでない場合には，情報の熟慮ではなく，周辺的な手掛かり（たとえば，信頼できる専門家が言っているから正しい）によりヒューリスティックな判断を行う（Petty et al., 1981）。

市民と専門家のこのような違いを考慮しつつ，市民の公共計画への参加を促し，市民と専門家のリスクコミュニケーションを実現するため，EUやアメリカでは，これまで様々な市民参加手法が考案されてきた（篠原，2012）。たとえばデンマークでは，国民の中から数十人の市民の代表を選び，専門家や利害関係者との質疑にもとづいて議論し，一定の結論を出すコンセンサス会議など

1. 従来の一方向のリスクコミュニケーションとその問題点

が行われている．アメリカでは，裁判の陪審員制度の手続きを環境問題など様々な計画についての合意形成に応用した市民陪審や，1回限りの表面的な意見を調べるような通常の世論調査だけではなく，無作為抽出により集められた市民が，討論のための資料や専門家から十分な情報提供を受け，小グループと全体会議で討論した後に，再度，調査を行って意見や態度の変化をみるという討論型世論調査などが開発されている．ドイツでは，無作為抽出で選ばれた数百人の市民代表が多数の小グループに分かれて独立並行的に議論し，それらのグループの結論の分布から，市民全体が議論すると想定した場合の合意の方向性を推測するプランニングセルなどが適用されている．オランダでは，国民全体が参加して，様々な地域や国民層で，原子力を含めた国民的ディベート会議が行われている．日本でも，海外で開発されてきた手法を適用し，円卓会議（高橋，2002），コンセンサス会議（小林，2007）やハイブリッド型会議（柳下ら，2004），討論型世論調査（篠原，2012）などが試行されてきている．これらの市民参加型手法は，参加した関係者の種類とその役割にもとづき，市民パネル型会議，ステークホルダー型会議，ハイブリッド型会議の3つに分類される（Hirose, 2007；第11章参照）．

　本章では，まず，従来の一方向のリスクコミュニケーションの背景にあった欠如モデルでは，科学技術のリスク評価は専門家が負うべき役割で，市民の参加は馴染まないとされてきたことの反省を受けて，市民が主体となってリスクコミュニケーションが行われた代表的な例の1つであるコンセンサス会議を取り上げる．そして，市民がどのように専門家との対話を行うことにより，リスクの理解を深めて提案を導きだすことができるのかを考える（第2節）．次に，コンセンサス会議のように短期間に行われるものではなく，ある問題解決に向けて，様々な段階を経ながら市民と専門家が継続的にリスクコミュニケーションを行っている吉野川第十堰の可動堰化計画の例を取り上げて，市民と専門家が継続的・段階的に相互にどのようにリスクコミュニケーションを行うことにより，どのようにリスクの理解を深めるのかについて考える（第3節）．

2. 遺伝子組換え農作物を考えるコンセンサス会議

　本事例は，日本で初めて，行政が本会議方式を採用した，全国型のコンセンサス会議である（小林，2004）。本会議の主な参加者および会議関係者は，①全国から公募された一般市民（市民パネル），②市民パネルの質問に対し情報を提供する様々な分野の専門家（研究・技術者，行政官，開発業者，消費者団体，メディア関係者など），③中立的な立場で司会・進行を行うファシリテーター，④コンセンサス会議を公正かつ円滑に運営する運営委員会，⑤コンセンサス会議事務局（STAFF）である。なお，STAFFは，農水省の政策を全面的に支持するような結論ありきで会議が誘導されるといった疑念を可能な限り持たれないよう，あくまでも運営委員会の指示にもとづき予算執行や事務局業務を行った。

　コンセンサス会議は，最初に専門家の説明にもとづき市民パネルが鍵となる質問を作成し，鍵となる質問に対する説明を様々な分野の専門家の説明を聞きながら質疑を行い，最終的に市民の考えと提案を作成することを目指した，市民を中心とした協働（市民パネル型）になっている（図7-1）。市民パネルの議論では，たとえば，遺伝子組換え農作物（GMO）技術の将来の姿やメリット，安全性（生態系や人体などへの影響），制度や仕組み，日本の農業や世界

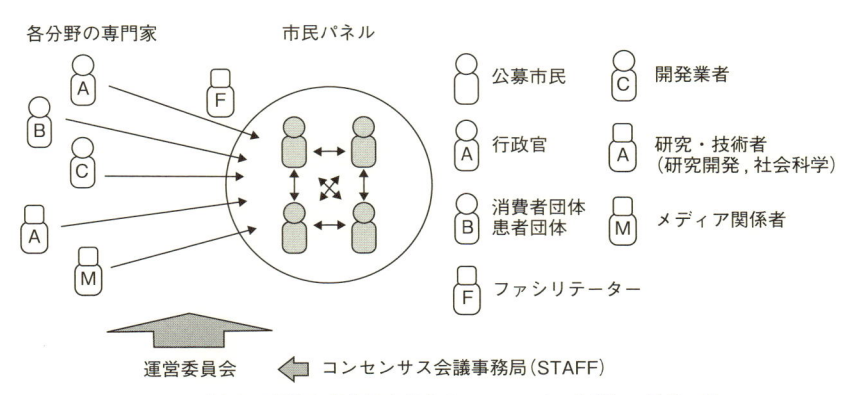

図7-1　「遺伝子組換え農作物を考えるコンセンサス会議」の協働の姿

的な食糧問題との関わりなど，非常に広範囲な内容が対象とされた。その中で，市民パネルは，様々な分野の専門家の説明を聞き，専門家の意見の不一致，矛盾，あるいは専門家が正面から答えることができなかった諸問題や懸念を重視した。たとえば，GMO技術の研究開発に関わる専門家は，GMOの社会的受容に関し，技術自体の科学的安全性に焦点を絞ることによって解決が可能であるという立場をとり，一方で，農業経済学や科学技術論の専門家は，GMOの社会的受容は，この技術の科学的安全性のみに問題を還元してはならず，社会経済的文脈に位置づけてこそ，利用するかどうかの検討が可能になると主張した。また，GMOのメリットに関する市民からの質問に対し，その研究開発を行っている科学者は，GMO技術の将来性，人口爆発や食糧不足を解決する可能性，農薬使用量を減少させる可能性など，将来起こる可能性のある問題に対する解決策になるという視点でメリットを主張した。しかし，このようなGMO技術のメリットの根拠の説明に用いられるデータに関し，信頼できるものなのか否か，調査手法，推定手法の違いをどう考えるかといった点で，専門家の意見が割れた。このように，各々の分野の専門家の意見が分かれる姿をみて，市民は，GMO技術に関しては，メリットはあるものの，その根拠や安全性についてははっきりしていないと理解する（小林，2004）。

　そして，市民の考えと提案の中で，GMO技術が社会にもたらすメリットや安全性について，以下のように示した（小林，2004）。

　①現にGMO技術に基づく商品が流通している現状を認識し，そこから我々の議論はスタートしている。我々は，節度のある技術開発を求める。メリットを追求すると同時にリスクに対して常に警戒を怠らず，検討していくことが必要である。そのため，一定の規制が必要である。

　②21世紀の食糧問題や環境問題を解決する一助としてそのメリットも期待したい。開発者側は安全と安心が違うものだという認識を持って欲しい。消費者は安心だと確認できなければ買わない。早急に恩恵が期待できることを提示して欲しい。

　③長期間摂取した場合の影響については現状では判断できない。普及した後に悪影響がでることを消費者は最も恐れている。このようなことを防ぐためにも，少なくとも長期の追跡調査を望む。この間，現実の問題が発生し

た場合は，現在可能な手法を全て用いて対応して欲しい。

このように，各分野の専門家が提供するリスクの情報や意見を，市民パネルが各々の情報や意見の違いを比較分析するといったリスクコミュニケーションを行うことにより，市民パネルは，GMO 技術に関する課題を，その影響を受ける側（消費者）の視点で定式化するという役割を果たした。市民パネルは，鍵となる質問や市民の考えと提案を作成する際，たとえば「かつて便利で安全ということで大量に使用し始めた製品が，現在様々な問題を起こしているのではないか。遺伝子組換え農作物が，将来，問題の種になってしまうのではないか」といった市民パネルの過去の経験にもとづき問題を理解した（小林，2004）。たとえば，20 世紀最大の発見とされたフロンがオゾン層破壊の原因とされたこと，またプラスチックは成形が容易であるため大量に生産されたが，自然生態系の物質循環システムに自律的に組み込まれなかったため，リサイクル急務の物品の代表になってしまったことなど，この種の例は多数あると市民パネルは感じていた。

コンセンサス会議に参加した市民は，市民の考えと提案でも示しているように，それらの問題を市民自らも考える責任があるといった当事者意識を持った。市民の考えと提案には，終わりとして，「国にすべての政策決定を任せきりにすることは，私たちの自己決定権を放棄することになる。感情的に反対することは，私たちの意志を政策に反映する上ではマイナス要因でしかない。市民一人一人がきちんと考えることが，長い目で見て社会の利益につながる」と述べている。また，コンセンサス会議終了後，市民パネルの人の中には，それぞれの地元に戻ってから，新聞記事などの情報により継続的に GMO について勉強し，その道の専門家として座談会等で講演している人たちもおり，広い意味での教育効果があった。一方で，多くの専門家は，会議終了後，この会議は有意義であったと評価しつつも，「やはりわかってもらえなかったな」という感想を漏らす専門家もおり，自分の研究が，こんな考えで受け取られていたのかと衝撃を受け，自分の研究を否定されたような感覚を持った（小林，2004）。このように，コンセンサス会議後の反応は肯定的でもあり，否定的でもあった。しかし，このような市民を中心とした単体のコンセンサス会議によっても，少なくとも，専門家が各々の分野の知識を提供し，それを市民が分析するといっ

たやり方でリスクコミュニケーションを行うことにより，GMO技術を利用することで社会にどのような影響があり，どのような問題が発生する可能性があるのかを，GMO技術により影響を受ける消費者の視点で提示可能であることが明らかになった．

3. 吉野川第十堰の可動堰化計画をめぐる市民と専門家のリスクコミュニケーション

本節では，市民と専門家が問題の定式化からその問題解決方法の合意形成に向けて，市民と専門家が様々な形態で継続的・段階的にリスクコミュニケーションを行っている吉野川第十堰の可動堰化計画の事例を取り上げる．

3.1. 吉野川第十堰の可動堰化計画と本計画を取り巻く状況

吉野川は，西は愛媛県と高知県の県境石槌山地付近から，東は紀伊水道までを流れる1級河川である．この吉野川の河口付近には，1752年頃造られ，河道の変化に伴い補修を繰り返しながら現在に至った第十堰が存在する．第十堰改築計画は，1982年の吉野川水系工事実施基本計画の改定により立てられ，その後，建設省の予備調査（1984年），改築事業の実施計画調査（1988年）をとおして，旧堰の撤去と新可動堰の新築という内容になる．この可動堰化計画をめぐり，主に，1級河川管理の行政機関として吉野川第十堰改築事業を進めてきた建設省（現，国土交通省，以下，行政A），徳島県（以下，行政B），徳島市（以下，行政C），行政委員会の専門家委員（以下，研究・技術者A），行政委員会以外の専門家（以下，研究・技術者B），NPO法人吉野川みんなの会の関連の市民団体（以下，市民団体A），その他の市民団体，一般の徳島市民が様々なコンフリクトと協働を繰り広げる．

この吉野川第十堰をめぐる各々の関係者の取り組みは，4つのフェーズに区分できる（大澤ら，2008）．

最初のフェーズは，市民が可動堰計画に疑問を持ち始めてから2000年1月の住民投票までの時期に当たる．主要なテーマは，「第十堰は吉野川の様々な変化や生活に適応してできあがった形態であり，改修で対応できるのではない

か」という疑問を，「行政Aが示した洪水の水位解析を自ら検証し，可動堰計画の是非を住民投票で問う」という行動で確認し，可動堰化計画の問題を顕在化させることである（以下，問題化のフェーズ）。行政Aは1991年に改築事業に着手するが，それに疑問を感じた市民が吉野川シンポジウム実行委員会を設立し，活動を開始する。第十堰の可動堰化の審議は，1995年，行政Aが設置した吉野川第十堰建設事業審議委員会（以下，ダム審）で行われる。その中で市民団体Aは独自の水理解析を行い，建設省にその結果を提示する。ダム審は，1998年に可動堰化が適当と結論づけるが，これらは市民団体Aの疑問に応えるものではなかったため，市民団体Aは第十堰住民投票の会を結成し住民投票条例の署名活動を行い，有権者の48.8%となる有効署名数を集める。市民団体Aは，疑問派という中立的な立場で反対に投票ではなく，住民投票への参加を徳島市民に呼びかける。そして，徳島市で2000年に住民投票が行われ，反対票約92%（投票率約55%）となる。

　2つ目のフェーズは，市民団体Aが，住民投票後から，ビジョン21委員会を立ち上げる前までの時期に当たる。主要なテーマは，「山-川-海をひとつの水系ととらえ，環境，洪水対策，財政を総合的にとらえた長期的な安全とは何か」という考えにもとづき，問題解決の構想（仮説）を模索することである（以下，仮説化のフェーズ）。そのため，市民団体Aは吉野川の流域で生活する市民の知識を活用しながら，専門的な情報を持つその他の専門家にアクセスし，可動堰化計画の代替案のアイディアを模索する。このような活動をとおして，市民団体Aは「手入れのされていない人工林では，雨水が一気に川に流れ込み川は増水するが，雨がしみこむ広葉樹林では急激に増水しないのではないか」という仮説を持つようになる。一方，住民投票の結果を受け，当時の与党は可動堰計画の白紙化を政府に勧告，このような状況を受け，行政Aは市民団体Aとは別に吉野川懇談会で対話のルールの検討などを行うが，市民団体Aの取り組みとは個別に行われている。

　3つ目のフェーズは，市民と専門家の様々な実験やビジョン21委員会での議論をとおし，市民案を構築し，徳島市に提案するまでの時期である。主要なテーマは，実験をとおして科学的に検証された知識にもとづき吉野川の将来を考え，市民団体による可動堰化計画の代替案を提案することである（以下，実

3. 吉野川第十堰の可動堰化計画をめぐる市民と専門家のリスクコミュニケーション　129

験化のフェーズ）。この検討のため，市民団体AはNPO法人吉野川みんなの会やビジョン21委員会を立ち上げ，浸透能に関する実験結果などから，適正な手入れをしている人工林は全体の1％に満たないことを挙げ，人工林整備を行うことで，森林の治水機能が向上し，洪水時のピーク水量が低下する可能性を示す。そして，間伐事業により過疎化した山村の地域振興や森林経営につながるなどの意見も含め，森林整備事業案として提示する。また，人と自然の関係を豊かにする河川構造物を目指し，環境改善や歴史建造物の復元，治水安全性の向上を目的に，上堰はそのまま保存し，下堰については補修するという第十堰保全事業案を提示する（吉野川流域ビジョン21委員会，2004）。行政Cは吉野川みらい21プロジェクトチームを発足するとともに，市民団体Aの取り組みを高く評価し，市長意見とするために研究費を補助する（姫野，2004）。一方，行政Aは吉野川の河川整備計画のあり方のアンケート調査などを，行政Bは下流域5市町の首長と市民団体からの意見聴取や流域住民からの意見募集などを行い，国に河川計画早期策定に向けた取り組みを要望するが，これらは市民団体Aの取り組みとは別個に行われる。

　最後のフェーズは，2005年に示された吉野川水系河川整備基本方針により，行政Aが吉野川水系河川整備計画の策定を行う時期である（以下，体系化のフェーズ）。本フェーズについては，行政Aが，吉野川水系河川整備計画の策定に向け，吉野川の河川整備（直轄管理区間）（但し，抜本的な第十堰の対策のあり方を除く）の検討として，吉野川学識者会議，吉野川流域住民の意見を聴く会，吉野川流域市町村長の意見を聴く会を，ステークホルダー型の取り組みとして行っている。行政Cは，市民団体Aと彼らに協力する専門家および徳島市民により取りまとめられる代替案を取り入れ，市民の代表者として意見を言う。市民団体Aは，行政Aに，市民の意見を反映できる仕組み，合意形成の方法やルールづくり，市民が参加して議論や対話をとおして理解を深める機会を要望するとともに，吉野川車座会議を催し，市民の意見を河川整備計画に反映させるための対話を行う。

3.2. 市民と専門家の協働によるリスク理解の深まり

　ここでは，吉野川第十堰の可動堰化計画をめぐり，どのように市民と専門家

130   7 リスク理解のための双方向リスクコミュニケーション

がコミュニケーションしながら，社会的リスクについての共通の理解を深めていったのかを紹介する．市民と専門家のコミュニケーションについては，ジョハリの窓の図式を用いたリスクコミュニケーションの概念（矢守ら，2005）を用いて分析する（図7-2）．ジョハリの窓とは，個人が自分についての情報をどのように知るのかについて，自分に関する情報のうち自分自身が知っている部分と自分自身で気づいていない部分に分け，他者が自分について知っている部分と知らない部分に分け，4象限に図式化したものである．この概念により，自己開示とそれによる他者からのフィードバックで自分・他者が知らなかった未知領域を狭めていくことが説明される．矢守ら（2005）では，この個人を問

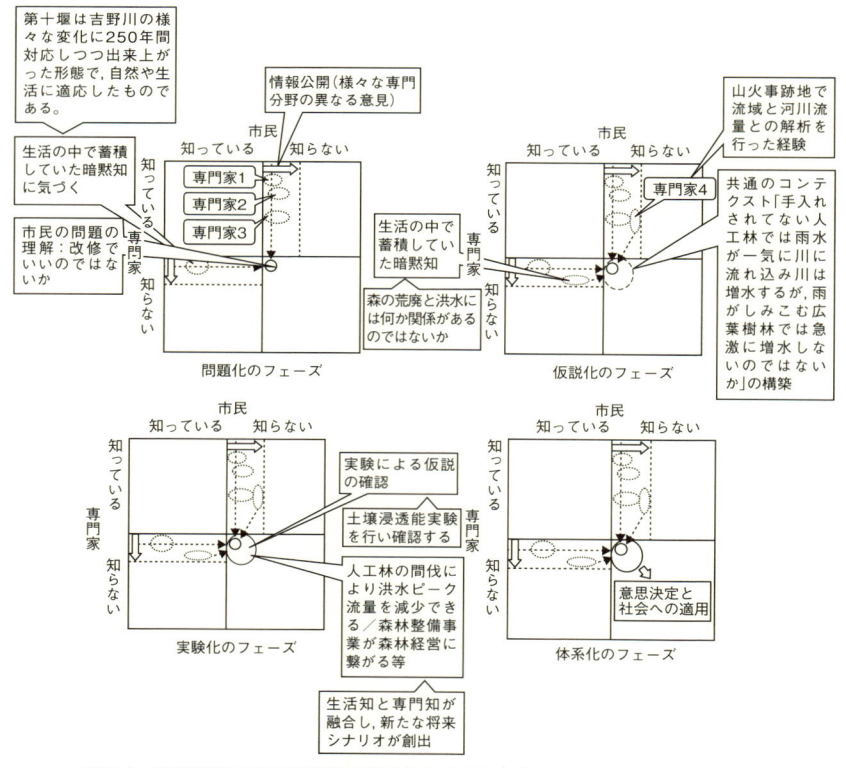

図7-2 吉野川第十堰の可動堰化計画をめぐる双方向リスクコミュニケーション
(大澤ら，2008より作成)

3. 吉野川第十堰の可動堰化計画をめぐる市民と専門家のリスクコミュニケーション

題にしているジョハリの窓の図式の中の自分自身を一般の人々（市民）に，他者を専門家に置きかえて，専門家からの情報提供だけでなく，一般の人々もまた情報提供に参加することを通じて，社会全体としてのリスクの開放領域を拡大（未知領域を減少）させることを説明することを提案している。ここでは，市民と専門家のリスクコミュニケーションを具体的に確認することができた，問題化から実験化の3つのフェーズに関して紹介する。

問題化のフェーズの初期段階では，ある課題に対する情報の多くは専門家が有していた。しかし，専門家が情報を公開することにより，市民は，専門家から提供される各々の専門分野の考え方に違いが存在することを改めて知る。たとえば，水理解析による洪水時の水位の高さや過去の洪水時の水位についての市民団体Aと行政Aの見解の違いや，市民団体Aの水理解析結果に対するダム審の専門家委員（研究・技術者A）の間の意見の違いなど（永尾，2001）を比較しながら，市民の知っている領域を拡大し，生活的・経済的視点からみて，治水・利水のために可動堰が本当に必要なのか，第十堰にどのような価値を見出すのかなど，何が問題なのかを明確にした（図7-2）。このとき，「上流に次々ダムができ，水流が減ったため，大雨が降っても汚濁水が一掃されず，水質が悪化し魚も減った」「第十堰は吉野川の様々な変化に250年対応しつつできあがった形態で，洪水の際は川底の一部のようになって障害にならないし，斜めに設置されているので洪水の力をそぎ，こわれにくい。自然や生活に適応しているのではないか」といった専門家が気づいていない市民のローカルナレッジが活用され，「第十堰が自分たちの生活に馴染んでおり，可動堰建設という経済コストをかけなくても第十堰改修でよいのではないか」と市民団体Aや徳島市民は考えるようになる。行政A，B，Cや研究・技術者Aといった専門家は，これらの市民の取り組みと意見を聞くことにより，図らずも専門家の知っている領域が広げられ，専門家が知らなかった市民の意見を知ることになった。このフェーズにおける市民と専門家のリスクコミュニケーションは，市民パネル型の取り組みにおいて中心的主体であった市民団体Aが，閉鎖的にステークホルダー型の取り組みを行っていた行政A，B，Cに可動堰化計画の疑問点を投げかけ，専門家はそれに応える形で情報を提供するという役割を結果として果たしており，市民と専門家とは直接的に共考していない（図7-3）。

132   7 リスク理解のための双方向リスクコミュニケーション

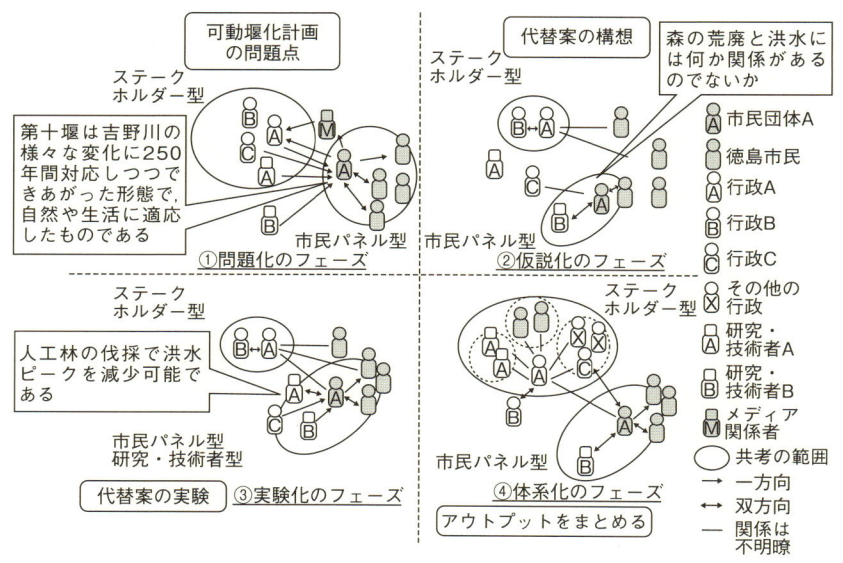

図7-3 吉野川第十堰の可動堰化計画をめぐる関係者の協働の姿

　仮説化のフェーズでは，市民団体Aは，可動堰化計画の代替案を作成するため，可動堰化計画の代替案のビジョンの抽出，および問題当事者の協働の新たな場の準備などを行う。この中で，山林で生活する徳島市民と接触し，「手入れのされていない人工林では，雨水が一気に川に流れ込み川は増水するが，雨がしみこむ広葉樹林では急激に増水しない。森の荒廃と洪水に何か関係があるのではないか」といった，自然現象をモニタリングするうちに蓄積されたローカルナレッジが顕在化される（図7-2）。また，これら顕在化した知識にもとづき研究・技術者Bと接触し，「森林の荒廃と洪水のピーク流量には関係があるのではないか」といった研究・技術者Bの専門的な知識を融合させ，「手入れのされていない人工林では，雨水が一気に川に流れ込み川は急激に増水するが，雨がしみこむ広葉樹林では急増な増水はない。そこで流域森林面積の65％を占める人工林をしっかりと間伐して混交林にすることによって，吉野川の洪水ピーク流量を下げよう」（中根・姫野，2003）といった新たな知識（緑のダムと呼ばれる森林の洪水防止機能）が，市民と専門家双方が知らない領域（未知領域）に創出された。このフェーズでは，市民団体Aが主体となって可

3．吉野川第十堰の可動堰化計画をめぐる市民と専門家のリスクコミュニケーション　133

動堰化計画の代替案のアイデアを模索する中で，研究・技術者Bや一部の徳島市民に接触し，一緒に共考するといった市民パネル型の役割分担となっている（図7-3）。

　実験化のフェーズでは，仮説化のプロセスで創出された緑のダムと呼ばれる森林の洪水防止機能を検証するため，市民団体Aが設立した様々な分野の専門家からなるビジョン21委員会において，研究・技術者Bが中立的かつ自由な環境で議論や研究を行うとともに，研究・技術者B，市民団体A，徳島市民のボランティア，町職員，森林組合が参加して実験を行う。これらの取り組みにより，たとえば「適正な手入れをしている人工林は全体の1％に満たないことを挙げ，人工林整備（適正な間伐）を行うことで，森林の治水機能が向上し，基本となる流量が低下する。間伐事業により過疎化した山村の地域振興や森林経営につながる」といった新たな知識が創出され（図7-2），森林経営につながる森林整備事業案と第十堰保全事業案が提案された。さらに，市民団体Aにより，流域シンポジウムや四国NPOフォーラムなどでその代替案の情報が徳島市民に提供され，討議された。このフェーズでは，市民団体Aや徳島市民がサポート，あるいはボランティアとして協力する中で，様々な分野の研究・技術者が主体となって，議論や研究を進めるといった，広瀬（Hirose, 2007）で示された3つの市民参加手法（市民パネル型会議，ステークホルダー型会議，ハイブリッド型会議）には含まれない新しい協働の形（ここでは，研究・技術者型と呼ぶ）と，市民団体Aが，代替案の情報を徳島市民に提供し，討議するといった市民パネル型の協働が混合している（図7-3）。

　このように，本事例では，市民の可動堰化に対する素朴な疑問から始まり，市民と行政やその委員会の研究・技術者などの専門家がコンフリクト状態をおりなす中で，市民の疑問に様々な分野の専門家が結果として情報提供するといったやり取りの中で，市民はローカルナレッジを活用しながら，漠然としていた疑問を具体的な問題として定式化した。これは，市民と専門家の果たした役割，結果的に問題を定式化できたという点で，第2節で示した遺伝子組換え農作物を考えるコンセンサス会議と類似する。このような対話の状態は，市民と専門家が共考していた訳ではないという点では，双方向のリスクコミュニケーションとはいえない。しかし，問題解決の初期の段階では，市民の当事者意識

も，市民と専門家の信頼が高まっていない状態で問題を定式化する必要があるケースも多いと想定されるため，この段階では共考が困難な状況になることにも配慮し，参加者とその各々の役割を考えておく必要があることを，本事例は示唆している。住民投票をとおして関係者が問題を共有すると，専門家を主体とし市民が協力するといった研究・技術者型の役割分担の対話と協働が行われ，その中で，市民はローカルナレッジを，専門家は各々の分野の知識を双方に出し合い，市民と専門家がともに，「知らない」→「知っている」に領域を広げながら共考し，定式化された問題を解決する新しい方法を見つけ出している。さらに，そのような協働をとおして市民と専門家は相互の信頼をも高めていく。また，上記の研究・技術者型の協働をとおして専門家の協力を受けながら，市民は自ら主体となって，より広範な一般市民にそれらを伝え，討議するといった市民パネル型の協働を果たしている。以上のように，本事例は，問題解決の各段階で，ある段階では市民が主体となり，ある段階では専門家が主体となり，相互に協力し，その役割をハイブリッド的に果たしながら，継続的にリスクコミュニケーションを行うことにより，問題が共有され，それにより共考が進み，共考をとおして市民と専門家の相互の信頼が高めつつ，リスクガヴァナンスの理解が深められていくことを示唆している。

3.3. 可動堰化計画の是非についての理解の深まりのための手掛かり

徳島市民は，可動堰化計画の是非やその代替案について，何を手掛かりに理解を深めたと感じていたのか。たとえば，図7-2で示したとおり，水理解析による洪水時の水位の高さと過去の洪水時の水位についての市民団体Aと行政Aの見解の違いが比較されるなど，関係者間の意見の相違をみて（関係者間の意見の相違），何が問題かを感じている。また，市民団体Aとは吉野川および第十堰の親しみという観点で，あるいは，行政A，Bとは洪水の恐ろしさという観点で，価値観が類似しているということでそれぞれに共感している（価値観の類似性）。あるいは，「第十堰は過去250年の出来事（洪水を含む）など，吉野川の様々な変化や生活に適応してできあがった形態である」といった市民自身の過去の経験（ローカルナレッジ）により，理解を深めていると推察される。

そのため，大澤ら（2009）では，徳島市民を対象としたアンケート調査によ

3. 吉野川第十堰の可動堰化計画をめぐる市民と専門家のリスクコミュニケーション 135

り，関係者間の意見の相違，価値観の類似性，自分の過去の経験の活用が，問題の理解の深まりにどのように関係しているのかを検討している（表7-1）。その際，「関係者の言っていることが理解できる」「自分の意見が改まった」「将来の姿のあり方について関心や理解が深まった」というように，理解の深まり方が異なる場合に，どのようなことを手掛かりに理解しているのかを検討している。その結果は，価値観の類似性が理解の深まり方の違いに関係なく，影響していること，価値観の類似性にくわえて関係者の意見の相違により個々の関係者の言っていることが理解できると感じること，価値観の類似性によってのみ自分の意見が改まったと感じること，価値観の類似性にくわえて自分の過去の経験の活用により将来の姿のあり方について関心や理解が深まったと感じる傾向があることを示している。このように，人々は，意見の比較や同じ価値観を持っているかどうかにより関係者の意見を理解するが，価値観が同じであると感じられるだけでなく，自分の過去の経験，すなわちローカルナレッジ

表7-1 理解の深まりのための手掛かりと理解の深まり方との関係（大澤ら，2009より作成）

従属変数（理解の深まり方）	独立変数（理解の深まりのための手掛かり）				
	市民団体Aと行政A，Bの意見相違	市民団体Aとの主要な価値の類似性	行政A，Bとの主要な価値の類似性	自分の過去の経験の活用	R^2
	β	β	β	β	
市民団体Aの意見の理解					
全回答者（問題化）	.17*	.46*	−.25*	.08	.51
全回答者（仮説化・実験化）	.29*	.55*	−.16*	−.05	.69
行政A，Bの意見の理解					
全回答者（問題化）	.17*	−.18*	.56*	.00	.44
全回答者（仮説化・実験化）	−.06*	−.2*	.44*	.09	.44
自分の意見の変化					
全回答者（問題化）	.00	.15	.16	.03	.03
全回答者（仮説化・実験化）	−.11	.29*	.2	.01	.13
将来の姿に対する関心や理解					
全回答者（問題化）	.04	.35*	−.03	.25*	.27
全回答者（仮説化・実験化）	.15	.28*	−.12	.28*	.36

*$p<.001$
R^2は決定係数，βは標準偏回帰係数。

が活用されたと感じることにより将来の姿などの理解をより深める。したがって，リスクコミュニケーションの際には，図7-2でも示したとおり，ローカルナレッジを引出し，反映していくことが重要なポイントの1つとなる。

4. おわりに

　本章では2つの事例を用いて，市民と専門家の双方向リスクコミュニケーションを紹介した。吉野川第十堰の事例で，当初，行政が専門家の中で作成した可動堰化計画を提示したことについて，市民が疑問を示し，結果として住民投票が行われるというコンフリクトを生じたように，欠如モデルを背景とした広報的説得によるリスク理解の効果は少ない。市民と専門家にはリスクに関する情報量やリスク認知の仕方に違いがあるが，市民はローカルナレッジを，専門家はその分野の知識を活用しながら，継続的にリスクコミュニケーションを進めることによって，リスクの理解を深め，解決策を見つけ出すことが可能になることを，2つの事例は示唆している。その際，市民は関係者の意見の違いや価値観の類似性，ローカルナレッジを手掛かりにリスクの理解を深めた。また，問題解決の各段階で，ある段階では市民が主体となり，ある段階では専門家が主体となり，相互に協力しながら，その役割をハイブリッド的に果たすことにより，問題が共有され，それにより共考が進み，共考をとおして市民と専門家が相互の信頼を高めつつ，リスクガヴァナンスの理解が深められていくことを，これらの事例は示唆している。

引用文献

Collins, H., & Pinch, T. (1998). *The Golem at large: What you should know about technology.* Cambridge: Cambridge University Press.（コリンズ，H. & ピンチ，T. 村上陽一郎・平川秀幸（訳）(2001). 迷路のなかのテクノロジー　化学同人）

姫野雅義（2004）．10万人が川に関心を寄せた理由—吉野川第十堰の事例　日本水文学会誌，34(2), 53-56.

Hirose, Y. (2007). A normative and empirical research on procedural justice of citizen participation in environmental management planning. In K. Ohbuchi (Eds.), *Social* justice in Japan: Concepts, theories and paradigms (pp. 264-290). Melbourne: Trans Pacific Press.

小林傳司 (2004). 誰が科学技術について考えるのか―コンセンサス会議という実験　名古屋大学出版会

小林傳司 (2007). トランス・サイエンスの時代―科学技術と社会をつなぐ　NTT出版

永尾俊彦 (2001). 干潟の民主主義　三番瀬，吉野川，そして諫早　現代書館

中根周歩・姫野雅義 (2003). 吉野川第十堰問題から「緑のダム」へ　依光良三（編）破壊から再生へ　アジアの森から　日本経済評論社　212-246.

National Research Council (1989). *Improving risk communication*. Washington, D.C.: National Academy Press. （林裕造・関沢純（監訳）リスクコミュニケーション―前進への提言　化学工業日報社）

大澤英昭・広瀬幸雄・寺本義也 (2008). 吉野川河口堰を事例とした市民と専門家の協働の類型および知識活用の変化　科学技術社会論研究, *5*, 93-109.

大澤英昭・広瀬幸雄・尾花恭介 (2009). 吉野川第十堰を事例とした関係者への信頼，情報の理解の程度および関係者の意見の受け入れに関する要因　土木学会論文集D, *65*(3), 244-261.

Petty, R. E., Cacioppo, J. T., & Goldman, R. (1981). Personal involvement as a determinant of argument-based persuasion. *Journal of Personality and Social Psychology*, *41*, 847-855.

高橋暁子 (2002). 科学技術行政への市民参加―「原子力政策円卓会議」と「遺伝子組換え農作物を考えるコンセンサス会議」にみる現状と展望―　科学技術史, *6*, 71-117.

土屋智子 (2011). リスクコミュニケーションの実践方法―計画策定から実施・評価のプロセスと課題　平川秀幸・土田昭司・土屋智子（著）リスクコミュニケーション論　大阪大学出版会　167-217.

矢守克也・吉川肇子・網代剛 (2005). 防災ゲームで学ぶリスク・コミュニケーション　ナカニシヤ出版

篠原一 (2012). 討議デモクラシーの挑戦―ミニ・パブリックが拓く新しい政治　岩波書店

柳下正治・石川雅紀・広瀬幸雄・杉浦淳吉・西村一彦・涌田幸宏・岡山朋子・水野洋子・前田洋枝・松野正太郎 (2004). 市民参加による循環型社会の創生をめざしたステークホルダー会議の評価　社会技術研究論文集, *2*, 49-58.

吉野川流域ビジョン21委員会 (2004). 吉野川可動堰計画に代わる第十堰保全事業案と森林整備事業案の研究成果報告書

Weinberg, A. M. (1972). Science and trans science. *Minerva*, *10*, 209-222.

Wynne, B. (1996). Misunderstanding science: Social identities and public uptake of science. In A. Irwin, & B. Wynne (Eds.), *Misunderstanding science* (pp. 19-46). Cambridge: Cambridge University Press.

8

NIMBY 的特徴を有する社会的リスクのガヴァナンス

1. NIMBY 的特徴を持つ社会的リスク

　NIMBY（Not In My Back Yard）とは，迷惑施設の立地に対する当該市民の意識や態度をあらわす「我が家の裏庭ではダメ」という意味の言葉で，1980年のアメリカ原子力学会で Walter Rogers が，恩恵を享受しながら迷惑施設の立地には反対する人々に対して放った発言といわれる（鈴木，2011）。理念としては賛成だが，現実問題として自分にその迷惑が降りかかる場合は反対するという概念で，総論賛成各論反対と同様に用いられる。20 世紀後半から，廃棄物の処分施設などの立地問題が深刻化する中で NIMBY という言葉はより注目されるようになった。たとえば，1971 年，江東区は東京 23 区のゴミの 7 割が持ち込まれ，埋立地からのハエの来襲に悩まされ，議会がゴミ持ち込み反対決議を行った。都知事はゴミの自区内処理と迷惑の公平負担の原則を求めたが，杉並区内の清掃工場建設に対し地域住民の反対運動が起きた。これに対し，江東区は杉並エゴだとして，杉並区からのゴミの受け入れを拒否するに至った（兼田，2005）。このような問題は様々な地域でこれまで起きてきた。これらの施設は，仮に社会的な必要性が極めて高いとしても，周辺住民にとっては迷惑な施設である。それゆえ，人々は NIMBY 的な考え方から，いわゆる総論賛成・各論反対の立場をとることにより個々の人が反対し，結局は社会的合意が得られず，いずれの場所にも立地できなくなる。結果的に環境という集合財を破壊するなどといった不合理な結末をもたらすといった社会的ジレンマが生じることになる。

　このように，NIMBY 的特徴を伴う社会的リスクの管理には社会全体の合意

形成が必要になるが，このようなリスクには，社会全体でのベネフィット（受益）と周辺住民のリスク（受苦）との不均衡があるため，その合意形成は容易ではない。家庭から出る一般ゴミのように，排出先が特定されている場合には，地域住民は自分たちの問題として認識することはまだ可能であるが，産業廃棄物，原子力発電により発生する高レベル放射性廃棄物など，誰が使用したために発生したゴミなのかが認識しにくいものについては，自分たちの問題として認識することが容易ではなく，その社会的リスクに関する合意形成はさらに難しいものになる。

本章では，NIMBY 的特徴を持つ社会的リスクの典型的な事例の 1 つとして，高レベル放射性廃棄物の地層処分を取り上げ，社会的リスクの NIMBY 的特徴とそれをもたらす要因と考えられる社会的スティグマとの関連と，地層処分の受け入れを規定する要因を紹介する。

2. 高レベル放射性廃棄物の地層処分に関する NIMBY 問題

2.1. 高レベル放射性廃棄物の地層処分とは

日本では，原子力発電で使い終わった使用済燃料はそのまま処分せず，燃料として再生できるウランやプルトニウムを再処理によって回収し（再処理），その後に残る強い放射能を持った廃液（高レベル放射性廃液）を，ガラス原料と混ぜて高温で溶融しステンレス容器に入れて固化することにしている（ガラス固化体）。こうしてできたガラス固化体が高レベル放射性廃棄物（High-level radioactive waste，以下，HLW）となる。再処理せずに使用済の燃料をそのまま処分する国（たとえば，フィンランド，スウェーデン）では，使用済燃料そのものが HLW である。日本では，平成 21 年 12 月末までの原子力発電の運転により生じた使用済燃料は，ガラス固化体の本数に換算すると約 23,100 本に相当する（資源エネルギー庁，2012a）。ガラス固化体は原子炉から取り出された直後の放射能レベルが高く，そのもとになった燃料製造に必要なウラン鉱石全量の持つ放射能の約 2〜3 万倍になる。時間とともに放射性崩壊によって減衰するものの，もとになった燃料の製造に必要なウラン鉱石並みの放射能になるのには数万年かかる（資源エネルギー庁，2012b）。HLW の管理方法に

ついては，これまで国際機関や世界各国で様々な方法（地層処分，宇宙処分，海洋底処分，氷床処分，人間による長期管理など）が検討された。このうち，宇宙処分はHLWを宇宙に運ぶための発射技術等のリスク，海洋底処分や氷床処分は国際条約などにより持ち込みが禁止されており，それぞれ実現は難しいと考えられた。また，人間による長期管理（恒久的な管理）は実用面から難しく，また将来世代にまで監視の負担を負わせることから世代間倫理にも抵触すると考えられた。このため地層処分が，他の方法と比較して，最も問題点が少なく，実現可能性があることが国際的に共通した認識となっている。

　日本では，ガラス固化体を地上で30～50年程度貯蔵して冷却した後，地下300m以深の安定な地層中に処分（地層処分）することとされている。地層処分による安全確保の仕組みは，長期にわたって安定な地層（天然バリア）と複数の人工バリア（ガラス固化体，オーバーパック，緩衝材）を組み合わせた多重バリアシステムによって，廃棄物を長期間にわたって閉じこめ，仮に放射性物質が放出されたとしても，人間が直接関与することなく人間とその生活環境へ有意な影響が生じないようにする（受動的安全系）というものである。具体的には，ガラス固化体にすることで放射性物質は地下水に溶けにくいガラスの中に閉じ込められ，肉厚のある金属製の容器（オーバーパック）にガラス固化体を封入することで地下水を廃棄物に触れにくくし，またオーバーパックの周りを天然の粘土を主成分とする緩衝材で覆うことで周囲岩盤からの地下水や廃棄物からの放射性物質の移動を遅らせることが可能となる。さらに緩衝材から廃棄物からの放射性物質が岩盤に到達したとしても，岩盤中の地下水の流れは遅く，また酸素の少ない地下環境では放射性物質は岩盤に収着しやすいことから，放射性物質の移動は一層遅れることになり，その間に放射性物質の放射能レベルは確実に減少するというように，複数のバリアが機能するよう考えられている（図8-1）。また，わが国では地層処分を実施するに当たり，処分施設を設置する地域の地質環境は長期間にわたり地層処分の観点から擾乱を受けにくいことが要件とされ，地震・断層活動，火山・火成活動，隆起・侵食や気候・海水準変動などの自然現象の大きな影響が及ばない地質環境が選ばれる（資源エネルギー庁，2012b）。

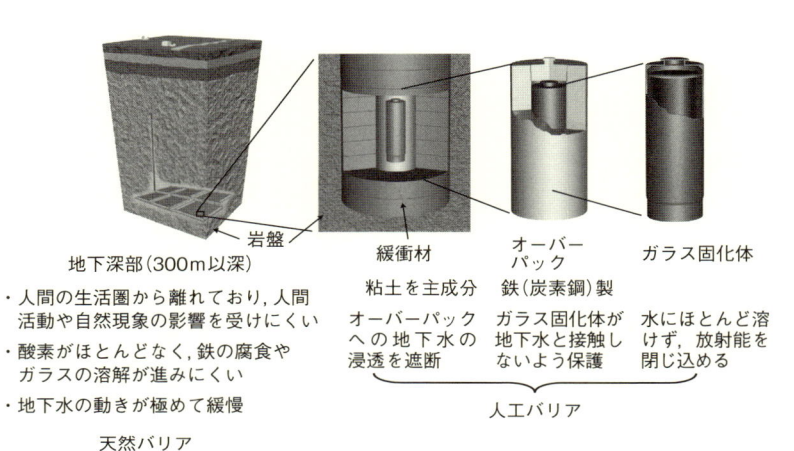

図 8-1　地層処分システムの構成と安全機能（大澤ら，2008）

天然バリア

地下深部（300m以深）
- 人間の生活圏から離れており，人間活動や自然現象の影響を受けにくい
- 酸素がほとんどなく，鉄の腐食やガラスの溶解が進みにくい
- 地下水の動きが極めて緩慢

岩盤

人工バリア

緩衝材：粘土を主成分／オーバーパックへの地下水の浸透を遮断

オーバーパック：鉄（炭素鋼）製／ガラス固化体が地下水と接触しないよう保護

ガラス固化体：水にほとんど溶けず，放射能を閉じ込める

2.2. 各国における地層処分の進め方

　1980 から 1990 年代，欧州では，HLW の地層処分施設の立地に関し，地域社会との対立により，その計画が遅延していた。この時期の地層処分施設の立地は，事業主体側が「決定し，公表し，防御する」というやり方で進められていた。それに対し地域社会は，自分たちの懸念や希望が考慮されないという理由でしばしば反対を表明した。このように，1980 から 1990 年代に行われた地層処分事業の取り組みは，事業への市民参加の機会，事業の進み方についての情報の開示，住民の意見の反映などが十分ではなく，決定までの手続きが透明で公正なもの（手続き的公正）ではないと受けとめられたことにより，地域社会から反対が表明された。

　このような状況を受け，1990 年代になると，事業主体側は，決定し，公表し，防御するという一方的なリスクコミュニケーションから，参加し，交流し，協力するという双方向的なリスクコミュニケーションに変化している。このような変化は，地層処分施設の立地における協調的アプローチと段階的アプローチにあらわれている（NEA, 2013）。

　協調的アプローチは，地域社会と地層処分事業の実施主体が協力しながら事業を進めるやり方である。このアプローチの重要な特徴は，地域社会に，その

将来を左右する意志決定の権限を付与することにある。そのため，地層処分の事業計画の各々の段階での多様な参加の機会や，最終的な立地などの是非の選択の機会が設けられる。また，地域社会には，「事業計画の情報にアクセスし評価する」「市民の選んだ専門家から事業評価に必要な知識を得る」「実施主体，コンサルタント，規制当局が進める研究の状況を把握する」「多様な関係者の言動を監視しその信憑性を調査する」「施設設計やインフラなどへの提言を行い事業に影響を及ぼす」「市民がより高い権限への提言を行う」「地域の発展を保証する短期・長期の支援計画を策定する」などの権限が付与される。さらに，地域社会が，HLW 地層処分施設の立地に適しているか否かを評価するプロセスへの参加を自ら表明する機会（自発的な意思表明）と，地域社会が一定期間内に，上記のプロセスから撤退する拒否権が与えられる（NEA, 2010）。

　段階的アプローチは，HLW 地層処分事業が，その終了までに数世代を要する長期的なプロセスであることから，調整や後戻りが可能なよう，段階的に意思決定を進めるというやり方である。段階的アプローチには，「政策の決定と実施に関する手順が段階的に示され，それらが必要に応じて更新や調整が可能なこと」「各段階において，問題点の明確化，方針決定，実施と監視が繰り返し行われること」「各段階の意思決定結果の評価に主要な関係者が参加すること」，が必要とされている。また，このアプローチの重要な要件として，「市民の能力の育成と公正な手続きの構築のために，決定プロセスに十分な時間を取ること」「状況変化に対応できるよう，透明で柔軟性のある方法で決定を行うこと」「多様な関係者や専門家との交流を促すよう，関係者が学習する環境を整備すること」「異なる価値観の人々の間での建設的な対話が成立するよう，決定プロセスに市民の参加を促すこと」などが必要とされる（NEA, 2008a, 2008b）。

　このような手続き的公正に配慮した取り組みへの変化などにより，2000 年代に入ると，フィンランド，スウェーデンなど，処分地の候補地が決まった国があらわれる。フィンランドでは 2001 年に最終処分候補地をオルキルオトに原則決定し，地下特性調査施設オンカロの建設が進み，2012 年 12 月に処分場の建設許可申請が提出された。スウェーデンでは処分場建設予定地としてフォルスマルクを選定し，2011 年 3 月に立地・建設許可申請がなされ，審査が進

められている。スイスでは，監視付き長期地層処分という新しい処分概念（EKRA, 2000）を取り入れたうえで，地質学的観点のみで選定した3つの候補エリアを2011年に連邦政府が承認し，エリア周辺の自治体や地域住民も参加して，地上施設の設置区域の検討などが進められている。しかし，その他の欧米諸国でも，各国の状況に応じて上記のアプローチを取り入れながら地層処分事業を進めてきているが，必ずしも順調に合意形成が進んでいる訳ではない。英国では2008年から公募方式による地層処分場のサイト選定を開始し，カンブリア州とその2市が関心を表明して検討を進めていたが，2013年1月に，撤退権の法制化などを要求し，次段階に進まないことになった。そのため，英国政府は改めてサイト選定プロセスについて，これまでの反省点や改善点に関する意見を，これまでサイト選定プロセスに関心表明を示していた地域に照会している。可逆性のある地層処分の事業化に向けた取り組みを行っているフランスでは候補サイトをビュール地下研究所周辺の 30 km^2 の区域に決めたが，2013年に行われている公開討論で市民団体が反対を訴え，公開討論会は当初の予定どおり進んでいない。ドイツは，福島第一原子力発電所事故以降，原子力発電からの撤退を決め，これまで処分場候補地として調査などを進めてきたゴアレーベンに特定せず，改めて処分場のサイト選定を進める法案の制定を行う予定である（資源エネルギー庁，2013）。

　日本では，平成12年に成立した特定放射性廃棄物の最終処分に関する法律（最終処分法）にもとづき，実施主体として原子力発電環境整備機構（NUMO）が設立された。地層処分施設の建設地の選定は，地域の意向を尊重するという観点から，平成14年から全国の市町村から地層処分施設の設置可能性を調査する区域（文献調査を実施する区域）の公募を行っている。応募があった区域については，まず火山や活断層などの地質的な条件を満たすか否かを確認後，最終処分法に従い，3段階の調査・選定の第1段階である概要調査地区選定のための文献調査を行う。その後，概要調査，精密調査を行い，処分施設の建設地（地層処分施設建設地）を選定する。3段階の調査，選定においては，それぞれの段階で報告書を作成し，これに対してその地域の住民が意見をいう機会が設けられる（原子力発電環境整備機構，2009）。平成19年には，地域からの応募が進まないことを受け，国が市町村に対し，文献調査実施の申

入れを行うやり方も取り入れられた（総合資源エネルギー調査会電気事業分科会原子力部会放射性廃棄物小委員会，2007）。このように，日本の処分地選定プロセスでも，協調アプローチで提案されている自発的意思表明が取り入れられるとともに，国も地層処分政策の情報提供，全国キャラバン，双方向シンポジウムなどが行われてきているが，これまでのところ文献調査を実際に受け入れた市町村はない。

2.3. HLW地層処分の立地調査の受け入れに関する要因

2.2.で示したとおり，NIMBY的特徴を持つ社会的リスクの典型事例であるHLW地層処分施設の立地調査の受け入れは容易ではない。ここでは，一般の人々のHLW地層処分施設の立地調査の受け入れを促進もしくは阻害する要因について紹介する。

HLW地層処分施設の社会的受容をリスク認知の視点に立って分析した例として，フリンら（Flynn et al., 1992），ピーターズら（Peters et al., 2004），ショーベリ（Sjöberg, 2004），田中（Tanaka, 2004）などが挙げられる。いずれも，HLW地層処分施設の社会的受容の共通の要因として，地層処分施設が安全かどうかといったリスク認知，自分の居住地域が発展するかどうかといったベネフィット認知，事業主体への信頼を挙げている。この3つの要因については，遺伝子組み換え食品の社会的受容など（Siegrist, 2000），NIMBY的特徴を含まない他の科学技術分野においても共通して挙げられる要因である。また，係争的な環境計画への社会的受容に関する研究において，市民参加による手続き的公正の高い決定プロセスが，事業主体への信頼とともに，環境計画の社会的受容を高めることが明らかになっている（広瀬ら，2011）。原子力関連施設の社会的受容に関する調査でも，様々な公正判断の要因の中でも手続き的公正（事業への市民参加の機会が十分に設けられていること，事業の進み方についての情報が開示されていること，住民が拒否権を持つなど住民の意見が反映されるなど，決定までの手続きが透明で公正であると認められること）の影響力が最も強いことが指摘されており（Besley, 2012），手続き的公正も共通して取り上げられる1つの要因となる。

HLW地層処分のようなNIMBY問題をかかえる施設の受け入れに特有の要

因の1つとして，フリンら（1992）はテクノロジカル・スティグマを取り上げている。フリンら（1992）が取り上げたテクノロジカル・スティグマは，ある技術が不名誉で受け入れがたいものとみなされることであり，それと結びつけられて土地の価格が下がったり，機関投資家が引き上げたりするなど，社会経済的な損失などの影響を受けることになる。彼らは，ネバダ州ユッカマウンテンにおいて当時予定されていたHLW地層処分のリスク認知とテクノロジカル・スティグマ認知，ベネフィット認知，事業主体への信頼について，ネバダ州全体で調査を行い，共分散構造分析によってモデルを示し，「観光客が減少する」と「ネバダ州が核のゴミ捨て場だというラベルが貼られる」の2つを観測変数としたスティグマ評価が，地層処分事業の受け入れに影響を与えることを示している。一方で，ゴフマン（Goffman, 1963）によると，スティグマは，逸脱者や身体的精神的問題など，他者からみて一般的に望ましくない属性に刻印されることだとされる。そして，人種，民族，性，職業などの社会的カテゴリーで分類される集団が否定的なステレオタイプの対象となることによって，その集団成員が周囲の偏見にさらされ価値剥奪された社会的アイデンティティを有することを社会的スティグマとして扱っている。文献調査に応募したことのある東洋町（その後，反対する候補者が町長選挙に当選したことにより応募は取り下げ）においても，住民の中で風評被害により農作物や魚介類が売れなくなるなどの懸念が生じているが（田嶋，2008），これはフリンら（1992）が示唆したテクノロジカル・スティグマによる社会経済的な潜在的損失だけではなく，その背景として，社会全体や他の地域からの偏見などの社会的影響，他者からの否定的な地域アイデンティティの刻印，望ましい地域アイデンティティの喪失の恐れといった，社会的スティグマに対する懸念によるものと考えられる。HLW地層処分だけでなく，一般廃棄物や産業廃棄物の処分場の選定の際にも聞かれる「私たちが代々受け継いだ土地がけがされる」といった言葉は，そのような社会的スティグマによる懸念をあらわしたものと考えられる。

　また，その他の要因として，他者から，HLW地層処分の処分場を受け入れることに関し，自分がどのように振る舞うことを期待されているのかについての評価が挙げられる。これは主観的規範と呼ばれるもので，具体的に他者からどのように振る舞うべきだと期待されているのかが明確にされているのではな

く，自分がどのように振る舞うべきだと主観的に思うことによって，実際の行動選択に影響を与えるとされるものである．とくに，HLW 地層処分のように長期の安全性の確保が必要になる事業や，地球温暖化など将来に大きな影響を与えてしまう課題は，世代を超えた責任をどのように果たすべきなのかが倫理的にも課題となる（世代間倫理と呼ばれる）ため，対象となる他者は，子孫や先祖といった世代間を超えたものとなると予想される．具体的には，将来の世代に及ぶリスクへの責任，代々，土地を守ってきた過去世代への責任が挙げられる．福島第一原子力発電所事故において福島県民が言われる「私たちのことよりも，子どもや孫への放射線の影響を考えないといけない」といった言葉，あるいは「ご先祖様に申し訳ない」といった言葉は，世代間を超えた他者に対する主観的規範（以下，世代間主観的規範）があらわれたものと考えられる．

さらに，最近の科学技術によるリスク認知に関する研究では，リスク認知とベネフィット認知に対して感情が影響することを示している（たとえば，Siegrist et al., 2007）．ピーターズら（2004）は，原子力発電について，受容できる／受容できないや，名誉である／不名誉であるといった評価に対して感情の影響があることを示している．フィヌケーンら（Finucane et al., 2000）は，肯定的な感情を喚起させる対象は「リスクが低く，ベネフィットが高く」，否定的な感情を喚起させる対象には「リスクが高く，ベネフィットが低い」という判断が生じやすくなるなど，感情により判断が影響を受けることを指摘している．このようなことからも，HLW 地層処分の受容に関しても，地層処分が安全かどうかといったリスクそのものへの感情評価を考慮に入れる必要があると考えられる．

上記のような規定因に関し，一般の人々の HLW 地層処分施設の立地調査に対する促進もしくは阻害要因を検討するため，大友ら（2012）は社会調査を行っている．社会調査では，はじめに HLW 地層処分施設とサイト選定の概要の内容を読んだ後，自分が居住している地域（市町村）で地層処分施設の立地調査の受け入れを想定したシナリオ場面に対して，HLW 地層処分施設の立地調査の受容，住民参加の手続き的公正，地層処分事業による社会的便益や個人的便益，地層処分施設の立地に対する世間からのスティグマや現役・将来世代への規範的価値である世代間主観的規範を質問した．さらに，地層処分に対する

リスク認知，科学技術受容における一般市民のヒューリスティック要因として，地層処分への感情評価，原子力事業者に対する信頼について質問した。

その結果，地層処分施設の立地調査受容の直接の規定因として，手続き的公正，社会的便益，世代間主観的規範，リスク認知からの影響が確認されている。この結果は，地層処分施設の立地調査の選定・決定プロセスが公正でなければ受け入れられないことを示している。また，個人的便益からの調査受容への影響はほとんどみられず，個人的利益より，社会的便益（日本社会への貢献）が立地調査の受け入れに影響を与えることを示している。また，スティグマは世代間主観的規範に影響することで，間接的に立地調査受容を規定しており，住んでいる地域（市町村）が悪いイメージでみられるというスティグマが生じ，そのスティグマが将来世代にもつきまとい迷惑をかけるという判断が立地調査の受け入れを遠ざけることを示している。さらに，感情評価や信頼は，リスク認知，社会的便益，手続き的公正などに影響を及ぼしている。これが，感情や信頼が，リスク認知，社会的便益，手続き的公正さなどの様々な要因の先行要因として作用し，合理的な判断にバイアスを生じさせる可能性を示している（図 8-2）。このように，地層処分施設の立地調査の受容には，リスク認知だけでなく，参加手続きの公正さや，家族，子，子孫といった世代を超えた土地に対する規範的価値観が重要な要因として作用する。また，それらの要因に直接もしくは間接的に感情や信頼が関与する。

また，大澤ら（2012）では，福島第一原子力発電所事故のような原子力分野全体に対する信頼を大きく失墜させるようなできごとが，HLW 地層処分施設の立地調査の受容の規定因にどのような影響を与えるのかを検討するため，福島第一原子力発電所事故前後で同じ調査協力者に同様の調査を行っている。調査項目は，大友ら（2012）と同様に，第 1 回および第 2 回調査ともに，信頼，感情評価，リスク認知，スティグマ，世代間主観的規範，手続き的公正さ，社会的便益，個人的便益を対象に行っている。その結果，福島第一原子力発電所事故後の 2012 年に，個人的便益を除いて各要因の評価が否定的な方向に変化し（図 8-3），その中でも信頼や感情評価の低下が大きい。また，地層処分施設の立地調査の受容に及ぼす要因の影響力については，手続き的公正→調査受容や社会的便益→調査受容など，調査受容とその直接的規定因の要因連関では

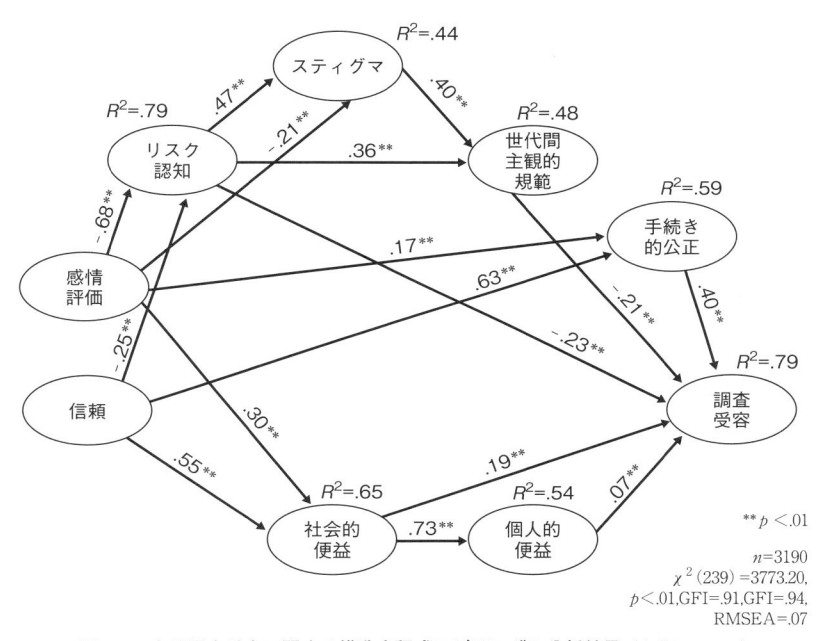

2. 高レベル放射性廃棄物の地層処分に関する NIMBY 問題　149

図 8-2　立地調査受容に関する構造方程式モデリングの分析結果（大友ら，2012）

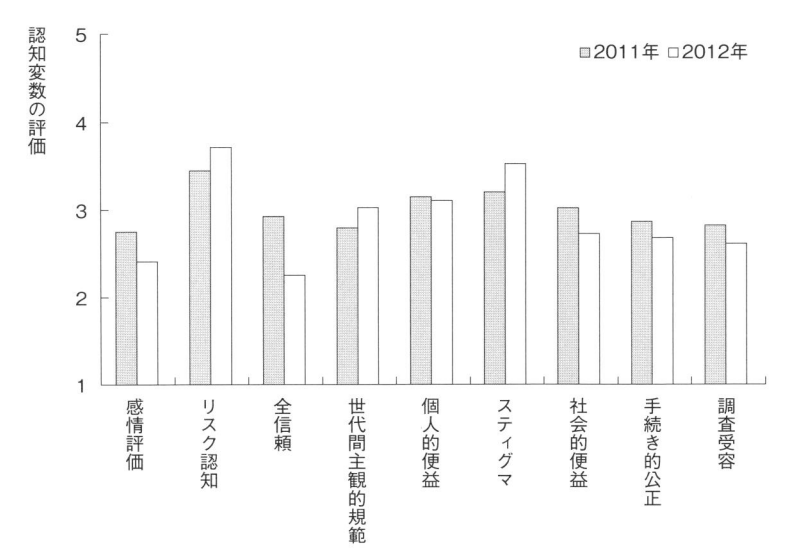

図 8-3　福島第一原子力発電所事故前後における立地受け入れと関連要因の変化（大澤ら，2012）

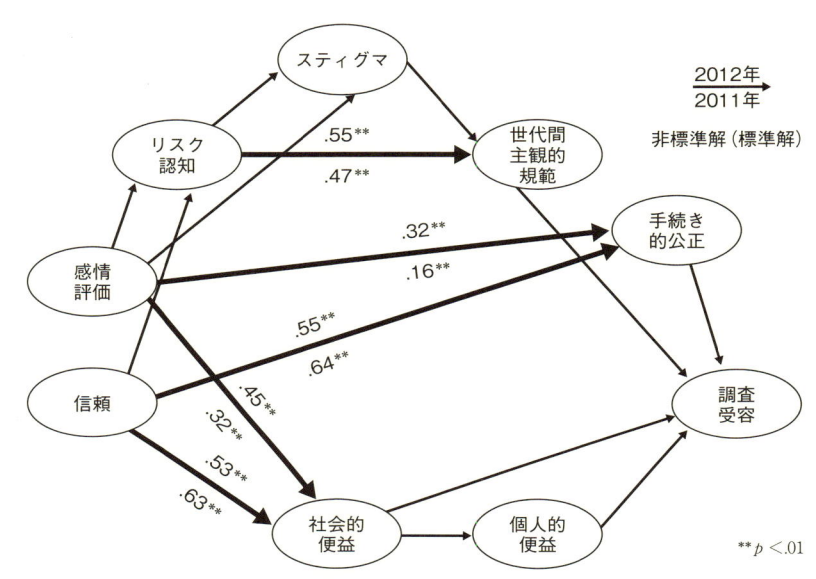

図 8-4　立地調査の受け入れに関する多母集団分析の結果（大澤ら，2012）
注）2011 年と 2012 年で変化が認められたパスのみ非標準解（標準解）を付す。

事故の前後で違いが認められなかった。しかし，福島第一原子力発電所事故後では，感情評価から手続き的公正さや社会的便益への影響力が強くなるとともに，信頼から手続き的公正や社会的便益への影響力は弱くなっている（図8-4）。このように，放射能汚染等の問題を目の当たりにしたことで，事故後は地層処分事業の実施主体などの信頼にもとづき手続き的公正さを判断するのではなく，感情的な判断，すなわち感情的にいやなものは不公正とみなす傾向が強まったと考えられる。さらに，福島第一原子力発電所事故前の立地調査の受け入れ，スティグマおよび世代間主観的規範の判断は，事故前に高く評価していても低く評価していても事故後はまったく異なる評価をしている（Ohtomo et al., 2013）。これは，原子力発電所と地層処分場は技術的に異なる施設であるものの，放射能汚染という観点で共通の問題としてとらえられ，地層処分に対する忌避的な反応が強く生起したことにより，立地による地域のイメージの低下や，世代を超えた倫理的問題が強く意識されたものと考えられる。

3. NIMBY 的特徴を有する社会的リスクのガヴァナンス形成に向けて

　NIMBY 的特徴を持つ迷惑施設の立地は，社会全体でのベネフィット（受益）と付近住民のリスク（受苦）との不均衡により，合意形成は容易ではない。その結果，NIMBY 的な考え方から個々の人が反対することにより，いずれの場所でも立地ができなくなり，結果として環境という集合財を破壊するなどといった社会的ジレンマが生じる。そのため，本章では，NIMBY 的特徴を持つ社会的リスクの典型的な事例の1つとして，HLW 地層処分を取り上げ，国際的な取り組みの変化やその結果，HLW 地層処分施設の立地調査の受け入れに関する規定因を紹介した。

　HLW 地層処分分野で国際的に協調的アプローチや段階的アプローチが導入され，地層処分事業の決定プロセスの手続き的公正が高まることにより，フィンランドやスウェーデンなどでサイト選定が進むなど，一定の効果をあげており，他の分野の NIMBY 的特徴を持つ社会的リスクの問題解決にも役に立つと考えられる。しかし，必ずしもすべての国で順調に進んでいる訳ではなく，現在も，たとえば英国のように，その原因を1つ1つ確認し，やり方を改善する取り組みが続けられている。HLW 地層処分施設の立地調査を取り上げて，その受容の要因を分析すると，リスク認知だけではなく，少なくとも，住民参加の手続き的公正，事業による社会的便益，立地に対する世間からのスティグマや現役・将来世代への規範的価値である世代間主観的規範，事業への感情評価，事業者に対する信頼が挙げられる。とくに，地層処分事業のような NIMBY 的特徴を有する社会的リスクについては，事業による個人的便益よりも社会的便益のほうが重要であること，スティグマを引き起こさないようにすることが必要であることを勘案し，地層処分施設を受け入れる地域とそれを依頼する地域の間で，施設を受け入れた地域のみが負担を負うことにならないよう，双方にどのような負担を享受するのかを熟慮し，それを国民的レベルで共有が必要になることなどが，重要な視点として挙げられる。また，その社会的リスクが長期にわたる場合は，世代間主観的規範の影響に配慮して，将来世代

への責任に関し，倫理的コンセンサスを得ていくことが重要になると考えられる。さらに，これらの要因は，すべて直接的に HLW 地層処分施設の立地調査の受容に影響を与えている訳ではない。リスク認知は，直接的な影響のみならず，リスク認知がスティグマ，世代間主観的規範に影響を与え，立地調査の受容に間接的に影響を与える。また，感情や信頼は，リスク認知，社会的便益，手続き的公正さなどの様々な要因の先行要因として作用し，合理的な判断にバイアスを生じさせる。このようなことを理解しながら，国民レベルでの政策決定，地域レベルでの立地受け入れに関し，合意形成の進め方や市民参加の在り方を検討し，実際の NIMBY 的特徴を有する社会的リスクのガヴァナンスを構築していくことが必要になる。

引用文献

Besley, J. C. (2012). Does fairness matter in the context of anger about nuclear energy decision making? *Risk Analysis*, 32(1), 25-38. doi: 10.1111/j.1539-6924.2011.01664.x.

EKRA (2000). Disposal concepts for radioactive waste, Final Report, Expert Group on Disposal Concepts for Radioactive Waste.

Finucane, M. L., Alhakami, A., Slovic, P, & Johnson, S. M. (2000). The affect heuristic in judgment of risk and benefits. *Journal of Behavioral Decision Making*, 13, 1-17.

Flynn, J., Kasperson, R., Kunreuther, H., & Slovic, P. (1992). Time to rethink nuclear waste storage. *Issues in science and technology*, 42-48.

原子力発電環境整備機構（2009）．放射性廃棄物の地層処分事業について～公募のご案内～

Goffman, E. (1963). *Stigma: Notes on the management of spoiled identity*. New York: Prentice Hall.

広瀬幸雄・野波寛・杉浦淳吉・大沼進・前田洋枝・大友章司（2011）．ドイツにおける係争的な公共計画での市民参加の手続的公正と信頼についての調査研究　環境社会心理学研究，16, 1-154.

兼田敏之（2005）．知的エージェントで見る社会 1　社会デザインのシミュレーション＆ゲーミング　共立出版

NEA (2008a). Stepwise approach to the long-term management of radioactive waste. http: //www. oecd-nea. org/rwm/fsc/documents/FSC_Stepwise_flyerbilingual_version.pdf, 2013 年 7 月 31 日閲覧

NEA (2008b). Decision making for radioactive waste management principles, action goals, confidence factors. http://www.oecd-nea.org/rwm/fsc/documents/FSC_Principles_flyerbilingual_version.pdf, 2013 年 7 月 31 日閲覧

NEA (2010). The partnership approach to siting and developing radioactive waste management facilities. http://www.oecd-nea.org/rwm/fsc/docs/FSC_partnership_flyer_bilingual_version.pdf, 2013 年 7 月 31 日閲覧

NEA (2013). Forum on Stakeholder confidence (FSC). http://www.oecd-nea.org/rwm/fsc/, 2013 年 7 月 31 日閲覧

大澤英昭・梅木博之・牧野仁史・高瀬博康・イアンマッキンレー・大久保博生（2008）．地層処分技術に関する知識マネジメントシステムの設計概念　火力原子力発電，**59**(621), 26-33.

大澤英昭・大友章司・広瀬幸雄・大沼進（2012）．高レベル放射性廃棄物地層処分の受容に関する規定因（2）―福島原子力発電所事故前後の主要要因の平均値の変化―　日本社会心理学会 2012 年第 53 回大会，22-02.

大友章司・大澤英昭・広瀬幸雄・大沼進（2012）．高レベル放射性廃棄物地層処分の受容に関する規定因（1）―スティグマや世代間主観的規範の影響―　日本社会心理学会 2012 年第 53 回大会，22-01.

Ohtomo, S., Osawa, H., Hirose, Y., & Onuma, S. (2013). The impacts of Fukushima nuclear accident on public acceptance of geological disposal of high level radioactive waste. *22nd SRA-Europe Meeting/19, June, 2013 W9 Risk, acceptability, and trust 2*, Trondheim, Norway.

Peters, M. E., Burrastonm, B., & Mertz, K. C. (2004). An emotion-based model of risk perception and stigma susceptibility: Cognitive appraisals of emotion, affective reactivity, worldviews, and risk perception in generation of technological stigma. *Risk analysis*, **24**(5), 1319-1367.

資源エネルギー庁（2012a）．放射性廃棄物のホームページ　高レベル放射性廃棄物　概要．http://www.enecho.meti.go.jp/rw/hlw/hlw01.html, 2012 年 7 月 31 日閲覧

資源エネルギー庁（2012b）．放射性廃棄物のホームページ　高レベル放射性廃棄物（ガラス固化体）とはどんなものでしょうか．http://www.enecho.meti.go.jp/rw/hlw/qa/syo/syo03.html, 2012 年 7 月 31 日閲覧

資源エネルギー庁（2013）．諸外国における高レベル放射性廃棄物の処分について（2013 年版）

Siegrist, M. (2000). The influence of trust and perceptions of risks and benefits on the acceptance of gene technology. *Risk analysis*, **20**(2), 195-203.

Siegrist, M., Cousin, M., Kastenholz, H., & Weik, A. (2007). Public acceptance of nanotechnology food packaging: The influence of affect and trust. *Appetite*, **49**, 459-466.

Sjöberg, L. (2004). Local acceptance of a high-level nuclear waste repository. *Risk analysis*, 24(3), 739-749.

総合資源エネルギー調査会電気事業分科会原子力部会放射性廃棄物小委員会 (2007). 放射性廃棄物小委員会報告書中間取りまとめ (案) 〜最終処分事業を推進するための取組の強化策について〜, 2007年9月12日.

鈴木晃志郎 (2011). NIMBY 研究の動向と課題 日本観光研究学会第26回全国大会論文集, 17-20.

田嶋裕起 (2008). 誰も知らなかった小さな町の「原子力戦争」 ワック

Tanaka, Y. (2004). Major psychological factors determining public acceptance of siting of nuclear facilities. *Journal of applied social psychology*, 34(6), 1147-1165.

9

社会的リスクのガヴァナンスのための市民参加とエンパワーメント

1. はじめに

　社会的リスクとは，個人ではリスクを受け入れたり拒んだりすることがそもそも困難だったり，政策がリスクを伴うものであるためにその政策を導入するかどうかの意思決定を社会全体で行うことが望ましいものをさす。

　第8章では放射性廃棄物処理などの社会的リスクを事例に，社会全体としては必要だけれども，誰も引き受けたがらないリスクの管理施設の立地の困難さについてみてきた。

　これを受けて，本章では，まず，社会的リスクをガヴァナンスする，つまりそのリスクにどう対処するのかを社会全体で意思決定し，実行することに市民参加が必要な理由を，市民による科学技術のリスク評価としての参加型テクノロジー・アセスメント（第7章も参照）の考え方と，市民参加のあるべき姿としての討議デモクラシー（第11章も参照）の考え方にもとづいて簡単に整理する。そして，実質的な市民参加の実現には，社会全体という母集団を代表する参加者を得ることが重要であるが，困難なことを指摘する。

　これらを踏まえ，本章では市民の参加を促す要因として参加者のみが得られる心理的な選択的誘因であるエンパワーメントを取り上げ，エンパワーメントが社会的リスク管理のための計画策定に対する市民の参加意図を高める要因であることを示した研究や計画を実現するための活動参加を促すことを示した研究の例を紹介する。

2. なぜ，社会的リスクのガヴァナンスに市民の参加が必要なのか

2.1. 参加型テクノロジー・アセスメントから見た市民参加

　小林（2007）によれば，高度成長期の日本では科学技術の負の側面を検討することはほとんどなく，専門家と市民のリスクコミュニケーションは，専門家から知識の欠如した市民に対する一方的な情報提供であった（欠如モデル）。科学技術が社会にもたらす影響には，私たちの生活を便利にするなどのポジティヴな面もあるが，原発事故や薬の副作用などネガティヴな影響を社会全体に与える場合もある。つまりリスクを市民全体が受ける場合もある。

　1960年代には公害問題が深刻化し，科学技術が環境や私たちの生活に悪影響を与える場合もあることを無視できなくなった。公害の解決や公害に起因する病気の治療は困難であり，非常に時間もかかる。そこで，1971年の科学技術白書にあるように「問題発生後に行なわれる対策では十分な解決が望めなくなっている。このような経験にかんがみ，技術の適用に当たっては自然や人間に与える影響を分析評価し，あらかじめ，その対策を講ずることが重要である」（科学技術庁，1971）との認識が広まった。アメリカでも，テクノロジー・アセスメント，つまり科学技術の発展が社会にもたらしている，あるいは将来もたらすと予想される影響（本書での社会的リスク）を，分析評価し，国の政策に反映させることが重要とされるようになった。当時は，テクノロジー・アセスメントを行う主体は科学技術の専門家が中心であった。

　しかし，リスクの分析評価と社会への導入の可否は科学のみの領域ではなく，科学と政治の交錯するトランス・サイエンス（第7章参照）の領域での問いである。社会的リスクの発生確率や被害の大きさの推定は科学的に計算できたとしても，その確率や予測される被害の程度を安全とみなすのか危険とみなすのかというリスク評価は人々の判断であり，リスクを受け入れるかどうかは社会的な意思決定が必要となる。そのため，科学者のみではリスク評価と社会への導入の意思決定ができない。社会的リスクの影響を受ける可能性がある人々がリスクを評価し，受容するかどうかを社会的に意思決定する必要がある。この

ため，社会的リスクの評価と，受容の意思決定には市民の参加が不可欠である。
　このような状況を踏まえ，一般の市民がテクノロジー・アセスメントに参加する手法が開発されてきた。たとえば，非専門家である一般市民による参加型テクノロジー・アセスメントとしてのコンセンサス会議がデンマークで開発された。コンセンサス会議は日本でも1998年に遺伝子治療のテーマで最初に試行され，その後，遺伝子組み換え作物などをテーマに実施されている（第7章参照）。

2.2. 討議（熟議）デモクラシーの流れからみた市民参加
　市民参加が必要と考えられるようになったもう1つの流れとして討議（熟議）デモクラシーをみてみよう。社会的なリスクへの対処を市民が決めるべきというのは，決めるのは主権者である市民だからである。熟議とは，参加者が誠実に賛否両論を検討し，公共の問題の解決策について熟慮のうえで判断をくだすことをさす。このとき，誠実にとは，自分の意見に固執するのではなく，納得できれば，意見を変えることをいとわないことを意味する。フィシュキン（Fishkin, 2009／岩木訳，2011）によれば，熟議民主主義では，政治的平等と熟議の両立がポイントとなる。まず，政治的に平等とは，すべての市民の意見が考慮されること，特定の人の意見が重視あるいは軽視されることがなく，すべての市民の見解が平等に扱われることである。そして，市民に提供されるのは正しい情報にもとづいた賛否両論の意見であり，議論をとおして意見の対立点や争点を検討することが熟議であるとされる。
　民主主義のあり方としては直接民主主義が最も望ましいが，社会の規模が拡大すると難しく，代表制民主主義にならざるをえない。しかし，社会の規模が非常に大きくなると政治と市民の間の距離が広がり，政治が不安定になる。このため，政治と市民社会の間の循環（選挙による市民の意思の伝達とそれにもとづく政治）の確保と，選挙以外の機会での普通の市民の間の討議とそれによる熟慮された意見の形成が必要とされる（篠原，2012）。そして，議員など立法や行政に関わる人々にインプットされる市民の意見が一時的な出来事やマスメディアの影響を受けて変わりやすいものではなく，互いの価値観の違いを尊重しつつ人々が納得できる可能性を模索した結果であれば，政策立案や決定に

おいて非常に参考になる（水野ら，2004）。

　討議デモクラシーの考え方をもとに開発されたのが，プランニングセルや討論型世論調査である。プランニングセルはドイツで開発され（篠藤，2012a），社会的リスクに関しては，本章で取り上げる健康政策に関する事例などがある。日本では，プランニングセルの原則に学びつつ簡略化された市民討議会の実施例が急増しており，社会的リスクとの関連では地域の安全安心などをテーマとした事例がある（篠藤，2012b）。また，討論型世論調査（Deliberative Polling）はアメリカで開発され，日本では2009年に試行された後，2012年には国の政策に参考にすると明言された初の公式の討論型世論調査がエネルギー政策をテーマに行われた（エネルギー・環境の選択肢に関する討論型世論調査実行委員会，2012）。

　社会的リスクのガヴァナンスに市民の参加が必要な理由は，以下のようにまとめることができる。社会的リスクを危険とみなすかどうか，そしてその危険を受け入れるかどうかは科学者だけでは決められず，影響を受ける人々が意思決定に加わることが必要であること，そしてその意思決定においては通常の代表制民主主義を補完する形で，熟議を経た市民の意見にもとづくことが望ましいことである。そして，そのための手法も多く開発されてきた。

3. 参加者は社会の多様性を反映した人々といえるのか：代表性という問題

　では，これまで開発されてきた市民参加型会議ではどんな要件が満たされるべきだろうか。

　ハーバーマス（Habermas, 1981／河上ら訳，1985）は，市民による熟議において尊重すべきルールを討議倫理として示した。誰でも自由に発言でき，情報を入手できることと，同意の可能性を前提に話し合い，納得すれば相手の意見を受け入れて自分の意見を変えることを挙げた。この討議倫理を参考にしてウェブラー（Webler, 1995）は多様な参加手法の共通の評価基準として，公正さと実効性を挙げ，誰もが参加できる機会があること（開放性），市民全体を代表するように参加者が選ばれること（代表性），議題の設定等に参加できる

こと（会議手続きへの決定の関与），意見を表明し議論をする機会が十分あること，議論の結果が計画に反映されること，議論のために必要な情報提供や学習の機会があることをその下位要件とした（詳細は第10章）。本章では，人々の参加を促すという点で参加者の代表性について次節でみていく。

3. 1. 公募と無作為抽出の特徴

一般の市民が参加する市民パネル型会議（Hirose, 2007；広瀬，2008；以下，市民参加型会議）では，社会全体を代表する多様な一般市民の参加を得ることが非常に重要である。

市民参加型会議では，参加者選出の方法には大きく分けて公募と無作為抽出の2つがある。広瀬（Hirose, 2007）は公募と無作為抽出の特徴を以下のように述べている。まず，誰でも参加可能という参加の開放性を重視する場合は，公募により参加者を選出することになる。ただし，公募では希望する市民は誰もが基本的に参加できるが，議題に関心の高い一部の市民の参加に限られ，強い関心を持たない大多数の市民は不参加の可能性が高いため，一般市民の代表とはいえないと考えられる。一方，参加機会の平等を重視すれば，社会全体の母集団から選ばれる機会が平等な無作為抽出が望ましい。ただしNIMBY問題の場合は，社会の中で多数を占める利益を受ける人々は参加できても，相対的に少数者となる迷惑施設の周辺住民は施設立地により不利益を受けるが会議に参加できないこともありうることや，抽出サンプルの参加率が低い場合は母集団の代表といえないことが指摘されている。

基本的には，十分な数のサンプルを抽出し，サンプルからの参加率も高いのであれば，無作為抽出により母集団の意見分布を反映した代表を得られる。参加手続きの公正さの点でも，高い代表性を得るためにも，無作為抽出は有効な方法といえる。

3. 2. 無作為抽出で参加者は集まるのか

環境リスク管理を目的として策定される環境基本計画などへの市民参加に関する先行研究によれば，計画について市民参加で討議をする意義や必要性は多くの人が感じているが，実際に参加する人は少ない。市民参加に対する態度と

行動の不一致がみられるのである。たとえば，広瀬ら（2003）が調査した一般廃棄物処理基本計画策定の事例では，廃棄物のリスク管理のための基本計画作りに市民参加は必要とほとんどの人が考えていたが，ワークショップへの参加意図を示した人は5％程度であった。無作為抽出により参加者を招待するプランニングセルや討論型世論調査などの市民参加型会議でも，海外の事例で20％前後，国内の事例では5％前後とこれまでの実際の参加率は高くない（たとえば，坂野，2012）。市民参加による討議の場への参加率を高めることは，市民全体を代表しているといえる十分な人数かつ多様な人々の参加による社会的リスクの検討を実現するうえで重要な課題である。

4. 市民の参加を促す要因としてのエンパワーメント

4.1. 社会的ジレンマとしての参加の意思決定

市民参加による討議の場への参加率は主催者への信頼，討議テーマ，会議期間の長さなどの要因の影響も考えられるが，ここでは，社会的ジレンマの枠組みからみてみよう。

社会的ジレンマとは，ドーズ（Dawes, 1980）によれば，各個人にとって協力か非協力かを選択できる状況にあり，各個人にとっては協力よりも非協力を選択するほうが望ましい結果を得られるが，全員が自分個人にとって有利な非協力を選択した場合，全員が協力を選択した場合の結果よりも悪い結果となる状況をさす。これを計画策定への市民参加に当てはめると，まず参加するかどうかは，各個人は自由に選択できる。このとき，参加すれば時間や労力を費やすことになるが，参加しなければ自分の好きなことにその時間を使うことができる。このため，非協力（非参加）を選択したほうが各個人にとっては望ましいといえる。しかし，全員が非協力（非参加）を選択した場合，市民参加により実現されると期待される「市民の経験知や意見を反映した地域の状況にもあった，より実効性の高いリスク管理の計画」（たとえばごみ問題なら「地域のごみ減量」「最終処分場の延命」など）という社会的な共益を実現できない。市民の参加がなければ，行政担当者とコンサルタント会社のみによる実効性のない計画ができ，計画の実現も期待できなくなる。

リスク管理の計画策定への市民参加は，当該地域の住民全員の参加は必ずしも必要という訳ではない。ただし，もし市民を代表するにたる十分な人数かつ多様性を反映した参加者が集まらないと，多様な市民の意見が計画に反映されない。このため，社会的リスク管理のための計画策定への市民参加に各個人が参加するかどうかの意思決定は社会的ジレンマ事態での意思決定としての特徴を踏まえて，参加を規定する要因を検討する必要があるといえる。

4.2. 選択的誘因としてのエンパワーメントの必要性

誰もが参加の負担を避けるという私益を優先すると，社会的リスク管理のための計画策定への参加者はいなくなり，公共財は実現しない。しかし，現実には，相対的に少数ではあるが参加者は存在する。オルソン（Olson, 1965）によれば，利己的な人々の間でもボランティア的な活動が成立するのは，①フリーライダー（他者の協力にただ乗りして自分は協力しない人）を監視することが可能な小規模集団の場合，②共通利益以外の貢献度に応じて選択的誘因が提供される場合，③参加が強制される場合のいずれかとされる。長谷川（2000）は，農山村部などで地域の一斉清掃にほぼ全世帯が参加したりするのは事実上強制がはたらくからであると指摘した。

しかし，社会的リスク管理の計画作り等への市民参加は，自主的な活動であるため強制できないし，規模の大きな社会集団の問題である。このため，参加の規定因として，選択的誘因が重要と考えられる。

選択的誘因のうち，非協力行動に罰を科す方法は，ごみ分別などの社会的ルール遵守の事例で使われることもある。しかし，市民参加の大きな特徴である自発性を考えると，参加しないという非協力行動に対して罰を与える，つまり負の選択的誘因を適用することは不適切と考えられる。

逆に，協力行動に便益を与える正の選択的誘因として，金銭的報酬をはじめとした物質的誘因が使用されることも多い。プランニングセルでは，参加者に対する報酬を「参加することで欠損する所得への補償」として用意し，「プランナーとしての地位に相応しい尊敬を集める特権であることを社会はお金を払うことによって認める」（Dienel, 2008／篠藤訳, 2012）として，いわば参加して計画案策定を行うことへの正当な対価として位置づけている。しかし，先に

示したように，参加者に報酬を支払うプランニングセルなどの事例でも，参加率は高くない。

このため，社会的リスク管理のための計画策定への市民参加の選択的誘因として，金銭的報酬は参加を促すうえで不十分と考えられる。そこで，金銭以外の内発的な正の選択的誘因として，本章ではエンパワーメント（empowerment）に注目する。

エンパワーメントは，宮田（2005）によれば，1960年代にアメリカの公民権運動などの集合行為により，差別などを受けてパワーのなかった人々が自尊心を高め，外的・内的抑圧への対処能力を向上させることをさして使われるようになった。環境リスクの問題解決に取り組むボランティア活動への参加の規定因を論じた前田ら（2004）は，エンパワーメントを人々が個人あるいは集団として自分や社会の問題を解決する能力や人間関係のネットワークなどの資源を獲得する，つまり有能感や連帯感を得て，問題解決の過程でその問題に関わりを持つ周囲の様々な人や組織に影響を及ぼすことができると実感することと定義し，有能感（スキルや自信を得たとの評価）・連帯感（情報交換や困ったときに助け合える人間関係のネットワーク獲得，信頼感の評価）・有効感（地域コミュニティや行政に対して自分たちの活動が影響を及ぼしたとの評価）の3つの下位概念により検討した。その結果，環境ボランティア活動での活動へのコミットメントによりエンパワーメントが得られること，エンパワーメントが活動継続や新たな活動への参加を規定していることを報告している。これをもとに，前田・広瀬（Maeda & Hirose, 2009）は，廃棄物のリスク管理施策に直接関わる一般廃棄物処理基本計画を市民参加で策定する自治体において，環境等のボランティアグループのメンバーに対して，一般廃棄物処理基本計画策定への参加意図と参加から得られるエンパワーメントの期待との関連を調査した。その結果，計画策定への参加によって得られると見込まれるエンパワーメント（エンパワーメントの期待）の評価が高い人ほど，計画策定への参加意図も高いことを示した。

5. エンパワーメントは計画作りへの市民参加や計画実現のための活動への参加も促すのか

　では，地域の社会的リスクを管理するための計画作りにおける市民参加の会議に参加した市民は情報提供を受けたり，他の市民と討議する体験を通してエンパワーメントを得るのだろうか。そして，社会的リスク管理の計画策定への参加意図や策定した計画を実現する活動への参加意図はエンパワーメント期待が規定するのだろうか。

　これらの疑問にこたえるために，ドイツと日本の調査事例を紹介する。最初に示すのは，ドイツのバイエルン州で実施された健康政策をテーマとしたプランニングセルでの参加者と未経験者の比較調査である。プランニングセルの参加者も比較調査でのサンプルの未経験者も開催地域から無作為抽出でそれぞれ選ばれるため，両者の違いはプランニングセルへの参加経験の有無による違いといえる。プランニングセルへの参加を通して参加者のエンパワーメントが獲得されること，そして，将来同様の参加機会があり，自身が参加すると仮定した場合には参加者のほうが参加意図が高いこと，さらに，参加者・未経験者ともエンパワーメント期待が参加意図を規定すると示した例である。

　もう1つの日本の事例は，三重県の多度川を対象とした河川整備計画策定・実施における市民参加の事例である。河川整備計画の実現への住民の協力意図を規定するのは，住民と専門家・行政がともに検討して策定した河川整備計画の内容や手続きの公正さ評価ではなく，エンパワーメントの中でも住民が参加することの有効感についての評価であると示された例である。

5.1. バイエルン州の健康政策での市民参加とエンパワーメント
5.1.1. バイエルン州の健康政策のためのプランニングセルの経緯

　ドイツのバイエルン州は，もともと畜産が盛んな地域である。そこに，2000年末にBSEが発生し，畜産業が大打撃を受けるとともに，肉，肉製品，乳製品などをはじめとする食品への安全性への関心が人々の間で高まった。これを受けて，健康・食料・消費者保護省（組織名は当時）が設置されるとともに，

まず，2001年秋から2002年にかけて，消費者保護政策に関するガイドラインについてのプランニングセルがバイエルン州内の6地域で開催された（工藤，2002）。

この消費者保護政策についてのプランニングセルの市民報告書において，健康管理における州の課題として「予防に重点を置いての保健衛生制度の改革」などが挙げられた。これを受けて，「州が予防と健康促進をどのように進めていくことができるか（いくべきか）について市民の提案をまとめること」をバイエルン州健康・消費者省大臣が委託して，市民報告書協会による運営のもとで2003年から2004年にかけてバイエルン州で開催されたのが本節での市民参加事例である健康政策についてのプランニングセルである。開催地域はバイエルン州の全行政区域から1つずつの郡・独立都市を田園部か，中規模の都市・その周辺か，大都市かといった経済的社会的観点が考慮されて合計8地域選出され，各地域で参加者が無作為抽出された。各地域で2つのプランニングセルが開催されたため，8地域×2×25名で約400名が参加した。プログラムは標準的な4日間の会議であり，保健衛生制度，行動様式，環境など様々なサブテーマから健康政策を検討できるものになっていた。参加者は各サブテーマについて，多面的な情報提供を受けながら小グループで議論し，最後に予防を目的とした健康改革のための総合コンセプトを市民報告書にまとめた（広瀬ら，2009）。

5.1.2. 会議参加者と未経験者へのアンケート調査

ここからは参加者と参加未経験者に対して2007年に郵送法で実施した調査とその結果（広瀬ら，2009；Maeda et al., 2007；前田，2009）を紹介する。健康政策についてのプランニングセルの参加者405名のうち，216名が回答した（回収率54％）。プランニングセル未経験者は2006年11月〜2007年2月に住民登録帳から16歳以上の住民を7地域から各500名，合計3,500名を無作為抽出し，210名が回答した（回収率5.9％）[1]。

---

[1] 未経験者は，8地域のうち1地域は住民登録帳の閲覧ができず，調査できなかった。なお，未経験者の回収率が低いのは，ドイツでは一般に郵送法による調査での回収率は非常に低いためと考えられる。

5. エンパワーメントは計画作りへの市民参加や計画実現のための活動への参加も促すのか

調査項目はエンパワーメント期待，個人的コスト予期，将来プランニングセルが開催され自身が無作為抽出で選ばれた場合の参加意図である。エンパワーメント期待は，「プランニングセルへの参加によって視野を広げることができる」といった有能感，「プランニングセルの際に異なる見解を持つ人と知り合える」といった連帯感，「プランニングセルにより，討議テーマに対する州政府の取り組みも進む」といった行政に対する有効感，「プランニングセルによりその政策に対する住民の関心を高めることができる」といった地域住民に対する有効感からなっていた。個人的コスト予期は「プランニングセルへの参加は参加者の多くの時間を必要とする」といった項目であった。その結果（図9-1），エンパワーメント期待の評価は，参加者のほうが未経験者よりも総じて高かった。また，将来の参加意図も参加者のほうが高かった。

一方，参加意図の規定因の分析（図9-2）では，未経験者では有能感と参加意図の間の関連および地域住民に対する有効感と参加意図との関連がみられ，有能感や有効感を高く評価する人ほど，参加意図が高くなった。また，個人的コスト予期と参加意図との関連がみられ，参加に時間などがかかると考える人ほど，参加意図は低かった。一方，参加者では地域住民に対する有効感と参加意図との関連がみられ，有効感を高く評価する人ほど参加意図が高くなった。

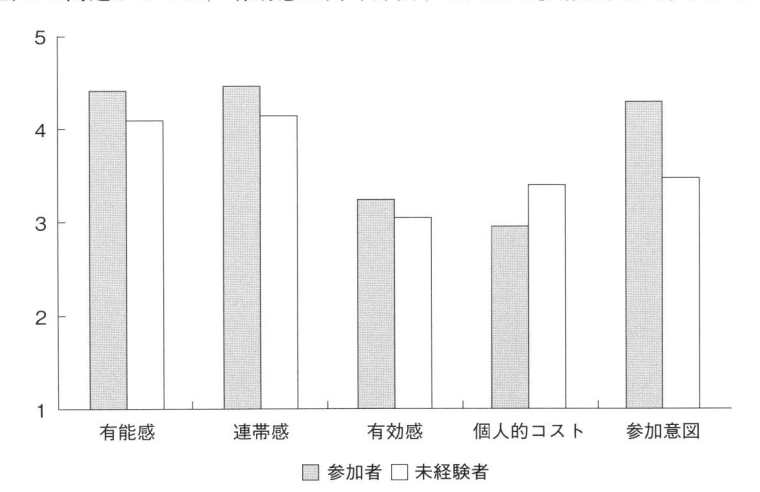

図 9-1　バイエルン州のプランニングセル参加者と未経験者の参加意図とその規定因の平均値
(Maeda et al., 2007 より作成)

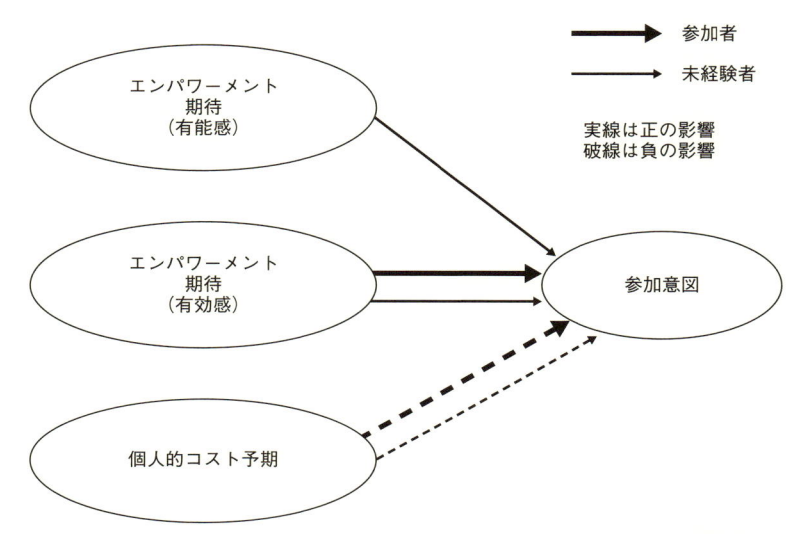

図9-2 バイエルン州のプランニングセル参加者と未経験者の今後の参加意図とその規定因の違い
(前田, 2009より作成)

個人的コスト予期と参加意図との関連もみられた。

　以上の結果から，参加者がプランニングセルでの多面的な情報提供を受けながら討議を行った経験がエンパワーメント獲得につながったこと，参加者のほうが将来の参加意図も高いこと，そして，参加者と未経験者ともエンパワーメントが得られるとの期待が将来の市民参加型会議への参加意図を高めることが明らかになった。

5.2. 多度川かわつくりへの住民参加とエンパワーメント

　前節の調査事例のプランニングセルは，4日間の会議への参加であり，策定された計画の実現にも参加者が継続して関わることは想定されていない。一方で，計画作りに市民の参加が得られると，計画を実現する際にも市民の協力が得られやすいとよくいわれる。

　政策としてもたとえば1997年の河川法改正では，従来の河川整備の目的であった治水・利水に河川環境の整備と保全が加えられ，住民参加についても地域の意見を反映した河川整備の計画制度が盛り込まれ，国土交通省所管の公共

事業の構想段階における住民参加手続きガイドラインでは計画の実現に向けた協力行動や公共施設などの維持管理に地域住民の参加の充実が挙げられた。計画作りへの参加が法律で位置づけられただけでなく，その実現への住民参加が期待されているといえる。

　それでは，住民参加で計画が策定されたとの評価は，計画実施の際の住民の参加につながるのだろうか。それとも市民参加による計画策定への評価とは独立のエンパワーメントが計画実施における住民参加を規定するのか。柴田・広瀬 (2013) の三重県の多度川での河川整備計画作りへの市民参加とその後の保全活動の事例における参加者や流域住民への調査とその結果をみていこう。

5.2.1. 多度川かわつくりの住民参加の経緯

　柴田・広瀬 (2013) によれば住民参加による多度川かわづくり事業は改正河川法にもとづく河川整備計画作成とは異なる取り組みであるが，河川整備の計画段階から住民参加を取り入れた全国でも先駆的な事例である。

　柴田・広瀬 (2013) によれば，この事業の概要は以下のとおりである。多度川は元来，礫底の瀬が続いていたが，1970年代以降，河川整備によるコンクリート化が顕著となり，中・下流域は凹凸のない河床に土砂が堆積し，植物が繁茂して川を覆う状態になった。1990年代には，全国的な自然環境保全の意識の高まりとともに推奨された多自然型かわづくりが中流域に施工され，人工的なせせらぎや川に降りやすい護岸への改修が行われた。しかし，多自然型かわづくりに対して住民から「本来の川を残していない」という意見があり，改修区域の上流部の整備では，住民の意見を反映した整備計画を策定することとなった。

　2002〜2003年の間に現地調査等を通して行政や専門家とともに川づくりを検討するワークショップが7回開催され，公募に応募した各回約30名の住民が討議を重ねた結果，将来の多度川に関する提言がまとめられた。この提言では住民が求める多度川の将来像と，住民による取り組み，住民と行政の協働による川づくりの継続が提案された。三重県は提言にもとづき，平成16，17年度に地域住民との意見交換会等を重ねながら，河川の維持管理支援に資する河川整備（河川へ降りるスロープの整備など）を実施した。また，地域住民は自

主的に活動グループを結成し，ヨシ刈りや県の支援事業を活用した河川敷へ花木の植栽の活動を行った。

　以上より河川管理という社会的リスク管理と，まちづくりとして地域にふさわしい川にするという2つの目的で住民参加が導入された事例である。そして，住民参加で作成した計画にもとづき，行政と住民がともに河川整備事業を実践し，住民の協力行動が継続した事例といえる。

5.2.2. 流域住民とワークショップ参加者へのアンケート調査

　調査対象は多度川に隣接する7つの自治会の全世帯および，多度川かわづくりワークショップの参加者である。多度川隣接の自治会の全世帯への調査は1,866世帯を対象とする全数調査であり，世帯の代表者（住民基本台帳に記載の世帯主またはその配偶者）に回答を依頼した。また，多度川かわづくりワークショップの参加者は45名であった。両者のデータを合わせて分析されている。

　調査項目は，エンパワーメント（住民参加の有効感），個人的コスト評価，多度川への愛着，計画内容評価，計画策定手続きの公正さ評価，河川整備事業への協力意図である。エンパワーメント（住民参加の有効感）は「地元住民が行なう方が，昔ながらの多度川を取り戻す計画が実現しやすい」といった項目であり，個人的コスト評価は「住民による清掃活動など，これまで以上に住民の手間や負担がかかる計画になった」であった。多度川への愛着は「多度川に親しみを感じる」，計画内容評価は「提言の内容は総合的に見て良い計画になった」，計画策定手続きの公正さ評価は「今回の市民参加による川づくりの進め方は全体として公平で偏りがなかった」といった項目であった。河川整備事業への協力意図の規定因として多度川への愛着も検討されたのは，多度川は全流域が多度町という1つの町の中を流れる小規模河川であり，身近な里川と考えられるためである。

　有効回収率は47.4％であった。住民参加の有効感は比較的肯定的であった。川への愛着は強く愛着を感じていた。コスト評価はやや負担に感じられていた。協力行動意図は比較的肯定的であった（図9-3）。

　住民の協力意図の規定因に関する共分散構造分析の結果によれば，活動に対

5. エンパワーメントは計画作りへの市民参加や計画実現のための活動への参加も促すのか

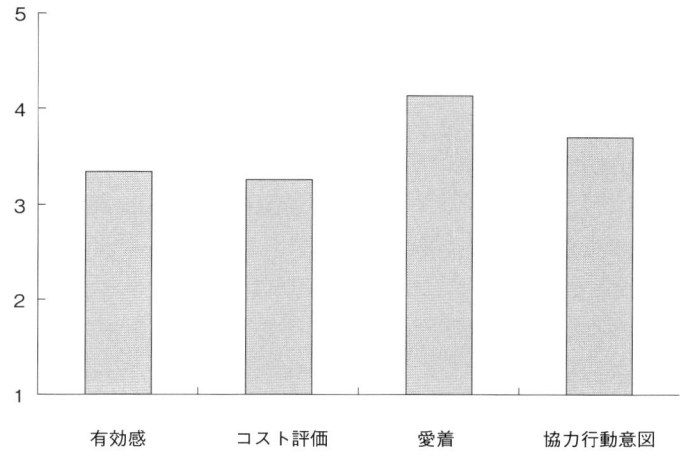

図 9-3 住民参加による多度川のかわづくりへの協力行動意図とその規定因の平均値
（柴田・広瀬, 2013 より作成）

する住民の協力意図を最も促しているのは住民参加の有効感であった。また，川への愛着も有効感ほどではないものの，参加意図を高めていた。個人的コスト評価は有意ではあるが，弱い関連であった。計画内容の評価や計画策定手続きに対する評価は協力意図への影響はみられなかった（図9-4）。このため，市民参加で策定された計画を市民参加で実施する活動への参加意図を規定するのは，計画を市民参加で策定したという事実に対する評価や計画の内容の評価ではなく，参加により得られるエンパワーメントが重要ということが示された。

これまでみてきたドイツと日本での2つの調査結果からは以下のことがいえる。社会的リスク管理の計画を市民参加で策定すること自体は重要である。ただし，計画策定のプロセスや計画実現のための活動に市民が参加するかどうかは，参加すれば自身の視野を広げたり情報やスキルを得られるといった有能感，他の参加者などとの連帯感，自分たちが参加することがその社会的リスクに対する行政の取り組みを進めたり地域住民の意識を高めるなどの影響力を持つとの評価である有効感といったエンパワーメントを参加により得られると市民が期待できるかどうかにかかっている。

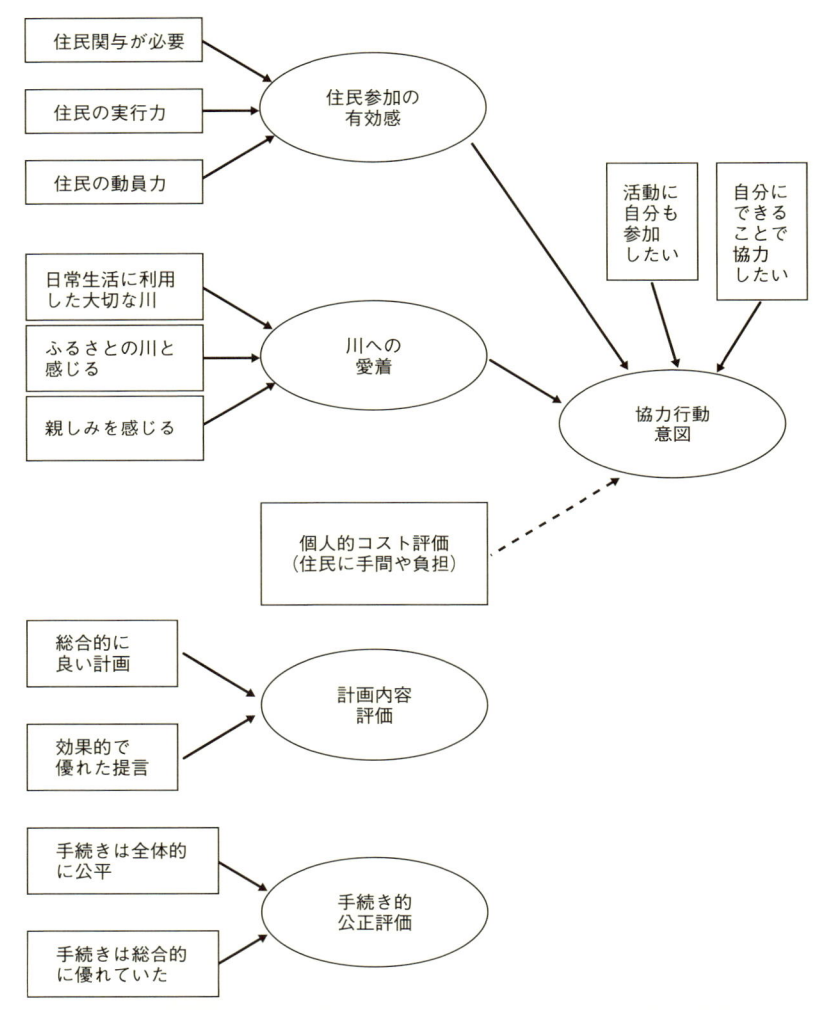

図 9-4 住民参加による多度川のかわづくりへの住民の協力行動意図とその規定因
(柴田・広瀬, 2013 より作成)
注) 要因間の関連の矢印は破線は負の影響。

6. おわりに：参加を促す鍵であるエンパワーメント期待を高めるためには

　社会的リスクを管理する計画策定への本格的な市民参加はまだまだ始まったばかりである。市民参加の会議の開催事例とその参加者は増えているものの，日本の社会の中ではまだ相対的に少数派である。バイエルン州の健康政策の事例での調査からは，参加者が十分な情報提供を受けたうえでの実質的な討議経験からエンパワーメントを得て今後の参加意図を高めることが示された。エンパワーメントが参加意図を高めることで更なる参加を促し，参加経験がエンパワーメント獲得につながるという好循環は望ましいことである。

　ただし，社会的リスクの管理について社会全体を代表する多様な人々の市民参加で検討するためには，一部の人だけが継続的に参加すればよい訳ではなく，多くの参加未経験の人々の参加を促すことが重要となる。バイエルン州の事例では参加者だけでなく，未参加者も調査対象としており，多度川の事例では，ワークショップ参加者だけでなく，地域の全世帯に調査を行っていた。これらの未経験者対象の調査でも，今後の参加意図をエンパワーメント期待が規定すると示されたことは重要である。

　では，未経験者のエンパワーメント期待を高めるにはどうすればよいのか。市民参加による討議結果を何らかの形で反映した政策が実施されることが望ましいが，未経験者にもわかりやすい形で政策に反映されるとは限らない。マスメディアなどをとおして市民参加型会議の様子や参加者の感想が報道される場合もあるが，参加経験のない人々はそもそもそうした報道に注目しない可能性もある。参加の経験がない人々にとって市民参加型会議の様子は想像しづらく，自分よりも知識や能力が高い人が参加しているとのイメージを持っているかもしれない。こうしたことを考慮すると，参加経験者からの直接コミュニケーションが未経験者のエンパワーメント期待を高めたり，参加を促すうえで重要と考えられる。無作為抽出で選ばれるまでは，市民参加型会議に自分が参加するとは思いもよらなかったこと，情報提供が多面的に十分なされることで視野が広がったという有能感の評価や情報提供をとおして初めて知ったことや気づい

たこと,参加しなければ出会うことのなかったであろう多様な立場・意見の人々と一定期間討議することによる連帯感,討議結果を身の回りの人々に話をして好意的に評価されたり,討議結果が報道されたり政策に反映されたりしたときの行政や地域住民に対する有効感について,参加経験者から話を聞くことは,未経験者がエンパワーメント期待を高めるうえで,効果的と考えられる。

コンセンサス会議やプランニングセルといった,社会的リスクの管理を市民参加の熟議によって検討する会議は,開催に大きな金銭的・労力的コストがかかる。しかし,市民参加で社会的リスクの管理を検討するべきテーマは,地域のごみ問題から,国レベルのエネルギー政策,様々な新たな科学技術など多く存在する。市民参加を1回のイベントとして実施するのではなく,何らかの形で継続することで,参加の場とそこで得られた様々なエンパワーメントについての情報が人々の間をめぐり,社会的リスクの管理や問題解決について人々の当事者意識や参加によるエンパワーメント期待,そして参加意図を高めるだろう。

引用文献

Dawes, R. (1980). Social Dilemmas. *Annual Review of Psychology*, 31, 169-193.

Dienel, P. C. (2008). *Demokratisch, Praktisch, Gut: Merkmale, Wirkungen und Perspektiven von Planungszellen und Bürgergutachten.* Dietz Verlag.（ディーネル,P. C. 篠藤明徳（訳）(2012). 市民討議による民主主義の再生——プラーヌンクスツェレの特徴・機能・展望—— イマジン出版）

エネルギー・環境の選択肢に関する討論型世論調査実行委員会 (2012). エネルギー・環境の選択肢に関する討論型世論調査 調査報告書

Fishkin, J. (2009). *When the people speak.* Oxford: Oxford University Press.（フィシュキン, J. 曽根泰教（監修）・岩木貴子（訳）(2011). 人々の声が響き合うとき 早川書房）

Habermas, J. (1981). *Theorie des kommunikativen Handelns,* Bde. 1-2. Frankfurt/Main. Suhrkamp Verlag.（ハーバーマス, J. 河上倫逸・M・フーブリヒト・平井俊彦（訳）(1985). コミュニケイション的行為の理論 未来社）

長谷川公一 (2000). 市民が環境ボランティアになる可能性 鳥越皓之（編）シリーズ環境社会学1 環境ボランティア・NPOの社会学 新曜社 177-192.

Hirose, Y. (2007). A normative and empirical research on procedural justice of citizen

participation in environmental management planning: A case study of citizen participatory projects in Karlsruhe. In K. Ohbuchi (Ed.), *Social justice in Japan: Concepts, theories and paradigms* (pp. 264-290). Melbourne: Trans Pacific Press.
広瀬幸雄（2008）．環境計画への市民参加はなぜ必要なのか　高木修（監修）・広瀬幸雄（編著）　環境行動の社会心理学―環境に向き合う人間のこころと行動―　北大路書房　104-113.
広瀬幸雄・大沼進・杉浦淳吉・前田洋枝・野波寛・大友章司（2009）．ドイツにおける公共計画への市民参加の手続き的公正さについて―レンゲリッヒ市とバイエルン州におけるプランニングセルの社会調査研究―　環境社会心理学研究，9．
広瀬幸雄・杉浦淳吉・大沼進・安藤香織・前田洋枝（2003）．環境計画への市民参加とボランティアのエンパワーメント―日進市の一般廃棄物処理基本計画に対するボランティアの意識調査―　環境社会心理学研究，7．
科学技術庁（1971）．昭和46年版科学技術白書―技術革新への新たな要請―　http://www.mext.go.jp/b_menu/hakusho/html/hpaa197101/index.html
小林傳司（2007）．トランス・サイエンスの時代―科学技術と社会をつなぐ―　NTT出版
工藤春代（2002）．食品安全政策の評価基準と事例評価―リスクアナリシスと市民参加―　日本機械学会講演論文集，064-1　11，21-26.
前田洋枝（2009）．バイエルン州におけるプラーヌンクスツェレに関する社会心理学的調査の報告―参加者と非参加者の比較を中心に―　地域社会研究，16，11-19.
Maeda, H., & Hirose, Y. (2009). Expectation of empowerment as a determinant of citizen participation in waste management planning. *Japanese Psychological Research*, 51, 24-34.
前田洋枝・広瀬幸雄・安藤香織・杉浦淳吉・依藤佳世（2004）．環境ボランティアによる資源リサイクル活動とエンパワーメント―参加者の有能感・連帯感・有効感の獲得と今後の活動意図―　廃棄物学会誌論文誌，15，398-407.
Maeda, H., Hirose, Y., Sugiura, J., & Ohnuma, S. (2007). Could the citizens gain empowerments by involving participation of the planning cells? 7th Biennial Conference on Environmental Psychology abstract book, 134.
宮田加久子（2005）．きずなをつなぐメディア―ネット時代の社会関係資本―　NTT出版
水野洋子・柳下正治・涌田幸宏・前田洋枝・図師田聡子（2004）．デンマークにおける参加型会議の実践とその評価　社会技術研究論文集，2，59-67.
Olson, M. (1965). *The logic of collective action: Public goods and the theory of groups.* Cambridge: Harvard University Press.（オルソン，M. 依田博・森脇俊雅（訳）（1983）．集合行為論　ミネルヴァ書房）
坂野達郎（2012）．討論型世論調査（DP）―民意の変容を世論調査で確かめる―　篠原

一（編著）　討議デモクラシーの挑戦―ミニ・パブリックスが拓く新しい政治―　岩波書店　3-31.
柴田恵理砂・広瀬幸雄（2013）．住民参加による河川整備計画の社会的受容と計画実現にむけた住民の協力意図とそれぞれの規定因　社会安全学研究，3，3-19.
篠原一（2012）．若干の理論的考察　篠原一（編著）　討議デモクラシーの挑戦―ミニ・パブリックスが拓く新しい政治―　岩波書店　233-256.
篠藤明徳（2012a）．計画細胞会議―メンバーを入れ替えながらの少人数討議―　篠原一（編著）　討議デモクラシーの挑戦―ミニ・パブリックスが拓く新しい政治―　岩波書店　61-79.
篠藤明徳（2012b）．市民討議会―日本の政治文化を拓く―　篠原一（編著）　討議デモクラシーの挑戦―ミニ・パブリックスが拓く新しい政治―　岩波書店　99-115.
Webler, T. (1995). "Right" discourse in citizen participation: An evaluative yardstick. In O. Renn, T. Webler, & P. Wiedemann (Eds.), *Fairness and competence in citizen participation* (pp. 35-77). Dordrecht: Kluwer Academic Publishers.

10

リスクの社会的受容のための市民参加と信頼の醸成

1. リスクガヴァナンスにおける信頼の重要さ

1.1. 信頼がなければ動かない

　社会的リスクを伴う政策の受容には，信頼が重要な役割を果たしている（Cvetkovich & Lofstedt, 1999）。たとえば，リスク／ベネフィットの評価と信頼は密接に関連していることが再三指摘されている（Johnson, 1999; Siegrist, 2000）。今日の政策決定には科学技術のリスクが常に背後にあるといってよい。たとえば，ごみ問題1つとっても，廃棄物がどう焼却されるのか，そこで用いられる大気汚染防止やダイオキシンを出さない技術については，専門家でない限り一般の人々はよく知らないだろう。このように専門的な知識が十分でなかったり当該問題に深く関わる経験がない場合，自分に降りかかるリスクの判断では当該問題をよく知る人を頼るほうが自分で熟慮して理解するより簡便で認知的負荷が少ない。そのため，専門家や政策の決定主体への信頼と政策決定の受容とが密接に関わってくる。つまり，どの程度リスクがあると思うかは，どの程度その主体を信頼できるかに依存する（Siegrist & Cvetkovich, 2000）。このような問題を概観し，中谷内（2012）はリスクマネジメントや科学技術政策における信頼を「最後に行き着くところ」と括っている。

　このように社会的リスクの受容における信頼の重要性が指摘されているが，実際に信頼を獲得することは非常に難しい。人は一般に，損失には注意が向きやすく，それを過大評価しがちであるが，獲得については損失よりも注意が向きにくく，過小評価しがちである（Kahneman & Tversky, 1979; Tversky & Kahneman, 1992）。信頼も，失われる方向では敏感に反応し過大評価するが，

獲得する方向では過小評価されがちである。

では、どうすれば信頼の醸成が可能なのだろうか。政策決定主体への信頼が高くないときに、何をすべきなのだろうか。本章では、市民参加による計画づくりが信頼向上に寄与することを紹介していく。ただし、後述するように、市民参加で計画づくりをすればよいという単純な話ではない。本章の結論を先取りすると、手続き的に公正だと評価される決定プロセスを経て、参加しなかった人も受容できると評価できてはじめて信頼も高まるのである。レン（Renn, 2008）は、複雑で複数の専門的知識を要するリスクガヴァナンスにおいて、理解を共有し、公正な価値とは何かについて対話を通じて合意を導いていくために、様々な形の市民参加が必要であると論じている。

以下では、まず、信頼をめぐる議論を簡単に整理し、次に、社会的受容に関連する手続き的公正と分配的公正を説明する。そのうえで、日本とドイツの市民参加による計画策定の事例を1つずつ紹介する。

1.2. 信頼する側とされる側

信頼の話をするときに、信頼する側とされる側の存在を一体的に考える必要がある。リスクコミュニケーションによるガヴァナンスを考えるときには、多くの場合、信頼される側、すなわち政策決定に関わる主体や専門家などの特性が問われる。その特性というのは、信頼する側、すなわち、公衆や市民からどうみえているかというものになる。リスクコミュニケーションにおける信頼研究も、信頼される側に関するものが多く蓄積されてきた。

信頼する側からみた信頼される側の要因を考えるとき、多くの研究は、「意図への期待」と「能力への期待」の2つに分けて論じてきた（Hovland et al., 1953; Barbar, 1983；中谷内・大沼, 2003：図10-1）。たとえば、情報の送り手

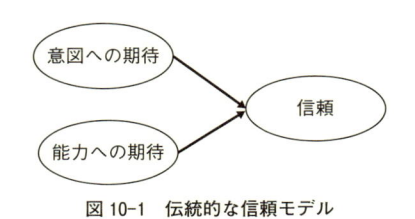

図 10-1　伝統的な信頼モデル

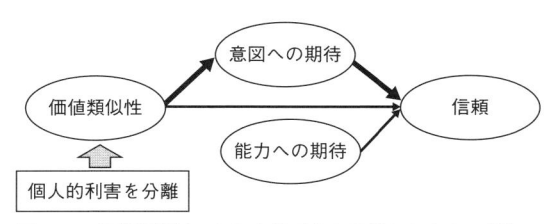

図 10-2　価値類似性から個人的利害を分離したときの信頼に影響する要因の連関

に十分な能力が備わっていると，受け手に思われなければ信頼されない。また，能力があっても，情報の送り手が誠実である，偽りや隠し事はないと受け手に思われなければ何を言っても信頼されない。それだけでなく，情報の発信者側の都合のいいように説得しようという意図があると受け手に思われても信頼されない。

　一方，信頼する側の主体にはどのような特性があるだろうか。公衆や市民といっても，一人ひとりの持っている価値は多様である。様々な価値がある中で，自分の価値感を代弁してくれる，あるいは，自分と価値感が似ていると思えれば，その類似した価値を有している対象を信頼しがちである。これを主要価値類似性モデル（Salient Value Similarity：以下，SVS モデル）という（Earle & Cvetkovich, 1995; Nakayachi & Cvetkovich, 2010）。この延長で考えると，公共的な決定場面で，自分が最も重視する価値を代弁してくれる主体を信頼し，そうでない主体を信頼しないことになる。たとえば，ある個人は自然保護が最も重要な価値だと思えば，自然保護を重要視する主体を信頼するし，経済発展こそ最も重要な価値であると思う個人はその価値を実現してくれそうな主体を信頼する。対立する価値を有する主体は信頼できないということになってしまう。だが，佐藤・大沼（2014）は，SVS モデルで扱われる価値類似性には個人的な利害とそれ以外の価値判断が混在していることを指摘し，個人的な利害の要素を分離しても価値類似性が信頼と関連することを示した（図 10-2）。さらに，価値の対立する状況でも，個人にとっての利害や望ましさだけでなく誰にとっても望ましい共通の価値に注目すれば，共通の価値類似性にもとづく合意形成が可能だと議論している。

　いずれにせよ，行政への信頼が低いまま決定しても，その決定は多くの市民

には受け入れられないだろう。多くの市民の社会的受容を考えるうえで、鍵となるのが市民参加である。ただし、市民参加をすれば無条件でそれでよいという訳ではない。個人的な利害を代弁するだけの場であれば、異なる価値を認め合うことは難しいだろう。しかし、市民参加により、共通の価値を見出し確認する作業を通じて信頼が高まるならば、合意形成につながる場として意義があるだろう。本章では、市民参加により合意形成につながるためにはどのような要件が必要かについて議論し、実際に市民参加により行政への信頼が高まった事例を紹介する。

2. 市民参加と評価の物差し

　本章の狙いは、なぜ市民参加が信頼を高めるのかについて考えることである。だがその前に、そもそもなぜ市民参加が求められるようになってきたのだろうか。決定主体への信頼が欠如していることが市民参加による手続きが求められてきたことが一因だろう。

　しかしながら、市民参加そのものへの不信というのも見逃せない。市民参加といいながら、結局のところ行政の都合のいい結論を導こうとしているのではないかという疑念がつきまとえば、市民参加により計画づくりをした決定であっても、やはり行政は信頼されないことになる。また、従来の市民参加は、当該の問題に関心の高い人ばかりが集まっており、声の大きい人だけの主張が通って、市民全体の意見が反映されていないという批判がある。

　このような問題に対して、市民参加をどのように評価していくかという観点が重要になる。

2.1. 社会的受容と2つの公正

　市民参加による計画策定を評価することに関連して、2種類の公正について説明しよう。

　市民参加をすればそれでよいという訳ではない。しばしば、口やかましい人々に言いたいことを言わせる、いわゆる「ガス抜き」程度にしか考えられていない場面に遭遇する。しかし、ガス抜きに過ぎないという位置づけの市民参

加は，市民からの納得を得られない。とくに公共的な決定場面で重要なのは，市民が納得でき受け入れられるかという社会的受容につながったかどうかである。

さらに，「市民」とは，参加者だけでなく，その場に参加しなかった人々も含まれる。つまり，重要なのは参加しなかった人も受け入れられる決定（計画づくり）かどうかである。そこに参加しなかった人でも受容できるかどうかを判断できるためには，当該の問題について誰もが十分な情報を知ることができるのが前提である。しかし，単に十分な情報が一方的に提供されればよいという訳でもない。

そこで，社会的受容につながるためには，どのような要件が満たされる必要があるかについて整理しておこう。

社会的受容には，分配的公正と手続き的公正が必要である（Lind & Tyler, 1988; Törnblom & Vermunt, 2007）。分配的公正とは，分配の仕方や負担の仕方の問題である。たとえば，衡平（equity）か均等（平等: equality）かという議論は分配的公正の問題になる。手続き的公正とは，決定に至るまでのプロセスの問題であり，決め方に関する公正さのことである。市民参加の文脈では，分配的公正は計画内容の評価となり，手続き的公正は市民参加による進め方の評価になる。

リスクコミュニケーションにおいても，公正，とりわけ手続き的公正が不可欠であることが指摘されている（吉川，1999；木下，2004）。その理由は，リスクコミュニケーションでは，リスクメッセージの一方向的な伝達だけでなく，双方向的なやり取りの過程で市民の価値や要望に関する議論が含まれてくるため，手続き的公正さが重要となるからである（竹西ら，2008）。

2.2. 手続き的公正の要件

市民参加をしても，行政が都合のいい結論を導こうと思っているのではないかと疑いを持たれては，社会的受容は得られないだろう。その批判への対応として，会議の運営を中立的な司会者に委ねるといったことが考えられ，実際に行われている例も増えてきている。また，一部の特定の関心の高い市民だけが参加しているという批判に対しては，無作為抽出により参加者を選ぶという方

法も考案されており，実施例がある．

このように，市民参加の取り組みを考えるうえで，様々な手続き的公正を高める工夫が必要である．ここでは，手続き的公正の要件を満たすために何が必要かを整理する．

レーベンソール（Leventhal, 1980）は，一般に，手続き的公正を満たすために必要なものとして，次の6つの公準を掲げている．

①一貫性：すべての個人に，繰り返し一貫していなければならない．
②偏りの抑制：個人の自己利益や盲目的固執などが分配プロセスに入り込まないようにすべき．そのために，当事者と審議者の役割を分離する．
③正確さ：決定に影響を及ぼす情報が正確である．
④修正可能性：分配プロセスの中で，修正したり，時には逆の決定をしたりという機会がなければならない．
⑤代表性：ある決定の影響を受けるすべての人々，とくに主要なグループや個人などの関心・価値・見解が反映されなければならない．
⑥倫理性：分配手続きが基本的な道徳や倫理的価値の側面と整合していなければならない．たとえば，権威者が恣意的に決定をコントロールしてはならない．

社会心理学では手続き的公正の実証的研究が蓄積されてきたが，政治学などでは規範的な検討がされてきた．とくに，市民参加については，規範的検討が実証的検討よりも多く蓄積されてきた．ウェブラー（Webler, 1995）は，公正さとコンピテンス（実効性）の観点から市民参加による話し合いの基準を整理し，公正さの基準を，誰にも参加する機会が等しく開かれていること，発言の機会が誰にでも保証されていること，合意形成の最終決定に何らかの影響を及ぼせること，決定後もその妥当性について評価できるように開かれていること，の4つにまとめている．エイベルソンら（Abelson et al., 2003）は，情報開示，代表性，議論の機会，決定の正当性の4点を市民参加の手続き的公正の要素として挙げている．

ところで，このような手続き的公正を高める要件は，社会的受容につながるとともに，行政や政策決定者などへの信頼を高めることにつながるのだろうか．行政への信頼が高ければその施策が支持され，信頼が低ければ支持されないと

いう構図は変わらないのだろうか。それとも，手続き的公正が高まるような市民参加を経ることで，信頼も高まるのだろうか。タイラーとデゴイ（Tyler & Degoey, 1995）は，公正な手続きは行政への信頼を高め，決定の正当性を高めると議論しているが，市民参加の事例でも当てはまるだろうか。

以下では，市民参加の手続き的公正が社会的受容を高め，その結果信頼も高まることにつながった2つの事例を検討する。1つは，愛知県津島市における市民参加による廃棄物処理計画策定の事例である。これは市民委員による計画策定を行うことで，市民と市民，市民と行政の間での廃棄物処理に関わるリスクコミュニケーションを通じて，市民による行政への信頼を回復することにつなげた事例ととらえられる。もう1つは，ドイツのレンゲリッヒ市における都市計画の事例である。これは，無作為抽出による参加の会議を通じて，多様で異なる価値を有する市民の意見を反映させ，その要望を実現していく具体的な道筋を描くことに成功した例である。

3. 市民参加による計画策定は信頼回復につながったか：津島市における参加型廃棄物処理計画策定の事例

3.1. 津島市における市民参加によるごみ処理基本計画策定の概要

津島市は40年前のごみ処理施設の立地問題を契機に，ごみ減量に取り組んできた。津島市は県内で1人当たりのごみ排出量の少ない市町村の1つとなっている。しかし，資源分別回収しているプラスチックを可燃ごみと一緒に焼却していたことが明らかになり，市民はごみ処理行政への不信感を強めた。そこで市は，行政への市民の信頼を取り戻すため，また市民の意見を計画に反映するために，2002年にごみ処理基本計画を市民参加によって策定することを決めた。公募による市民委員の市民参加型プロジェクトを立ち上げ，2003年度末に独自の計画を策定した。さらに，2004年度から計画を実施するために市民委員を募集し，行政と市民が一緒になって，プラスチック製の容器包装収集などの取り組みを行ってきた。

津島市の計画策定委員は，公募による市民50人と6人の行政職員からなっていた。多くの場合，このような委員会は，専門家や関係する事業者，市民団

体の代表などからなるが，今回は，公募で呼びかけ，希望者全員が委員になることができた。

　市民委員は，単に会議をするだけでなく，様々な取り組みを行った。たとえば，市民の手でごみ組成調査を実施したり，ごみ収集体験をするなど，現場の実態を自分の目で確かめた。さらに，自分たちで議論するだけでなく，多くの市民からごみ処理の要望を聞くため，パブリックコメントを求めたり，市民フォーラムを開催した。同時に，市民から市民への情報発信として，市民委員がごみ新聞を計4回作成し情報を積極的に発信した。そして，とりまとめた基本計画を市民目線でとらえたパンフレット形式で印刷し，全世帯に配布した。

　このように市民参加により基本計画を策定したが，はたして，行政への信頼は高まっただろうか。また，50人の市民委員だけでなく，多くの市民がフォーラムに参加し，発言し，これらの意見が反映されたが，そこに参加しなかった人々もこの計画を受容することにつながっただろうか。これらのことを確かめるために調査を行った。

3.2. 市民参加の手続き的公正が社会的受容と信頼を高めた

　計画策定に参加しなかった人でも津島市のごみ減量化基本計画を受容しているかどうか，受容しているとしたらどのような要因が関連しているかを明らかにするため，計画策定から1年後の2005年，津島市在住者を対象とした意識調査を実施した（広瀬・大友, 2014）。1,500人の住民を選挙人名簿から無作為抽出し，661人からの有効回答を得た。有効回収率は44％だった。調査項目は，行政（津島市役所）への信頼，ごみ処理基本計画の受容，計画づくりの手続き的公正，計画の内容評価などであった。手続き的公正は，エイベルソンらにならって，①計画についての市民への情報開示（計画づくりの取り組みを十分に伝えていたかなど），②議論や意見表明の参加機会（市民は誰もが参加でき，誰でも自由に意見を言えるようになっていたかどうか），③参加者の市民としての代表性（市民委員が市民の代表と思えるか，また，市民委員の意見が市民の意見を代表しているかどうか），④計画に市民意見が反映されたかという結果の正当性（立てられた計画に実際に市民の意見が反映されているか，多くの意見やアイディアが盛り込まれるか）の4つについて尋ねた。

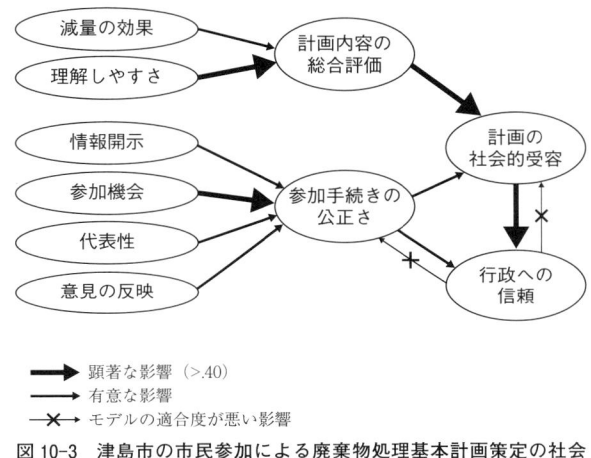

3. 市民参加による計画策定は信頼回復につながったか：津島市における参加型……　　183

図 10-3　津島市の市民参加による廃棄物処理基本計画策定の社会的受容と信頼の規定因

（図中の凡例）
→ 顕著な影響（>.40）
→ 有意な影響
→×→ モデルの適合度が悪い影響

図中のノード：減量の効果、理解しやすさ → 計画内容の総合評価 → 計画の社会的受容；情報開示、参加機会、代表性、意見の反映 → 参加手続きの公正さ → 計画の社会的受容、行政への信頼

　分析の主眼は，大きく2つある。1つ目は，市民参加によるごみ処理基本計画策定が市民の社会的受容を高めたか，そうだとしたら，手続き的公正や分配的公正（計画内容の評価）のどの側面が重要なのかを明らかにすることである。分析結果から，社会的受容には，計画内容の評価だけでなく手続き的公正も重要であることが確認された（図10-3）。計画内容の評価については，ごみ減量効果だけでなく，計画がわかりやすく取り組みやすいことも重要であった。手続き的公正については，参加の機会が最も強く手続き的公正に影響し，情報開示，意見反映，代表性の順に重要な影響要因となっていた。これらの4つの要素が手続き的公正の評価に重要であったということは，先に紹介したエイベルソンなどの議論に沿った結果である。
　分析の2つ目の主眼は，もとより行政を信頼している人が計画を受容するのか，公正な手続きを通じて受容することで信頼が高まるのか，どちらなのかを明らかにすることである。分析結果から，もとより行政を信頼しているから受容するというモデルよりも，手続き的公正や社会的受容が高まることで，行政の信頼も高まるというモデルのほうが当てはまりがよかった。とくに，手続き的公正は，社会的受容も信頼も両方を直接的に高める効果があった。つまり，市民参加による公正な手続きは信頼を高めたことが示された。

ここで着目すべき結果は，市民参加の手続きは直接信頼を高めただけでなく，社会的受容を高めることを通じて信頼を高めるというパスがみられたことである。信頼が高まったから社会的受容につながった訳ではない。行政主導ではなく市民主導による計画づくりを通じて，市民の意見が反映されていくことで，まず，基本計画の受容が高まった。これらの総体として行政への信頼が高まったのである。いわば，リスクコミュニケーションの場を通じて市民の様々な価値や要求が議論され，基本計画という形で実現されていったことで社会的受容が高まり，そして信頼が高まったと解釈できる。加えて，計画の内容評価，とくに，ごみ減量効果という市全体への影響と誰にとってもわかりやすいという点も社会的受容に重要な要因であった。これは市全体にとって望ましい価値についての議論がなされ，それが受容につながり，間接的に信頼を高めたという解釈が可能である。

以上をまとめると，津島市の調査結果から，信頼の回復や醸成のためには，市民の意見を反映させるような議論の場という手続き的公正と，社会的に望ましい価値が計画に実装されていく内容とにより，社会的受容につながる計画づくりが有効であることが示された。

4. 多元的な市民の価値と要望を市民参加による議論でまとめていく：レンゲリッヒにおける中心市街再開発計画づくりへの市民参加事例

4.1. 工場跡地利用問題と市民参加による都市計画づくり

レンゲリッヒは，ドイツ北西部の農業地帯に位置する，人口約 3 万人の小さな町である。かつてはザイル（ロープ）産業で栄えていたが，産業の斜陽化に伴い中心市街も空洞化し，人口も減少していった。そして，撤退した工場の跡地利用が課題となっていたが，長い間放置されていた。この工場跡地は，市の中心部に近く駅や商店街とも連続する通りに位置していたため，まち全体の印象や景観とも関わるものであった。ところがこの工場跡地は，「誰がみてもひどい」状態であり，そこをどうすべきか，たとえば，取り壊すのか保存して利用するのかなどについては，様々な意見があった。このように誰もが何とかしなければと思っていたものの，一方で，多くが「傍観者」で，自ら積極的に再

4. 多元的な市民の価値と要望を市民参加による議論でまとめていく：レンゲリッヒ……　　185

表 10-1　プランニングセルの特徴

	プランニングセルの特徴
参加者	無作為抽出で選ばれる ➤誰もが選ばれるチャンスが平等 ➤当該地域の市民意見の代表性が相対的に高まる（ステークホルダー（非常に関心の高い人々，利害当事者など）だけが参加する場合に比べて）
役　割	多様な価値観から正当性ある評価をすること（"value consultant"）
議　論	20～25人くらいのセル（グループ）に分かれ，さらに5人程度のサブグループに分かれ，それぞれのグループが独立に同時並行で議論する
進　行	利害当事者でも出資者でもないファシリテータが議事進行する ➤意見の誘導，議論のコントロールなどを authority（議会や行政担当者など）がしないように ➤利害当事者や専門家は説明や意見表明の機会がある
日　程	おおむね4日間かけて行われる（2日に短縮される場合などもある）
報　告	参加者自身が報告書（市民報告）をとりまとめ，一般には広く公開される ➤ファシリテータは手助けをするだけ
補　償	すべての参加者には日当が支払われる 有職者は，その研修休暇や損失費用を主催者が引き受ける

開発計画をとりまとめ実行していこうという機運にならず，長年放置されたままであった（Stadt Lengerich, 1997）。

　そこで，傍観者ではなく主体的に市民に関与してもらうため，また，工場跡地を一部利用しながら活用するかまったく新たなものをつくるかなど多元的な価値を早い段階で盛り込んだ計画づくりをするため，プランニングセル（Dienel, 1989; Dienel & Renn, 1995）という市民参加型会議により工場跡地再開発計画を策定することにした。プランニングセルでは，多様な価値観から正当性ある評価をすることが主要な目的で，市民もその役割を担うために参加している（プランニングセルの概要を表 10-1 に示す）。市議会は，市民に呼びかけて市民参加による計画策定を 1997 年 2 月に実施した。この計画策定では，レンゲリッヒ市民から無作為抽出により 500 人を抽出し，その中から 110 人が参加した。また近隣市からも無作為抽出で選ばれた 22 人が参加した。参加者たちは小グループに分かれて 4 日間討論して決めた。その間，専門家から 7 回，ステークホルダーから 4 回，行政と政治家から各 1 回ずつ，情報提供を受けた。また，ゲンプト（Gempt）と呼ばれる再開発地区の現場視察を 1 回行った。

市民がまとめた計画では，歴史的建物の保存と文化施設としての活用，市民の集いの場，住まいの場，憩いの場などの創設を提案した。その後，実際に工場跡地には工場の形を残しつつ市民のためのホールが完成し，今では多くの市民に活用されている。さらに，現在はバリアフリーの住居地建設が進んでいる。

4.2. 無作為抽出による市民参加は手続き的公正を高めるか

　従来の市民参加に対する批判の1つとして，参加者の代表性の問題がしばしば取り上げられる。つまり，当該問題に特別に関心の高い市民ばかりが参加し，必ずしも「市民全体」の意見が出されないのではないかという懸念である。それに対して，プランニングセルでは，無作為に選ばれた市民が参加するので，公募により関心の高い市民が集まるよりは，統計学的には母集団代表性について偏りが緩和されていると考えられる（ただし，応諾率が極端に低ければ代表性は低くなる）。しかし，無作為で選ばれた市民が参加した場で出てきた意見が，市民全体の意見を代表していると多くの人々が評価するかどうかは別である。そして，その代表性が手続き的公正を高めるかどうかを確認する必要がある。

　さらに，津島市と同様，市民参加による計画策定は，手続き的公正や社会的受容を高めるか，また，これによって信頼が高まるのだろうか。

　以上の点を確認するために，レンゲリッヒ市民を対象に調査を実施した（広瀬ら，2009；Ohnuma et al., 2007）。住民基本台帳から18歳以上の男女個人2,000人を無作為抽出し，389の有効回答が得られた（有効回答率19.4％）。なお，調査を実施する際に，現地の新聞で調査協力が呼びかけられ，回答者の中から抽選で，市民ホールでの朝食会招待が当たるという特典をつけた。

　調査項目は，計画の内容評価，市民参加の手続き的公正，社会的受容，信頼である。計画内容の評価は，さらに，「計画にお金や時間がかかりすぎる」「計画を実現するには負担が大きすぎる」といった社会的コストと，「計画は歴史や文化の保全に繋がる」「再開発地区はバリアフリーや環境に配慮されている」といった社会的便益の項目からなっていた。手続き的公正は，「市はわかりやすい情報を提供した」などの情報開示，「プランニングセルの参加者は住民を代表している」などの代表性，「専門的な知識を持たない人が参加してもよい

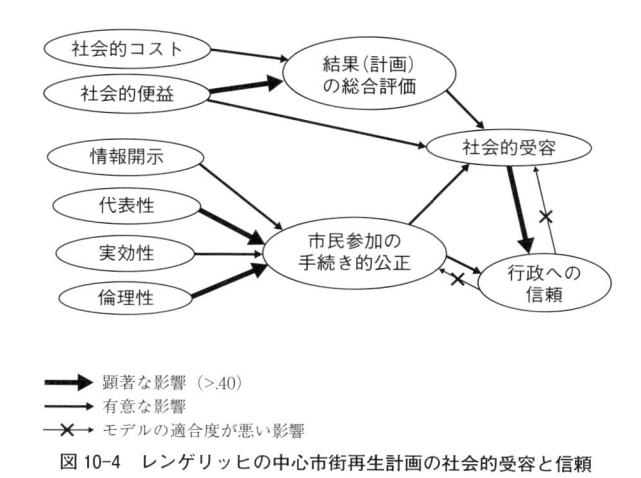

4. 多元的な市民の価値と要望を市民参加による議論でまとめていく：レンゲリッヒ……　　187

図10-4　レンゲリッヒの中心市街再生計画の社会的受容と信頼

矢印の凡例：
- 顕著な影響（>.40）
- 有意な影響
- モデルの適合度が悪い影響

決定をできない」といった実効性，そして，「プランニングセルによる手続きは権威による統制とは無関係だった」といった倫理性からなっていた。

　調査の結果，工場跡地利用計画をプランニングセルによって策定したことを9割近くの回答者が知っていた。また，計画づくりには約4分の1が「家族・知人が参加した」と回答しており，住民にとって身近なものだったことがわかる。

　社会的受容の規定要因を調べたところ，結果の評価と手続き的公正が社会的受容を規定していた（図10-4）。結果の評価は，歴史・文化の保護，環境やバリアフリーへの配慮など，社会全体にとっての便益となっているかどうかが最も関連が強く，まずはこうした計画とその計画が実現されたことが重要であることが読み取れる。

　手続き的公正の規定因は，代表性，倫理性，情報開示が主要なものであった。無作為抽出で選ばれた参加者は市民の代表といえ，市民全体の意見を反映しているという回答が過半数で，そう思わないという回答は2割以下だった。その代表性が，手続き的公正の評価に最も大きな影響を及ぼしていた。また，行政や議会が恣意的なコントロールとは無縁だったという倫理性については，6割以上が恣意的なコントロールはなかっただろうと肯定的に回答していた。この倫理性が，代表性に次いで手続き的公正に大きな影響を与えていた。プランニ

ングセルは，その運営から司会進行まで，すべて権力とは関係のない第三者へ委託して遂行されている。このようなプランニングセルの特徴が権力支配のなさという手続き的公正にとって重要な要因を高めたと考えられる。代表性や倫理性が手続き的公正や社会的受容に重要なことが，レンゲリッヒにおける市民参加の事例にも当てはまることが確認された。

さらに，津島市の事例で分析したように，もともと信頼されているから受容につながるのか，手続き的公正や社会的受容が高まることで信頼も高まるのかについても確かめた。その結果，信頼が手続き的公正や社会的受容に影響するというモデルより，手続き的公正や社会的受容により信頼が高まるというモデルの方が当てはまりがよかった。津島市と同様に，市民参加の手続きが直接行政への信頼を高めると同時に，手続き的公正が社会的受容を高め，社会的受容が信頼を高めることにつながっていた。

工場跡地およびその周辺の再開発には，お金も時間もかかるといったコストもさることながら，多大な労力と熱意が必要とされる。しかし，そのコストや労力などといったリスクは自分が負うと大変な目に遭うと誰もが思っていると，いつまでも放置されたままになってしまう。住民は行政主導でやってほしいと思いつつ，行政側も小さな自治体では財政的限界もあるし，失敗したら批判にさらされることが目に見えているので躊躇して動けない。このように誰かが対処する必要があるのに誰もリスクをとりたがらない中で，無作為抽出による市民が参加して再開発計画が練られ，そしてその計画が実現されていった。もし，行政だけが主導で計画づくりをしていたならば，多くの市民は依然として傍観者であり続けただろう。市民が議論に加わらなければ，市民のニーズや様々な価値を反映させた計画づくりは難しかったかもしれない。本研究の結果から示されたことは，市民参加の手続き的公正が行政への信頼を高めたということであるが，もしかしたら，行政と市民，異なる価値を有する市民と市民の間などで信頼関係が醸成されたかもしれない。もし，プランニングセルのような市民参加が信頼関係形成に貢献できるならば，他の様々なリスクコミュニケーションの場面で本研究の知見を援用できるだろう。

5. おわりに

　リスクをめぐる政策の受容には信頼が欠かせない。信頼はひとたび失うと回復が難しい。とくに，信頼の要素の中でも意図への期待が低下している状況でいくら能力があることを示しても，信頼を得ることにはつながらないだろう。むしろ，個人の利害を超えた共通の価値を見出せるような議論の場が合意形成に要請される。信頼の回復や醸成を含みながら社会的受容を高める手段の1つとして，手続き的公正を満たす市民参加が提案されている。双方向的リスクコミュニケーションでは，市民の多様な価値や要望をどのように反映するかが重要なので，決定までの手続きが誰にとっても公正だと納得できなければならない。実施主体が公正な手続きによって政策や計画を進めようという誠実さや意図があると市民が評価できれば，信頼も醸成されると考えられる。よって，多元的な価値や要望に関する議論の場を設けることは社会的受容と信頼醸成に不可欠といえよう。

　市民参加による計画づくりの2つの事例調査から，手続き的公正の基準を満たす市民参加により社会的受容が高まることが示された。手続き的公正を満たす市民参加の要件として，代表性，倫理性，参加機会，意見反映がとくに重要であった。加えて，手続き的公正が高まり，社会的受容が高まることを通じて信頼も高まることを明らかにした。いずれの事例でも，行政が恣意的に議論を誘導しない，透明性の高い情報提供などを通じて，行政の誠実さを行動レベルで示したために，意図への期待を高めたという解釈もできるだろう。つまり，意図への期待が低下している状況でも，意図への期待を高める手段がありうるということを意味する。

　手続き的公正を高めるような市民参加による計画づくりが，社会的受容を高め，そして信頼を構築するのみならず，市民と行政，異なる価値を有する市民同士の信頼関係を構築できるならば，今後様々なリスクコミュニケーションの場面において本研究で紹介した公正な手続きによる市民参加技法を援用できる範囲が広がっていくだろう。

引用文献

Abelson, J. Forest, P. G., Eyles, J. Smith, P. Martin, E., & Gauvin, F. P. (2003). Deliberations about deliberative methods: Issues in the design and evaluation of public participation process. *Social Science & Medicine*, 57, 239-251.

Barbar, B. (1983). *The logic and limit of trust*. New Brunswick, NJ: Rutgers University Press.

Cvetkovich, G. T., & Lofstedt, R. (1999). *Social trust and the management of risk*. London/Washington, D.C.: Earthscan.

Dienel, P. C. (1989). Contributing to social decision methodology: Citizen reports on technological projects. In C. Vlek, & G. Cvetkovich (Eds.), *Social decision methodology for technological projects* (pp. 133-151). Dordrecht/Boston/London: Kluwer Academic Pubulishers.

Dienel, P. C., & Renn, O. (1995). Planning cells: A gate to "fractal" mediation. In O. Renn, T. Wbler, & P. Wiedemann (Eds.), *Fairness and competence in citizen participation* (pp. 117-140). Dordrecht: Kluwer Academic Publishers.

Earle, T. C., & Cvetkovich, G. (1995). *Social trust: Toward a cosmopolitan society*. Westport, CT: Praeger Press.

広瀬幸雄・大友章司（2014）．市民参加型ごみ処理基本計画が市民に受け入れられ，行政への信頼を醸成するために何が必要か　社会安全学研究，4, 43-50.

広瀬幸雄・大沼進・杉浦淳吉・前田洋枝・野波寛・大友章司（2009）．ドイツにおける公共計画への市民参加の手続き的公正さについて―レンゲリッヒ市とバイエルン州におけるプランニングセルの社会調査研究―　環境社会心理学研究，9. 1-249.

Hovland, C. I., Janis, I. L., & Kelly, H. H. (1953). *Communication and persuasion*. New Haven, CT: Yale University Press.

Johnson, B. (1999). Exploring dimensionality in the origins of hazard related trust. *Journal of Risk Research*, 2, 325-354.

Kahneman, D., & Tversky, A. (1979). Prospect theory: An analysis of decision under risk. *Econometrica*, 47, 263-291.

吉川肇子（1999）．リスク・コミュニケーション：相互理解とよりよい意思決定を目指して　福村出版

木下冨雄（2004）．リスクコミュニケーション：思想と技術　エネルギーレビュー，2月号，6-20.

Leventhal, G. S. (1980). What should be done with equity theory? New approaches to the study of fairness in social relationship. In K. Gergen, M. Greenberg, & R. Wills (Eds.), *Social exchange* (pp. 27-55). New York: Plenum.

Lind, A. E., & Tyler, T. R. (1988). *The social psychology of procedural justice*. New York: Plenum Press.（リンド，A. & タイラー，T. R. 菅原郁夫・大渕憲一（訳）(1995)．

フェアネスと手続きの社会心理学―裁判，政治，組織への応用― ブレーン出版）
中谷内一也（2012）．リスクと信頼：最後に行き着くところ 中谷内一也（編著）リスクの社会心理学：人間の理解と信頼の構築に向けて 有斐閣 239-255.
Nakayachi, K., & Cvetkovich, G. T. (2010). Public trust in government concerning tobacco control in Japan. *Risk Analysis*, **30**, 143-152.
中谷内一也・大沼進（2003）．環境リスクマネジメントにおける信頼と合意形成―千歳川放水路計画についての札幌市での質問紙調査― 実験社会心理学研究，**42**，187-200.
Ohnuma, S., Hirose, Y., Nonami, H., & Sugiura, J. (2007). Procedural fairness as a determinant of policy support via a citizen participation project: A case study of planning-cells in Lengerich. *Program 10th European Congress Psychology*, 154.
Renn, O. (2008). *Risk governance: Coping with uncertainty in a complex world*. London/Washington, D.C.: Earthcan.
佐藤浩輔・大沼進（2014）．公共的意思決定場面において当事者性と利害関係が信頼の規定因に与える影響 社会心理学研究，**29**，94-103.
Slovic, P. (1993). Perceived risk, trust, and democracy. *Risk Analysis*, **13**, 675-682.
Siegrist, M. (2000). The influence of trust and perceptions of risk and benefit on the acceptance of gene technology. *Risk Analysis*, **20**, 195-203.
Siegrist, M., & Cvetkovich, G. T. (2000). Perception of hazards: The role of social trust and knowledge. *Risk Analysis*, **20**, 713-720.
Stadt Lengerich (1997). *Bürgergutachten: Zielvorstellungen für den städtebaulichen Ideenwettbewerb "Gempt"*.
竹西亜古・竹西正典・福井誠・金川智恵・吉野絹子（2008）．リスクメッセージの心理的公正基準：管理者への手続き的公正査定における事実性と配慮性 社会心理学研究，**24**，23-33.
Törnblom, K., & Vermunt, R. (Eds.) (2007). *Distributive and procedural justice: Research and social application*. Hampshire, England: Ashgate.
Tversky, A., & Kahneman, D. (1992). Advances in prospect theory: Cumulative representation of uncertainty. *Journal of Royal Statistical Society, Series B*, **58**, 3-57.
Tyler, T. R., & Degoey, P. (1995). Collective restraint in a social dilemma situation: The influence of procedural justice and community identification on the empowerment and legitimacy of authority. *Journal of Personality and Social Psychology*, **69**, 482-497.
Webler, T. (1995). "Right" discourse in citizen participation: An evaluative yardstick. In O. Renn, T. Wbler, & P. Wiedemann (Eds.), *Fairness and competence in citizen participation* (pp. 35-86). Dordrecht: Kluwer Academic Publishers.

11 リスクガヴァナンスのための討議デモクラシー

1. 対立は乗り越えられるのか？：話し合いによる合意形成への道のり

1.1. リスクガヴァナンスの目指すところ：リスク／ベネフィットを超えて

　科学技術の発展によってもたらされた便利な生活はリスクとの引き替えによって成り立っている。たとえば，自動車，鉄道，飛行機などの交通手段の発展により，以前よりも高速で快適な移動が可能となってきた。その引き替えに，常に交通事故のリスクは存在している。交通システムの例では，どれだけ確率が低くても，ひとたび大事故が起これば多くの人命を失う。古典的なリスク学では，社会全体のリスクとベネフィット（便益）を客観的に評価し，できる限りリスクを小さくしてベネフィットが大きくなるように工夫してきた。ところが，社会全体に関わる問題を科学技術的に客観的にリスク／ベネフィットを算出する手段だけに頼ることは限界がある。第1に，個人ごとにみるとリスクとベネフィットは均質ではなく，まったく同じ状況であっても，ある人にとってはリスクの方が大きく，別の人にとってはベネフィットの方が大きいという問題が発生する。たとえば，大規模な発電施設があれば，多くの都市住民はその恩恵（ベネフィット）を受けることができるが，発電施設の付近に住む住民にとってはリスクのほうが大きくなる。このような問題を社会全体で解こうとするための合意形成の手段がなくては，リスク／ベネフィットを評価するだけでは解決できない。第2に，リスク／ベネフィットのどの側面を重視するかは個人の価値観の問題となることが多く，多様な価値の問題をリスク／ベネフィットの1つの次元だけで評価することは困難である。たとえば，ダムや堤防など

公共的な事業により洪水被害を低減できるが環境破壊が懸念される状況では，洪水被害のリスクと環境破壊のリスクがトレードオフ関係にあり，そのバランスが要求される。だが，洪水被害の低減を重視する人と環境保全こそ重要な価値ととらえる人が対立したときに，1つのモノサシだけで判断する限りこの対立を乗り越えられない。

そこで，リスクガヴァナンスの考え方，すなわち，社会に遍在するリスクを，多元的な価値にもとづいて包括的にとらえながら，社会的な意思決定をしていくための合意形成のプロセスが必要になるのである。

それでは具体的にどうすればこのようなリスクガヴァナンスが実現可能なのだろうか。本章では，「討議デモクラシー」をキーワードに考えていく。

1. 2. 住民投票の問題と討議デモクラシー

ここで，討議デモクラシーという用語が出てきた背景を簡単にみておこう。

西欧を中心とした多くの国では，選挙により議員や政党が選ばれ，その選ばれた代表者が議会で検討し，最後は議会での多数決で決定するという制度が定着している。これを代表制民主主義と呼ぶ。この代表制民主主義のもとでは，一般市民は選挙のときに投票する以外には，あまり役割がない。このような状況では，政治と市民の間の循環がよくならず，政治不信が増大すると考えられるようになった（篠原，2004，2012）。このような政治への不信がある状況で，直接住民投票により多数の市民の意向を問うというやり方が提案されてきた。しかし，十分な議論を経ずに単純な多数決だけに頼るとポピュリズムに陥るなどのおそれがある。そこで，十分な討議を経た決定プロセスが求められることになる。政治哲学者のコーエン（Cohen, 1989）は，多様な市民が様々な場で議論を重ねる手続きを経ることで，代表制民主主義の正統性を回復できると述べている。

住民投票の問題は，議論を深めないままに多くの人が熟考せずに投票してしまうことだけではない。一般に住民投票は，賛成か反対か，イエスかノーかといった二者択一的な選択をする。二者択一の状況というのは，一方が勝てば他方が負けるという状況である。しかし，合意形成による社会的意思決定とは，ある特定の価値のみを採択し，別の価値を排除するという問題ではない。相反

するようにみえる価値も双方に織り込んでいく過程が重要なのである。その意味で，いきなり二者択一的な選択肢を求める住民投票には疑問がある。ドイツではしばしば住民投票が実施されるが，住民投票を実施しても対立が解消せず，再度住民投票が実施されるということを繰り返す場合もある。次節で紹介するように，住民投票は対立がエスカレートするのを止められないケースもみられる。つまり，単純な多数決では決着がつかないのである。

ただし，住民投票がまったく悪い訳ではない。多くの市民が様々な価値を認めながら議論を尽くしてもなお決着がつかない場合に，あらかじめ多くの人々が了解できる透明な決め方を納得したうえで最後に住民投票というやり方はありえる。要は，住民投票が是か非かではなく，誰もが知ることのできる公正なアリーナ（「場」）で十分な討論を尽くすというプロセスを経て最終決定に導くという道のりが重要なのである。

しかしながら，闇雲に話し合えばよいという訳でもない。ある問題について賛成／反対の主張を繰り返すだけではいつまでも平行線をたどるだけで建設的な議論にはならない。話し合いに参加するステークホルダーや市民の役割を，また，議論の場で求められることを，明確化し，段階的に進めていく必要がある。次項で，手続き的公正の観点から，どうすれば建設的な議論の場をつくっていけるかを考えていこう。

1.3. 価値の相違を乗り越えるための市民参加の場の作り方

第10章では手続き的公正の要件を満たす要素について説明した。簡単におさらいすると，①誰でも評価できるように透明性が高いこと，②市民の代表と思える人々が参加していること，③誰でも議論に参加する機会が開かれていること，④決定の正当性について評価できること，の4点が重要である。ここでは，これらの要素を満たすような市民参加の場の設計について考える。

市民参加といったとき，「市民」とはいったい誰だろうか。一口に市民といっても様々である。以下で説明していくように，「ステークホルダー」と「市民パネル」を分けて理解する必要がある。レンら（Renn et al., 1993）は，ステークホルダー型と市民パネル型の両方の利点を取り入れたハイブリッド型の市民参加を提案した。ステークホルダー型とは，利害の当事者や当該の問題に

強い関心のある人々（これをステークホルダーという）が話し合う段階である。このステークホルダーとは別に，代表性の高い一般の市民が評価や判断をするのが市民パネル型である。馬場（2002，2003）は，この考えを図11-1のように整理した。

広瀬（Hirose, 2007）に沿って，3つの市民参加の型の特徴を整理すると次のようになる。ステークホルダー型は利害集団の実質的な代表者が会議に参加しないと妥協や合意が得られない，自分が代表する集団利害への強いコミットメントがあり所属集団からの期待も強いので会議において柔軟に態度や意見を変えることが困難などの問題がある（Smith, 2003）。一方，市民パネル型は，一般市民の視点から問題への共通理解にもとづいて解決案について答申をするのが参加者の役割である。市民パネル型には，無作為抽出で参加者を選ぶやり方と，関心のある人は誰でも参加できるという公募型がある。無作為に参加者を選んだときには母集団の意見分布を反映している可能性は相対的に高い。ただし，参加率が低すぎると母集団代表性が下がる。公募型では，誰にでも発言の機会が開かれているという長所があるが，一部の関心の高い市民だけしか参

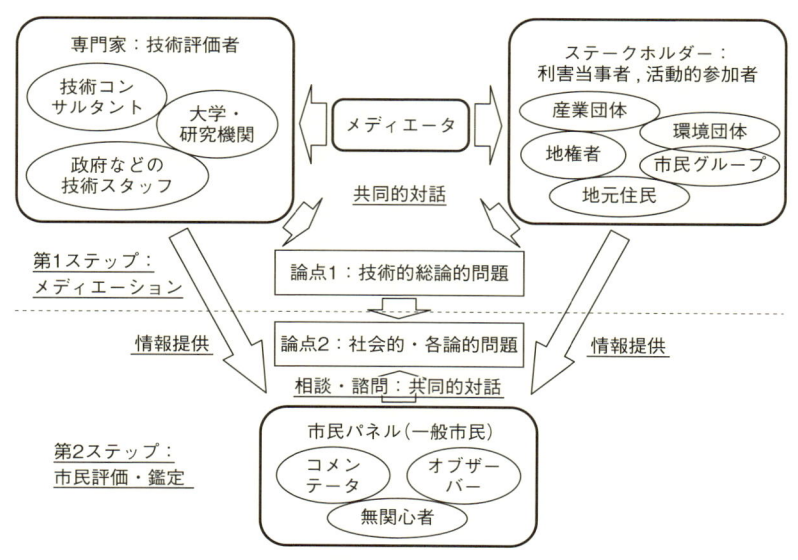

図11-1　ハイブリット型参加モデル（馬場，2002，2003より作成）

加せず母集団の意見分布から偏るなどの問題がある。ハイブリッド型会議は，専門家，ステークホルダー，一般市民が共通の理解を作りつつ，ステークホルダーの主張も踏まえた多様な評価基準を整理していく。利害関係者だけで討議しても合意が得られない場合に，共益の立場に立つ一般市民に討議による結論を出すことを委託するという意味合いがある（Renn et al., 1993）。しかし，市民パネルの結論が利害当事者の利益を満たさなければその結論をステークホルダーが受け入れない可能性がある。

　このような問題点はあるものの，馬場（2002, 2003）は異なる立場のステークホルダーでも総論のレベルでは議論をまとめられるとし，各論として対立する部分については一般市民が判断できる状況を作るべきだとしている。大沼・中谷内（2003）は，議論が膠着したときには一般市民が入ることで膠着状態から動かせる可能性を論じている。

　以上の市民参加の類型を踏まえて，本章では，住民投票が盛んに行われているドイツの事例をみながら，異なる価値を有する人々が建設的な議論を積み重ねる場のあり方について，手続き的公正を鍵概念としながら考えていく。以下で紹介する3つの事例は，いずれも賛成と反対が拮抗し，それぞれが重要とする価値が異なるものであった。しかし，ある事例は係争が紛糾していき，別の事例では穏当な着地点に収束していった。それぞれの事例を見たうえで，最後に何が3つの事例で違っていたのかについて整理する。

2. 対話の失敗？─エスカレートした反対運動：シュトゥットガルトの駅再開発事例

　はじめに，大規模な市民参加を行ったにもかかわらず，その後，賛成／反対の両陣営がまとまらずに対立がエスカレートしたシュトゥットガルト市における中心駅再開発の事例を紹介しよう。

2.1. シュトゥットガルト21計画とは

　シュトゥットガルト21（Stuttgart21：以下，St21）とは，EU都市間高速鉄道網計画に対応した，シュトゥットガルト中央駅（以下，中央駅）に新しく

地下駅を造るなどの中央駅を中心とした再開発計画である。

St21 をめぐる主な論点は大きく2つある。1つは，駅の形式である。欧州の伝統的な中央駅は，頭型と呼ばれ，まさに終点となっており，駅に到着して再び出て行くときには逆方向に向かなければならない。リターン型とも呼ばれる。これに対して，もう1つは通過型と呼ばれ，日本の多くの駅にみられるように，左右どちら方面から来てもそのまま向きを変えることなく列車が出入りするようなスタイルである。St21 では，パリから東欧まで欧州を横断する高速鉄道網の重要な途中駅の1つとして位置づけられるため，時間効率化などの理由で頭型から通過型への変更が計画されていた。これに伴い，レールの形態，近郊鉄道との接続など，関連する論点が多く出てくる。たとえば，駅を地下化した場合の鉄道の流れ，地下の採光性，地上の公園部分の問題などが関連し合ってくる。もう1つは，駅舎の取り壊しについてである。中央駅は20世紀初頭にできたアールヌーボーの建築様式である。St21 では，この駅舎の両端のわずかな部分を取り壊すが，建物全体は残すとしている。これをめぐって，反対派は伝統的建築と景観の保存を主張し，St21 推進派は問題ないとしている。この他にも，莫大な財政負担や長期にわたる工期，開発や工事に伴う地下水や大気の汚染リスク，駅付近の公園を含む緑地が分断されることによる生物への影響といった自然環境へのリスクなど，いくつもの論点が派生している。

単純化してまとめると，開発か保全か，通過型か頭型かなど，賛成か反対かといった二項対立図式の議論が繰り広げられ，双方の歩み寄りがみられない。言い換えると，自分の立場の理論武装のために，緑地への影響，安全性の懸念，伝統的建造物の保全，など各論点を次々と引き出してくる。そして，その各論点についても，対立的な二分法の議論が繰り広げられていった。

2.2. 大規模な市民参加の場と住民投票

St21 をめぐって，1997年に大規模な市民参加による議論が行われた。約400人の市民が15グループに分かれ，12週間にわたり議論をした。参加者は希望する者は誰でも参加できるという公募型の市民パネルであった。このときの市民参加は，少人数で議論するもので，様々な人が参加した。単に公共交通をいかに使いやすくするかだけでなく，学校や幼稚園への行きやすさなど公共

2. 対話の失敗？—エスカレートした反対運動：シュトゥットガルトの駅再開発事例

交通のあり方を起点に都市計画全般にわたる様々な発言があった。

1999 年には，政党や賛成／反対双方の市民グループなどがイベントを開催し，200 から 300 人がそれぞれ参加した．その後も，市は定期的な対話の場を設けたが，大規模な市民参加型会議は行っていない．対話の場といっても，賛成／反対それぞれの立場の主張をするだけで，実際に両者が相手の言い分に耳を傾けて討議するという場ではなかった．また，反対運動をしてきたグループも，この後しばらくは大きく目立った活動はしていないようであった．

転機が訪れたのは，2007 年 7 月であった．ドイツ連邦政府，ドイツ鉄道，バーデン-ビュッテンブルグ州，および，シュトゥットガルト市長の間に費用負担に関する合意がなされ，プロジェクトが公式に承認された．この直後から，反対運動が再び大きく盛り上がってきた．反対派は住民投票を実施するよう請求したが，議会はその請求を却下した[1]．その妥当性をめぐって裁判に発展するとともに，大規模なデモが繰り返されるようになっていった．それにもかかわらず，推進主体は工事に着工したため，さらに過激なデモ隊が組織化され，警察と衝突する騒ぎへと広がっていった．そこで議会は調停人による調停対話を提案した．調停団の議長は，賛成グループ，反対グループの代表を招いた対話を開催し，調停判決を提示した．調停判決によれば，中央駅地下化計画の続行を支持する一方，ストレステストや安全対策，公園の樹木の維持など，大幅な計画改善を要求した．だが，調停判決後も反対グループはデモを継続した．また，St21 をめぐる論争は選挙での争点にもなり，議会での政党勢力も一変した．この影響で，2011 年に州レベルで住民投票が行われたが，結果は賛成が過半数を占めた．この住民投票後，大規模なデモ隊の衝突は収束に向かいつつあるが，今なお反対グループのデモ活動は続いており，シュトゥットガルト市に大きな係争の禍根を残した．

---

[1] 州によって異なるが，ドイツでは，一定数の署名を集めると住民投票を実施するよう請求できる．ただし，その請求を受けて住民投票を実施するかどうかは議会の判断に委ねられる．また，住民投票が行われたとしても，その投票結果のとおりにするかどうかも議会が決定する．さらに，住民投票から一定の年数が経った後には，再度，住民投票を請求することができる．

2.3. シュトゥットガルト21の教訓

竹ヶ原とフュロップ（竹ヶ原＆Fülop, 2011）は，1997年に実施した市民フォーラムが不十分で，プランニングセルのような無作為抽出による代表性の高い市民参加を行わなかったことが問題だったと指摘している。つまり，公募では特定の意見に偏った関心の強い人ばかり集まってくるため，市民全体の意見をくみ取れなかったと考えられるためである。しかし，その可能性は低いと考えられる。公募型とはいえ，市民パネルによる討議が行われた後のしばらくは，大きな係争の火種となるような事態は生じていなかったことから，1997年の市民フォーラムには一定の効果があったといえる。

むしろ問題はその後の10年間の活動にある。市民との対話といったときに，ステークホルダー型に限定されていて，市民パネル型の機会が続かなかったことである。市の担当者によれば，継続的な対話をしてきたと述べているが，その対象はごく限られており反対集会などにおけるステークホルダーとのものだけであった。確かに広報活動は継続的に行ってきたが，それは一方向的な情報発信に過ぎない。市の担当者は「10年も経てば状況も変わるし，そのときの決定など知らなかったという人が増えてくる」と述べており，誰もがみて判断できる場としての市民パネル型の機会の不足が，係争のエスカレートを防げなかったことの根底にあったのだろう。

また，シュトゥットガルト市民にとっての共通のゴールや目標を描ききれなかったことも問題だろう。ドイツ全体，またEU全体にとって鉄道の経路は重要であるが，シュトゥットガルト市民の立場に立ったときに，それが共通目標になりえるかどうかの議論は不十分だったかもしれない。開発か保全かといった賛成か反対かの二律背反的な図式の議論が繰り広げられ，歩み寄りできそうな話題を出せていない。こうした二分法による議論の枠組み自体を変えることが最後までできなかったことが問題の根底にあるのではないか。

このことをリスクの側面から言い直すと，反対運動は，St21によって懸念されるあらゆるリスク——たとえば，歴史的な建造物を壊す，環境を破壊するなど——を指摘し，推進側はそのリスクがいかに小さいか，リスクを小さくするかを説明して回るという構図となっていた。したがって，ある個別のリスク事象について推進側が理論武装を固めそれを補強するデータをまとめてくると，

反対派はその粗探しをしたり，別のリスク事象を持ち出してくるということの繰り返しから抜け出せなくなる。このような構図の中では，ゼロリスクでなければいけないような錯覚が一部の市民の中に生じやすくなる。中谷内（2004）は，人は必ずしも常にゼロリスクを追求する存在ではないが，人為性や人工的な操作により，どれほど確率が低くても，ひとたび問題が生じれば人命や社会全体の破滅につながるととらえたときにはゼロリスクを追求しやすくなると述べる。このとき，いくらリスクの発生確率が小さいことを強調しても逆効果になる。St21 の例では，推進主体はリスクが小さいことを強調しすぎ，反対派は社会全体に破壊的な深刻な影響があることを強調しすぎていたならば，ますますゼロリスク追求の問題として全体がとらえられてしまう。ひとたび，ゼロリスク追求の問題となれば，今日の科学技術をめぐる問題では合意形成は不可能となる。賛成か反対かという二律背反的図式は，このような意味で合意形成を阻害する枠組みを与えてしまうおそれがある。

　それでは，賛成か反対かという二律背反を脱却して，リスクを指摘する側とそれをディフェンスする側という構図にならないような問題解決のやり方はないのだろうか。次節でそのヒントになる事例をみてみよう。

3. 賛否を折衷した案による解決：ノイス市中心通りのトラムの事例

　トラムの撤去か存続かで二項対立的な状況で長年膠着していたが，両者の共通の論点を見出しながら，折衷案で決着したノイス市の例をみてみよう。

3.1. 撤去か存続か，中心通りを通るトラムの問題

　ノイス市の中心通りにはトラム（路面電車）が走っている。中心通りは非常に狭く，そこを複線のトラムが走ることは，いっそう通りを狭くしている。実際，トラムは商店街の歩道ギリギリを走っており，歩行者や夏場になると屋外にカフェを出したい店舗とその利用者などにとっては，安全とはいえない状況であった。

　この問題については，1960 年代からずっと議論されてきた。1997 年にトラ

ムの移設計画が発表されたが，住民投票で移設計画が否決された。2000年2月から3月にかけて，市街地活性化を議題とするプランニングセルが開催された（プランニングセルについては，第10章の表10-1を参照）。無作為で選ばれた194人が8グループに分かれて4日間議論し，多くの参加者が移設が望ましいと結論づけた。しかし，その後も意見の対立があり，路線移設計画は議会では提案されなかった。

ところが，2006年，下水管の老朽化に伴う改修工事が必要となり，これにあわせて市は移設計画を発議した。市長の発議を受け，議会は住民投票の実施を決めた。2007年，住民投票が実施され，わずかに存続派が多数をとったが，投票率が20%を下回っており，住民投票の有効数に満たなかったため，投票結果は無効となった[2]。とはいえ，市議会はこの投票結果を尊重すると表明した。

その後，市長が中心通りにおける電車区間を複線から単線化すると表明した。下水管工事にあわせて単線化の工事を開始した。撤去を求める住民は署名を集めたが，必要数の署名が集まらず，住民投票は実施されなかった。2009年，下水管と単線化の工事が終了した。

3.2. 主な論点と議論の構図

ノイス市のトラム問題の場合は，存続派も撤去派も問題の所在については共有していたと思われる。すなわち，狭い通りを複線のトラムが走っていることで安全性に支障があること，商店街の活性化に影響があってはならないということである。ただし，その対応についてそれぞれ方向の異なる考え方を持っていた。

存続派は，公共交通の便利さ，とくにバリアフリー交通の重要性を強調し，中心市街へのアクセスを確保することが商店街の活性化になると考えている。撤去派は，トラムの線路が空間利用を妨げており，商店街の活性化を妨げていると考えており（ドイツでは，カフェなどが通りのかなりのところまで出てく

---

[2] ノイス市のある州では，投票総数の過半数であるだけでなく，全有権者に対してある割合以上の賛成が得られなければ住民投票は有効とならないと定めている。投票率が少ないとこのようなことが生じる。

3. 賛否を折衷した案による解決：ノイス市中心通りのトラムの事例　203

るのが常であるが，ノイスのトラムが走っている中心通りではそれが難しい），また自転車と歩行者の安全性について強調している。

　つまり，存続派と撤去派では，どのリスクを低減させるべきかの重みづけが異なるといえる。存続派は，公共交通の利便性を損なうこと，それに伴う中心市街が活性化されないリスクを強調し，撤去派は，安全面や空間設計に伴って生じるリスクを強調している。しかし，強弱の程度の差はあれども考慮されるべきリスクについては共有されており，リスク事象間でのトレードオフがある以上，ゼロリスクは不可能であることも理解が共有されていたのではないかと考えられる。つまり，複線のトラムが走っていることによる事故のリスクを低減するためには，バリアフリー交通をはじめとした公共交通による利便性を損なうリスクが生じるというトレードオフの関係があること，また，中心通りにトラムが存続して公共交通の利便性を確保しようとすると十分な空間を確保できなくなるというトレードオフの関係があることなどである。

　このように，ノイスではトラムの撤去か存続かで賛否が拮抗したものの，シュトゥットガルトの事例とは異なり，対立がエスカレートしないで済んだ。このことについて，2000年に実施したプランニングセルがどの程度効果があったのかを少し考えてみよう。プランニングセルでは，中心通りをどうすべきかについてまちづくり全体の観点から議論し，その中でトラムをどうすべきかについても議論し，撤去案も存続案も，さらには単線化案も提案されていた。この時点で，議論のフレームが，既にリスクを指摘する側とされる側ではなく，トレードオフ関係にあるリスクをどうするか，様々な価値に照らし合わせて市民みんなで議論しようという認識は，撤去派にも存続派にも共有されたと考えられる。それゆえ，その後の10年近くの間にも多くの議論はあったものの，リスクをめぐって，リスクの問題を指摘する側とディフェンスする側というような完全な分離に至らずに済んだと考えられる。

　また，市長が単線化を提案したときにも，市民全体でみたときにはほとんどの市民がプランニングセルでの単線化提案のことを覚えていなかったと思われるが，撤去派や存続派の熱心に活動していた人々はプランニングセルでの単線化提案を知っていたと思われる。このことが，市長の単線化提案が受け入れられたことの素地になっていた可能性も考えられる。

3.3. 住民は決定を受け入れられるのか
3.3.1. 受容と賛否

　ノイス市の中心通りを走るトラムを撤去すべきか存続すべきかという問題は，二度の住民投票とプランニングセルの実施を含む10年以上に及ぶ議論の末，単線化提案という折衷案で，一応の幕が下りた。多くの市民は，単線化という市長の折衷案をどう評価しているのだろうか。撤去か存続かのいずれかについて強い意見を有している市民にとっては，受け入れがたいだろう。とくに，単線化はどちらかというと存続派の意見に近く，撤去派にとっては納得のいかないものである。また，多くの市民は，何年も前に実施したプランニングセルの内容まで詳しく覚えていたとは考えにくい。多くの市民は，撤去か存続かという議論については日常的に目にしており，また，住民投票があったことも記憶に新しいが，単線化案は唐突にみえるかもしれない。そこで，市長が提案した単線化案を多くの市民が受け入れられるかどうかを調べてみる必要がある。

　ここで，二分法による議論と二分法によらない議論をもう一度整理しよう。中心通りを通るトラムを，撤去するか存続するかという二者択一的な考えは二分法による。撤去か存続かのいずれかに賛成または反対という賛否の問題となる。一方，単線化案は，どちらかといえば存続寄りとはいえ，二分法を超えた折衷案といえる。二分法を超えた折衷案であるならば，賛成か反対かではなく，両者の立場を包括した提案として受容できるかどうかという問題になる。以下では便宜的に，撤去か存続かの二分法によるものを「賛否」，単線化提案を受け入れるかどうかを「受容」と呼ぶことにする。そして，この賛否と受容の規定因の違いを見ていこう。

3.3.2. 主要価値類似性と手続き的公正

　第10章でみてきたように，社会的受容には手続き的公正が不可欠である。だが，撤去か存続かという賛否と，単線化提案の受容に対して，手続き的公正と価値類似性は同じ影響を持つのだろうか。ノイス市のトラムの問題の場合，トラム沿線に住む住民や中心市街の商店街関係者にとっては自分自身の利害ともとらえられるが，市民全体としてみれば，狭い通りを走る複線のトラムによる事故のリスク低減など公共的価値が主な論点である。また，上にみたように，

3. 賛否を折衷した案による解決：ノイス市中心通りのトラムの事例　205

撤去派も存続派もトレードオフがあることを認めたうえでそれぞれの主張をしてきた。

　トレードオフの関係が明確であるとき，そのトレードオフ関係にある価値はそのまま主要な論点となる．ノイス市のトラムの事例では，公共交通の利便性やバリアフリー交通などの価値を重視すれば存続すべき，交通事故のリスク低減や中心通りに十分な空間を設けるという価値を重視すれば撤去すべきとなる．ここで，どの価値を重視すべきは個人によって異なる．必ずしも撤去か存続かで積極的な活動を行っていない市民であっても，こうした価値にもとづいて判断しているならば，自分の価値が実現されていると評価できればその決定を受容しやすく，そうでなければ受容できないだろう．

　それでは，トレードオフ関係にある一方の価値が実現するような決定がなされたら，他方の価値を重視する人たちはその決定を受け入れられないのだろうか．本章の最初で述べたように，様々な討議の場で，多元的な価値を取り込んでいく手続き的公正の要件が満たされるようなプロセスを経たならば，諸手を挙げて賛成ではなくても決定を受け入れることはできるだろう．別の言い方をすると，必ずしもある立場の人にとっては重視する価値にそぐわない決定とならざるをえないトレードオフが存在しているときこそ，その受容に手続き的公正が重要となる．

　これらを踏まえたうえで，ノイス市のトラム問題について，賛否と受容の規定要因の違いは次のように考えられる．存続か撤去かという二者択一ではいずれか一方に立たなければならない．このとき，撤去／存続する場合に重視される価値によって賛否の態度が決まるため，価値類似性は賛否に強く影響するだろう．対して，手続き的公正は二分法による賛否への影響は相対的に弱いだろう．なぜならば，一方をとって他方をとらないという賛否には，多様な価値の反映という手続き的公正にとって重要な要素が反映されているととらえにくいからである．

　対照的に，受容への規定要因を考えたときには，価値類似性だけでなく手続き的公正も強い影響がみられるだろう．単線化については，存続／撤去の主張する価値も盛り込んでおり，ある特定の価値だけでなく，トレードオフにある両者の価値が様々な市民参加など討議の機会を経て反映されたと考えれば，手

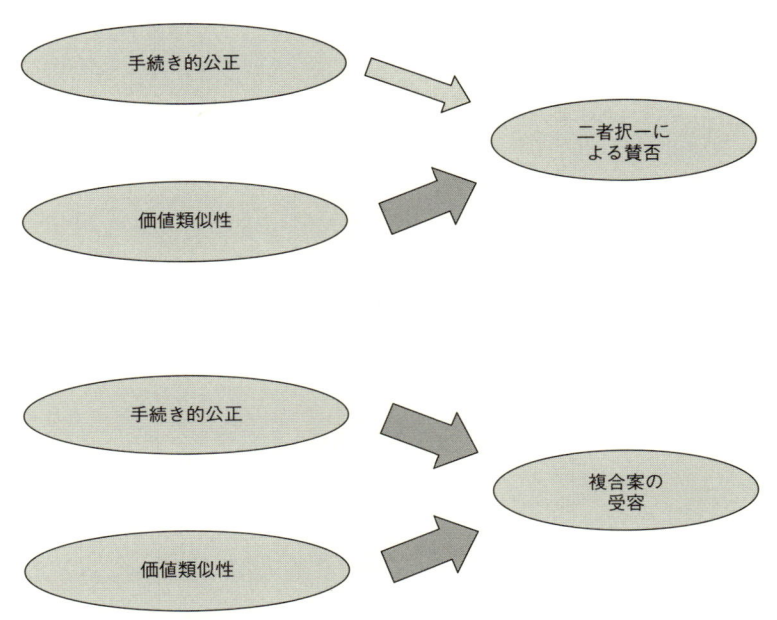

図 11-2 価値類似性と手続き的公正が賛否と受容に及ぼす影響の違い

続き的公正が高まることになり，その手続き的公正は受容につながるだろう（図 11-2）。

これらを確かめるために，ノイス市在住者を無作為抽出した調査を実施した。男女個人 3,000 名を無作為抽出し，郵送調査を行った。有効回答 319（有効回収率 10.6％）であった。

3.3.3. 価値を代表するステークホルダーと多元的価値を反映させるための手続き的公正

調査の結果，次のようなことが明らかになった（Ohnuma et al., 2010；大沼, 2011）。

2007 年の投票でどうしたかを尋ねたところ，撤去賛成に投票が 40％，存続賛成に投票が 36％とどちらも 4 割程度であった。実際に拮抗している様子が読み取れる。

トラムの存続が問題となっているノイス市の中心市街地がどうあるべきかに

ついて，回答者にとって重要と思う価値について尋ねた。上位3つは「ゆったりした空間」「バリアフリー交通」「中心市街の賑わい」で，この3つの間にはほとんど差がなく，どれも重要だと思われていた。続いて，市当局，存続派，撤去派のそれぞれが重視しているだろうと思う価値について想像して回答をしてくださいと尋ねたところ，市当局は「中心市街の賑わい」，存続派は「バリアフリー交通」，撤去派は「ゆったりした空間」であった。つまり，多くの市民が重要と思う代表的な3つの価値を，3つのステークホルダーたちが分割して体現しようとしているというとらえ方ができる。

引き続き，「存続・撤去の賛否」と「単線化受容」を従属変数とし，価値類似性と手続き的公正を独立変数とした分析を行った。その結果，いずれも有意に説明していたが，それぞれ影響の大きさが異なることがわかった。つまり，価値類似性は，単線化受容にも賛否にも一貫して強く関連していた。一方，手続き的公正は，単線化受容に対しては価値類似性と同程度に影響していたが，賛否に対してはごくわずかしか影響していなかった。これらは図11-2に示した仮説を支持するものであった。

さらに，手続き的公正のどの要素が影響を与えていたかを調べたところ，「多様な意見の反映」が最も強かった。つまり，ノイスのトラムをめぐる議論では，できるだけ多くの価値を反映されたか，また，多数でなく少数の意見も反映されたかが，重要な手続き的公正の要素であったことが明らかになった。つまり，単線化案の受容には手続き的公正が重要であったが，その理由は，市当局が重要視する「中心市街の賑わい」や存続派が重視する「バリアフリー交通」だけでなく，撤去派が重視する「ゆったりした空間」も含め，できるだけ多くの価値を取り入れようとしたと，多くの市民が評価したためと考えられる。これは自分にとって重要な価値を基準とした価値類似性とは異なるものである。

以上の結果をまとめると，手続き的公正は，係争的事例であっても，多様な意見が反映されることによって，決定の受容につながるという点で重要な役割があることが明らかになった。そして，とくに多元的な価値が反映されたかどうかが重要である。しかし，賛成か反対かの二項対立図式では，価値類似性が優勢となり，手続き的公正の効果は弱くなる。賛否が拮抗する係争的事例でも，手続き的公正は個人利害の代弁や対立を超え，多元的価値を反映させた解決を

導くプロセスづくりとして重要な役割を演ずるといえよう。

　なお，誤解のないように補足すると，賛否が拮抗するときに単なる折衷案（妥協案）を出せばよいという訳ではない。プランニングセルも含め，10年にわたる長い時間をかけた対話のプロセスを経たからこそ，市長の単線化案が受け入れられたと考えるべきだろう。その意味では，多元的価値を反映させた，手続き的に公正な市民参加のプロセスが不可欠であるという点は，繰り返し強調されるべきだろう。

4. ハイブリッド型市民参加を経て住民投票へ：カールスルーエにおけるトラム地下化をめぐる事例

　シュトゥットガルトの駅再開発をめぐる事例では，住民投票をしてもエスカレートする対立を止められなかった。ノイスのトラムの事例では，プランニングセルと二度の住民投票でも決着がつかなかったが，両者を取り入れた折衷案で妥結した。それでは，住民投票は係争的な問題を解決するうえで役に立たないのだろうか。冒頭に述べたように，問題なのは十分な討議の場がないままにいきなり多数決だけで決めようとすることであって，手続き的公正を高めるような市民参加によるプロセスを経てからの決定手法としてであれば，住民投票の意義もあるだろう。

　今度は，様々な市民参加による議論を経て，最後に住民投票で決めたカールスルーエの事例を紹介しよう。

4.1. カールスルーエ交通システム

　カールスルーエの交通システムは，トラムと郊外電車の統一システムによるカールスルーエモデルとして有名である。十数本ある路線すべてについて，乗り換えなしで市中心部へアクセスでき，利便性がとても高い。実際，このシステムのおかげで，トランジットモールは人々で賑わい，公共交通利用率は非常に高い（トラム利用率49%，自動車27%）。

　しかし，中心部では慢性的な渋滞や遅延の問題が生じてきた。とくに朝夕のラッシュ時には，トラムが数珠つなぎに待っているという状態が慢性化してい

た。そこで、市は 1996 年に、最も渋滞する中心部についてトラムを地下化するという計画を発表したが、翌年の住民投票により否決された。3 年間の凍結期間後、市は、トラムの一部を地下化し一部を迂回ルートを通るようにするというコンビプランと名付けた計画を提案した。さらに、単にコンビプランを提案するだけでなく、市民参加により決定するという市議会提案を行った。この市民参加は、次に説明するようなハイブリッド型となっていた。

4.2. カールスルーエにおけるハイブリッド型参加会議

市は市民参加による決定を提案したが、5 つの段階が設定されていた（図 11-3）。

はじめに、ステークホルダー会議を行い、交通連盟、地元自治会、商店街関係者、環境団体などの代表が議論をした。交通連盟は、渋滞や遅延の解消のため地下化と一部迂回路が必要と訴える。商店街関係者は地下化によりトランジットモールがさびれるのではないかと懸念し、環境団体は地下化工事による騒音や環境への影響やコストを問題として取り上げる。また、このとき、専門家

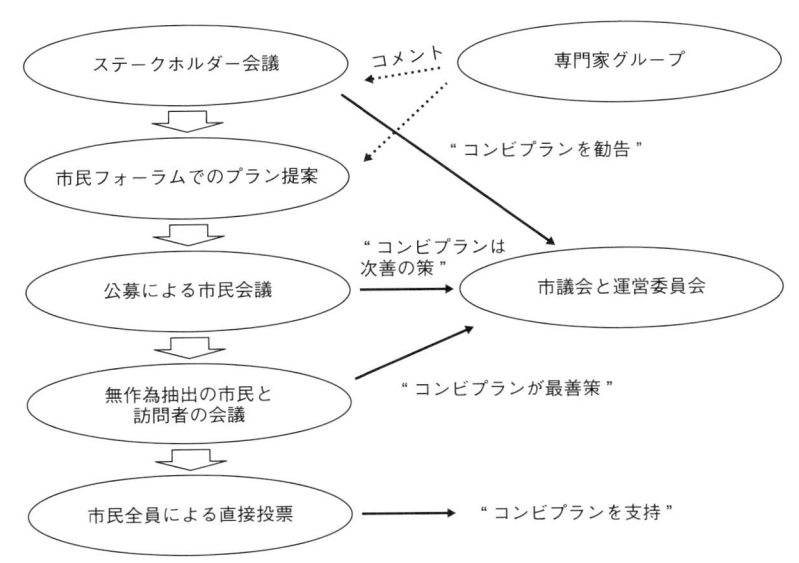

図 11-3　カールスルーエのコンビプランをめぐるハイブリット型参加会議と住民投票までの手続き

は市民からの意見や提案にコメントをしたり必要な情報提供は行うが，決定やとりまとめには口出しをしないという役割に徹した。このように，コンビプランをめぐって様々な利害がある中，コンビプランがよいという勧告を答申した。

この答申を受け，市民フォーラムを開催し，ステークホルダー会議による答申内容を説明し，市民パネルによる参加を要請した。市民パネルによる参加には，公募による市民会議と，無作為抽出により選ばれた市民による会議の2つがあった。

公募型による市民会議には約500人の市民が応募してきた。この500人が20ほどのグループに分かれ，中立的なファシリテータの司会進行のもとで議論をし，コンビプランだけでなくその代替案も検討した。この20のグループが同時並行で議論をすると，20の案が出てくることになる。この市民会議は，隔週，夜ごとに3時間ずつ，計4回行われた。そして，最後はグループごとの多数決で決めた。その結果，コンビプランは次善の策という結論になった。

その次に，無作為抽出で選ばれた市民の参加による会議が開かれた。市内在住者500人が無作為に選ばれ，そのうち70人が参加した。この70人は9のグループに分かれて議論した。また，トラムでつながれた隣接市から無作為に300人が選ばれ，そのうち20人が参加した。この無作為抽出による市民会議は，週末に2回，計12時間かけて集中的に議論した。中立的なファシリテータの司会進行で，代替案も検討したのは公募によるものとほぼ同様であった。その結果，すべてのグループで，コンビプランが最も良いという結論になった。

このように，同じ市民会議といっても，公募による市民会議ではコンビプランは次善，無作為抽出による市民会議はコンビプランが最善と，異なる結論が得られた。

これまでのステークホルダー会議や2つの市民パネルによる会議は，すべて議事録が作成され，情報公開されていた。また印刷物としても配布されており，興味のある市民は誰でも読むことができた。もちろん，会議のたびに地元の新聞などでは報道されていたし，市の情報センターでも様々な情報が閲覧可能であった。この意味では，すべての市民はコンビプランをめぐる議論の経緯に関する情報に接触する機会が多かったといえよう。このように様々な市民の代表による会議を含めた幅広い市民による討議を経たあとで，最後に市民による直

接投票が行われた。その結果，コンビプランに賛成が55％，反対が45％で，コンビプランが支持された。現在は，コンビプランに沿った工事が進行中である。

4.3. 誰が市民の代表か？ 何が市民意見の代表か？

同じ市民パネルといっても，公募による市民パネルではコンビプランは次善，無作為抽出による市民パネルはコンビプランが最善と，異なる結論が得られた。どちらも，市民の代表が議論した結果である。公募による市民パネルでは，希望する人が誰でも参加できるので，賛成や反対する団体からの動員があったかもしれない。そうだとしても，500人もの市民が20のグループに分かれ，中立的なファシリテータの司会進行で議論したのだから，自分と異なる意見にも耳を傾け，コンビプランの長短所をよく吟味したうえでの結論といえそうである。一方，無作為抽出による市民は，動員により極端な意見の人ばかりが集まってきたという懸念はなく，母集団を代表しているといえる。ただし，応諾率が500人中70人（14％）であるので，やはり興味・関心の強い市民だけが集まって議論したともいえる。そして，公募，無作為抽出のいずれも，中立的なファシリテータのもと，少人数のグループに分かれて長い時間をかけて議論をしているという点では共通である。

このような問題に対しては，参加していなかった人がどのようにこの市民参加を評価していたかという視点が重要な切り口となる。とくに，これまで第10章や本章でみてきた手続き的公正の観点から，市民の代表と思えるかという代表性の問題だけでなく，意見や価値の多様性とそれらの決定への反映などが重要である。

そこで，参加しなかった人が，これら一連の市民参加手続きをどのように評価しているかを明らかにするために，調査を実施した。調査は，住民投票の一年後，カールスルーエ在住者を対象に行った（Hirose, 2007；広瀬，2008）。

4.4. 反対の人でも納得できる手続き

調査の結果，まず，コンビプランの内容の評価だけでなく，手続き的公正が受容に影響していた（図11-4）。また，手続き的公正の要件は，情報公開，発

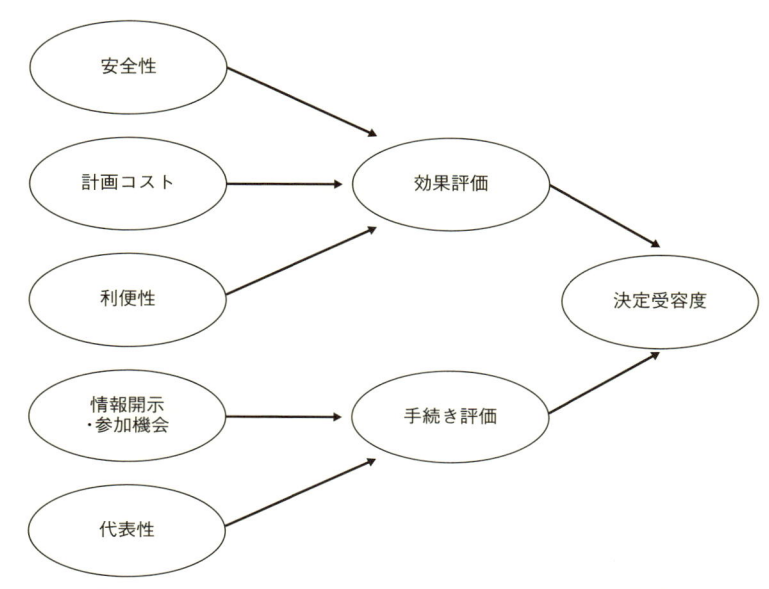

図 11-4 カールスルーエのコンビプランの住民投票結果受容の規定因

言機会,参加者の代表性であった。発言機会とは,誰でも参加できた,市民が意見を述べる機会が十分にあったというもので,何段階にもわたる市民参加プロセスとして発言の機会が十分にあったと評価されていた。代表性については,ここでは逆転項目で尋ねており,参加すべきだが参加できなかった組織や団体があった,市民会議では多数の意見が反映されていないというのもであった。この逆転項目に対してはネガティヴな結果,つまり,代表性が低くないという結果となっており,これも手続き的公正に主要な規定要因となっていた。

　全体としては上記のような結果が得られたのだが,住民投票で賛成に投票した人と,反対に投票もしくは投票しなかった人に分けて分析してみると,手続き的公正や受容のどの項目についても,賛成の人は肯定的に,反対・無投票の人は否定的に評価していた。この結果は,反対の人はやはり手続きも公正だと思えないし,受容できないということを意味するのだろうか。

　そこで,再度,賛成の人と反対・無投票の人に分けて,社会的受容への規定要因を分析し直した。その結果,いずれも,手続き的公正と内容評価が受容す

るというパターンについては同じであった。すなわち、コンビプランに反対の人でも、内容がよく、公正な手続きだったと評価できれば、受容できるということを意味している。ただし、手続き的公正の要素である情報開示や参加機会、代表性などについては、賛成に投票した人よりも、反対に投票した人のほうが影響が強かった。つまり、計画に反対する人は、より手続き的公正の要素に対してこだわって判断する傾向があると解釈できる。いずれにせよ、反対に投票した人でも、手続き的公正の要件が満たされていると評価できれば決定を受容できる可能性が示された。

まとめると、カールスルーエの事例では、ステークホルダー会議も市民パネル会議も行い、さらに、公募による市民と無作為抽出による市民が参加して議論をし、そのことについて多くの市民が情報を得たうえで、住民投票による決定をした。こうした参加による決定プロセス全体としてみれば、コンビプランに反対の人でも、ここまで話し合って住民投票で決めたのだから決定には従うと受容につながったのではないかと考えられる。

5. おわりに：討議デモクラシーによるリスクガヴァナンス

本章では、賛否をめぐって価値が対立する係争的な事例を取り上げ、このような問題に対しても、市民参加により手続き的公正を高めることの重要性を示し、逆に、いきなり住民投票を行うだけの単純な多数決原理では問題の解決ができないことを示した。ただし、様々なやり方を組み合わせ、ステークホルダーと市民による十分な議論を経て、また、そのことをすべての住民が知りうる状況をつくったうえで住民投票を行った場合には納得されやすいことも示した。

いずれにせよ、賛成か反対かといった単純な二項対立的な図式は避け、両者を包摂した多元的な価値を反映させることが鍵となることについてはいくら強調しても強調しすぎることはないだろう。

5.1. 住民投票とハイブリッド型市民参加：再び

3つの事例を通じて、住民投票そのものが良いか悪いかではなく、多様な考え方、異なる価値観などについて、重層的な市民が建設的に議論できる場を設

け，そこで議論を繰り返し，そこでの意見が反映されていくプロセスの重要性を示した。3つの事例とも，住民投票は実施されたが，市民のとらえ方と社会全体での合意形成が異なっていた。シュトゥットガルトの駅再開発事例では，賛成か反対かの二律背反的状況から脱することができず，住民投票をしても合意形成はできなかった。10年以上も前に公募により参加者を集める市民パネルを実施したが，その後は，限られたステークホルダーとの対話しかなく，多くの人が議論の経緯を知り，判断できる討議の場がなかったためである。ノイスの中心市街を通るトラムの例では，トレードオフの問題をめぐる価値の対立はあったが，プランニングセルという無作為抽出による参加者を選ぶ市民パネルの実施後もオープンな場で異なる価値をめぐって討論をする機会はあった。しかし，撤去か存続かという二者択一の選択肢しかない住民投票では決着をつけることができなかった。トレードオフ関係にある双方の価値を取り込んだ単線化という折衷案と，その多様な価値を反映させていく手続き的公正の要件が満たされたと多くの市民が評価できたために，長年の論争に決着をつけることができた。渋滞の深刻なトラムの一部地下化と一部迂回路のコンビプランを提案したカールスルーエ市では，住民投票に至る前に，ステークホルダーによる討論，公募型と無作為抽出の両方を用いた市民パネルを実施した。それぞれごとには異なる結論であったことから，どれか1つの場だけでは決着をつけることが難しい。しかし，これらの討議が熟していき，様々な観点から多様な市民が評価していくプロセスを多くの市民は注視していたし，その情報に接する機会も多かった。こうしたハイブリッド型市民参加による討議に時間をかけたうえで，一人ひとりが計画について吟味したうえで投票して決めるというやり方を，事前に設計したことが合意形成につながった。

　以上をまとめると，誰もが知ることができ理解できる透明性の高いオープンなアリーナで，賛成か反対かの二分法を超えて共通の問題意識を共有し，多元的な価値について討議を深めていくことが，手続き的公正を高め，多くの市民の受容につながるのである。とくに，このような手続き的公正を高めた決定には，反対の市民でも受容できることを，本章で紹介した事例で示した。

5.2. 討議デモクラシーによるリスクガヴァナンスの将来性

　最後に，討議を尽くすリスクガヴァナンスの問題点と可能性を述べる。十分な討議を経て決めていくという過程は時間がかかる。このことは，緊急性が高い場合には難点があることを意味する。たとえば，災害発生時は人命救助が第一である。迅速に対応すれば助かる可能性がある命があるときにはどうやって助けようかと悠長に話し合っている場合ではないだろう。それでも十分な討議を経た決定プロセスは意義があろう。少なくとも，平時の多くの公共性の高い社会的意思決定場面では「急がば回れ」で，十分な討議を経た合意形成プロセスを経ることが，膠着状態に陥らずに多くの市民の受容につながるので，結果的には近道になるだろう。放射性廃棄物処分のように何十年も進展していない膠着状態の問題や，災害復興や限界集落を抱える過疎地域のように短期間で解決可能ではない問題などは，多元的な価値を有する市民が共通の問題意識を持ち議論を深める場を持たなければ立ちゆかなくなる。これらの問題は，何も決めない・決まらないという状態で放置するほど事態は悪化するばかりである。かといって，トップダウンで強制的に決めても実効性を帯びることが少ない。このようにリスクガヴァナンスによる合意形成が必要とされる場面が多いことは疑いない。

　社会に遍在するリスクを，多元的な価値にもとづいて包括的にとらえながら，社会的な意思決定をしていくための合意形成のツールとしてのリスクガヴァナンスについて，さらなる事例と研究の蓄積が求められる。

引用文献

馬場健司（2002）．NIMBY 施設立地プロセスにおける公平性の視点：分配的公正と手続き的公正による住民参加の評価フレームに向けての基礎的考察　都市計画別冊都市計画論文集, 37, 295-300.

馬場健司（2003）．意思決定プロセスにおけるアクターの役割：NIMBY 施設立地問題におけるハイブリッド型住民参加の可能性　都市計画別冊都市計画論文集, 38, 217-222.

Cohen, J. (1989). Deliberation and democratic legitimacy. In A. Hamlin, & P. Pettit (Eds.), *The good policy: Normative analysis of the state* (pp. 17-34). Oxford: Blackwell.

Hirose, Y. (2007). A normative and empirical research on procedural justice of citizen participation in environmental management planning. In K. Ohbuchi (Eds.), *Social justice in Japan: Concepts, theories and paradigms* (pp. 264-290). Melbourne: Trans Pacific Press.
広瀬幸雄 (2008). 環境計画への市民参加はなぜ必要なのか 広瀬幸雄（編著）環境行動の社会心理学 北大路書房 104-113.
広瀬幸雄・野波寛・杉浦淳吉・大沼進・前田洋枝・大友章司 (2011). ドイツにおける係争的な公共計画での市民参加の手続的公正と信頼についての調査研究 環境社会心理学研究, 16, 1-154.
中谷内一也 (2004). ゼロリスク評価の心理学 ナカニシヤ出版
大沼進 (2011). 価値類似性と手続き的公正が社会的受容に及ぼす効果：ドイツノイス市におけるトラムの事例調査 日本社会心理学会第52回大会ワークショップ：市民参加による環境計画の合意形成：多元的価値を反映した合意形成は可能か？
Ohnuma, S., Hirose, Y., Sugiura, J., & Maeda, H. (2010). Effects of value similarity and procedural fairness on social acceptance: A case study of tram system in Neuss. *Abstracts of 21st International Association of People-Environment Studies Conference*, 169-170.
大沼進・中谷内一也 (2003). 環境政策における合意形成過程での市民参加の位置づけ：千歳川放水路計画の事例調査 社会心理学研究, 19, 18-29.
Regierungspräsidium Stuttgart (2007). *Stuttgart 21 diskurs*. 1-2542.
Renn, O., Webler, T., Rakel, H., Dienel, P., & Johnson, B. (1993). Public participation in decision making: A three-step procedure. *Policy Sciences*, 26, 189-214.
篠原一 (2004). 市民の政治学：討議デモクラシーとは何か 岩波書店
篠原一 (2012). 討議デモクラシーの挑戦：ミニ・パブリックスが拓く新しい政治 岩波書店
Smith, G. (2003). *Deliberative democracy and the environment*. London: Routledge.
竹ヶ原啓介 & Fülop, R. (2011). ドイツ環境都市モデルの教訓 エネルギーフォーラム新書
Webler, T. (1995). "Right" discourse in citizen participation: An evaluative yardstick. In O. Renn, T. Webler, & P. Wiedemann (Eds.), *Fairness and competence in citizen participation* (pp. 35-86). Dordrecht: Kluwer Academic Publishers.

事項索引

あ
曖昧性忌避　95
意識的な〔reasoned〕ルート　41
一貫性　180
遺伝子組換え農作物　124
意図への期待　176
エンパワーメント　155, 161-163, 168, 169
オイルショック　86
恐ろしさ　49

か
会議
　コンセンサス――　10, 124
　市民参加型――　159
　市民パネル型――　123
　ステークホルダー型――　123
　ハイブリッド型――　123, 197
買い溜め行動　85
外的環境へ委譲　42
買い控え行動　85
ガヴァナンス　176
偏りの抑制　180
環境デザイン　45
感情　147
危機対処の葛藤理論　50
記述的規範　41, 92
客観的なリスク評価　17
脅威アピール　57
協調的アプローチ　142
恐怖喚起コミュニケーション　56
議論の機会　180
クロスロード　109
計画的行動理論　36
ゲーミングシュミレーション　103

ゲーム
　説得納得――　105
　廃棄物――　103
　リスコミ――　114
欠如モデル　121
決定の正当性　180
合意形成による社会的意思決定　194
後悔回避　96
公共財　161
公正さ　158
公正な手続き　13
行動意図　36, 92
行動受容　40, 92
公募　210
　――型　196
高レベル放射性廃棄物　140
　――の地層処分　140
ゴール・プライミング　44
個人的コスト　165, 168
個人的便益　147
個人的リスク　7
　――行動　35
　――のリスコミ　8
コンピテンス（実効性）　180

さ
参加意図　155, 162, 163, 165
参加型テクノロジー・アセスメント　155-157
賛否　204
システマティックな処理モード　49
実行意図　43
実行可能性評価　37
実効性　158
自動的な因果推論　78

自動動機モデル　38
脂肪税　35
市民参加　155, 156, 176
　　――の場の設計　195
市民陪審　123
市民パネル　210
　　――型　195, 196
社会的受容　178, 179
社会的ジレンマ　88, 139, 160
社会的スティグマ　146
　　――化　91
社会的増幅　29
社会的トラップモデル　50
社会的便益　147
社会的リスク　7
　　――のリスコミ　8
習慣的行動　41
修正可能性　180
周辺的手掛かり　73
住民投票　194
主観的規範　36, 92, 146
熟議　157
受容　204
主要価値類似性　204
　　――モデル（Salient Value Similarity：SVSモデル）　177
状況の安定性　95
情動的反応　53
情報開示　180
ジョハリの窓　130
人為的2次災害　85
新型インフルエンザ　109, 116
信頼　5, 145, 175
　　受け手への――　5
　　送り手への――　5, 75
　　政策決定主体への――　176
　　誠実さへの――　77
　　能力への――　77
スーパー広域災害　85
スティグマ　146
　　テクノロジカル・――　146
ステークホルダー会議　209
ステークホルダー型　195
ステレオタイプ　100
ストレスへの対処　54
正確さ　180
精神的無感覚　29
精緻化見込モデル　5, 72
世代間主観的規範　147
世代間倫理　147
説得納得ゲーム　104
ゼロリスク　24, 201
選択的誘因　155, 161
ソーシャル・メディア　81, 97
存在脅威管理理論　59
存在論的恐怖　58

た
態度　36, 92
　　――と行動の不一致　35
代表性　159, 180
代表制民主主義　194
多元的価値　206
多様な意見の反映　207
多様な価値の反映　205
段階的アプローチ　143
地球温暖化リスク　111
中心的手掛かり　72
津波てんでんこ　61
ディブリーフィング　104
手続き的公正　145, 176, 179, 204
討議（熟議）デモクラシー　155, 157, 194
討議倫理　158
討論型世論調査　123
毒された環境　36
ドライブ理論　62
トランス・サイエンス　122
トレードオフ　194
トレーニングツール　103

な

2重動機モデル　88
二律背反的　200
認知的不協和　22, 91
　——理論　68
NIMBY　139
能力への期待　176

は

パーソナル・メディア　97
バイアス
　後知恵——　22
　確証——　78
　過信による——　22
　現状維持——　96
　正常化——　52
　楽観視——　22, 52
ハイブリッド型　195, 197
　——参加会議　209
パニック　52, 61
　騒がしい——　88
　静かな——　88
　消費者——　85
反応的な（reactive）ルート　41
否定言辞の透過性　78
批判的思考　32, 80
ヒューリスティック　122
　感情——　23
　係留と調整の——　21
　判断の——　95
　——な処理モード　49
　利用可能性——　21
風力発電　111, 117
不確実性　49
福島第一原発事故　1, 17, 65, 87, 121, 144
プランニングセル　11, 123, 185, 202
フリーライダー　161
プロトタイプモデル　40
分配的公正　179

並行処理の理論　55
ベネフィット認知　145

ま

マスメディア　96
無作為抽出　159, 196, 210
メディアリテラシー　81

や

有効感　162, 165, 168, 169
有能感　162, 165, 169

ら

リスク　1
　個人的——　7
　社会的——　7
　放射線被曝の——　1
　——ガヴァナンス　14, 215
　——コミュニケーション　→　リスコミ
　——事象間でのトレードオフ　203
　——認知　17, 145
　——の社会的ジレンマ　88
　——／ベネフィット　175, 193
　——リテラシー　99
リスコミ　9, 103, 176
　市民と専門家の——　122
　双方向の——　10
　一方向の——　123
　——ゲーム　114
　——での市民参加　12
リバウンド効果　44, 100
流言　6, 67
　願望——　68
　恐怖——　68
　分裂——　69
　——の抑制　78, 81
倫理性　180
連帯感　162, 165, 169
ローカルナレッジ　10, 122

人名索引

A
Aarts, H. 39
Abelson, J. 180, 182, 183
Adriaanse, M. A. 44
Ajzen, I. 36, 95
Allport, G. W. 69, 70, 80
Anthony, S. 71
浅利美鈴 44

B
馬場健司 196, 197
Bamberg, S. 95
Barbar, B. 176
Bargh, J. A. 38
Besley, J. C. 145
Bettelheim, B. 53
Biberian, M. J. 73
Blocker, T. J. 55, 56
Bordia, P. 67, 72, 74-78
Burdick, H. 71
Burger, J. M. 52

C
Cacioppo, J. T. 5, 72
Canter, J. R. 50
Chaiken, S. 49
Chorus, A. 80
Churchill, S. 38
Cohen, J. 194
Collins, H. 122
Cvetkovich, G. T. 5, 175, 177

D
Danner, U. N. 42
Dawes, R. 160

Degoey, P. 181
Devine, P. G. 100
Dienel, P. C. 161, 185
DiFonzo, N. 67, 69, 72, 74-76, 78
Dijksterhuis, A. 39

E
Earle, T. C. 177
Ellsberg, D. 95
Epstein, S. 23

F
Feshback, S. 57
Festinger, L. 22, 68, 74
Fetherstonhaugh, D. 27
Fine, D. A. 66
Finucane, M. L. 25, 26, 147
Fischhoff, B. 25
Fishkin, J. 157
Flynn, J. 145, 146
Folkman, S. 54
Freedman, A. M. 77
Fülop, R. 200

G
Gibbons, F. X. 40, 41, 94
Goffman, E. 146
Greene, D. 44
Gregory, R. S. 91

H
Habermas, J. 158
Hamstra, P. 44, 45
Hanson, S. 52
長谷川公一 161

Helweg-Larsen, M.　22
姫野雅義　129, 132
広瀬幸雄　6, 9, 11, 13, 41, 86, 88-90, 92, 93, 103, 114, 117, 123, 133, 145, 159, 160, 162, 164, 167, 169, 170, 182, 186, 196, 211
広田すみれ　22
Hirschberger, G.　60
Hoffrage, U.　22
Horsley, A. D.　105
Hovland, C. I.　176

I
池田謙一　50, 61

J
Janis, I. L.　2, 50, 51, 53, 57, 105
Jessop, D.　38
Johnson, B.　175

K
影浦峡　6, 82
Kahneman, D.　24, 96, 175
兼田敏之　139
吉川肇子　103, 109, 179
King, B. T.　105
木下冨雄　67, 70, 179
Knapp, R. H.　68
小林傳司　123-126, 156
工藤春代　164
熊本一規　9
黒瀬琢也　109, 110
楠見孝　32

L
Lazarus, R. S.　54
Lepper, M. R.　44
Leventhal, G. S.　180
Leventhal, H.　55
Lind, A. E.　179

Lofstedt, R.　5, 175

M
Macrae, C. N.　100
前田洋枝　162, 164-166
Mann, L.　2, 50, 51
McClelland, L.　50
McComas, K. A.　12
McGuire, W. J.　57
三上直之　10
Mikami, S.　52
宮田加久子　162
水野洋子　158
Morgan, M. G.　7
本巣芽美　107, 111, 117

N
永尾俊彦　131
中根周歩　132
中谷内一也　23, 24, 175-177, 197, 201
Nisbett, R.　78
野波寛　97
Norman, P.　37, 38
Nosek, B. A.　36

O
王晋民　19
荻上チキ　69, 75, 81
Okabe, K.　52
岡部康成　19
Olson, M.　161
大沼進　176, 177, 186, 197, 206
Orbell, S.　42
大澤英昭　3, 10, 127, 130, 134, 135, 142, 148-150
大友章司　6, 41-43, 88-90, 92, 93, 97, 98, 147-150, 182

P
Palmer, M. L.　52

Papies, E. K.   44, 45
Peters, M. E.   145, 147
Petty, R. E.   5, 72, 122
Pinch, T.   122
Postman, L.   69, 70, 80
Prasad, J.   68
Pyszczynski, T.   59

R
Renn, O.   13, 30, 32, 176, 185, 195, 197
Rochford, E.   55, 56
Rosen, S.   74
Rosnow, Y. L.   66
Ross, J. F.   24
Ross, L.   78

S
榊博文   58
坂野達郎   160
佐藤浩輔   177
Satterfield, T. A.   91
Schachter, S.   71
Schulze, W.   100
Sheeran, P.   37, 38
Shepperd, J. A.   22
柴田惠理砂   167, 169, 170
Shibutani, T.   67, 75
篠原一   122, 123, 157, 194
篠藤明徳   158
Siegrist, M.   145, 147, 175
Sieverding, M.   41
Sjöberg, L.   145
Slovic, P.   2, 6, 18-21, 23, 27-29, 49
Smith, G.   196
杉浦淳吉   104, 105, 107, 109, 110
鈴木晃志郎   139

T
田嶋裕起   146
高橋暁子   123
竹ヶ原啓介   200
竹西亜子   179
Tanaka, Y.   81, 82, 145
Tesser, A.   74
Törnblom, K.   179
土田昭司   88
土屋智子   121, 122
辻芳徳   9
Tversky, A.   24, 175
Tybout, A. M.   79
Tyler, T. R.   179, 181

V
Vermunt, R.   179
Verplanken, B.   42

W
Wadden, T. A.   36, 42
脇本竜太郎   59
Wansink, B.   100
Webb, T. L.   37, 38, 43
Webler, T.   158, 180
Wegner, D. M.   78
Weinberg, A. M.   122
Wynne, B.   121

Y
柳下正治   123
Yamagishi, K.   26
矢守克也   61, 130

Z
Zajonc, R. B.   62
Zimmermann, F.   41

【執筆者一覧】（五十音順，* は編者）

大澤英昭（おおさわ・ひであき）
日本原子力研究開発機構バックエンド研究開発部門東濃地科学センター地層科学研究部
結晶質岩工学技術開発グループグループリーダー
担当：7章，8章

大友章司（おおとも・しょうじ）
甲南女子大学人間科学部准教授
担当：2章，5章

大沼　進（おおぬま・すすむ）
北海道大学大学院文学研究科准教授
担当：10章，11章

杉浦淳吉（すぎうら・じゅんきち）
慶應義塾大学文学部准教授
担当：3章，6章

広瀬幸雄（ひろせ・ゆきお)*
関西大学社会安全学部教授
担当：序章，4章

前田洋枝（まえだ・ひろえ）
南山大学総合政策学部講師
担当：9章

依藤佳世（よりふじ・かよ）
公益社団法人国際経済労働研究所社会心理研究事業部研究員
担当：1章

リスクガヴァナンスの社会心理学

2014年6月10日　初版第1刷発行　　定価はカヴァーに表示してあります

編著者　広瀬幸雄
発行者　中西健夫
発行所　株式会社ナカニシヤ出版
〒606-8161　京都市左京区一乗寺木ノ本町15番地
Telephone　075-723-0111
Facsimile　075-723-0095
Website　http://www.nakanishiya.co.jp/
Email　iihon-ippai@nakanishiya.co.jp
郵便振替　01030-0-13128

装幀＝白沢　正／印刷＝創栄図書印刷／製本＝兼文堂
Printed in Japan.
Copyright © 2014 by Y. Hirose
ISBN978-4-7795-0853-0

◎ Twitter、YouTube、Deliberative Pollingなど、本文中に記載されている社名、商品名などは、各社が商標または登録商標として使用している場合があります。なお、本文中では、基本的にTMおよびRマークは省略しました。
◎本書のコピー、スキャン、デジタル化等の無断複製は著作権法上での例外を除き禁じられています。本書を代行業者等の第三者に依頼してスキャンやデジタル化することはたとえ個人や家庭内の利用であっても著作権法上認められておりません。